教育政策入門 1　渡辺一雄・編

学校を考える

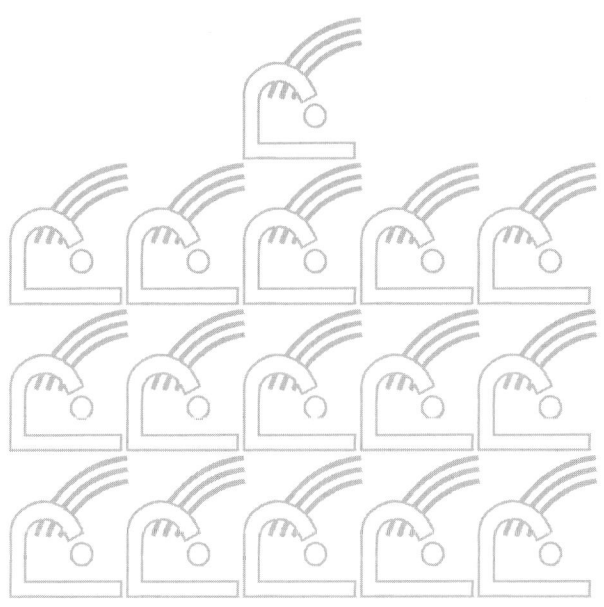

玉川大学出版部

シリーズ発刊にむけて

　近年の教育をめぐる国民的関心は、学力低下、自殺や問題行動、教師の指導力、地域ぐるみの教育行政改革など枚挙に暇がない。さらに、いわゆる「子どもの貧困」への対応が喫緊の課題となっている。

　一方、知識基盤社会と言われる今日、知識の生産、継承、活用のカギを握る大学は、急速に変化する社会的要請に対して説明責任を果たせなければ存続自体が許されない状況の中で、大学本来の使命をいかに主張していくかが厳しく問われている。

　このように、教育をめぐって課題が山積していることについては合意が得られても、では今どういう手を打つべきか、という話になると、答えはそう簡単には見つからない。教育については、事実上すべての人が、それぞれ自分の知識や経験にもとづいて一家言を持っている。しかし、それぞれ異なる知識や経験にもとづいて議論しようとすると、議論がかみ合わなかったり、その問題についてはそれでよくても全体としてつじつまが合わなかったり、別の人たちと議論すると方針が変わったりすることになりかねない。みんなで議論してより良い方法を見つけていくためには、子どもたちをめぐる現状や過去の経験、研究の成果や諸外国の取り組みの状況などについての正確な知識が必要である。

　一例をあげよう。明治以降西欧に遅れて「近代化」をスタートした我が国は、中央集権体制のもと、国家主導で、先進知識の導入、国家のリーダーなどのための高等教育と国民教化のための（大衆の）初等教育の普及という両極から教育の近代化を急速に進めた。中等教育は国力の強化につれて上昇する就学率の受け皿として、同時に高等教育への結節として整備されたと言われる。

　しかし、別の見方もできる。我が国の学校教育は、「近代化」以前から、寺子屋や私塾の伝統を持ち、明治期には村々で人々がお金を出し合って学校を作り、高まる国民の進学意欲に押される形で、特に中等後教育については（少なくとも量的には）私立の教育機関を中心に、（あたかも生物が環境に適応して進化するように）自律的に発達してきた。国の政策や制度は、むしろこのような地方・民間主体の教育システムを支えるために必要なものとして構築されてきたとも言える。

　このような国の近代化と教育制度の拡充の戦略は、資源の乏しい後発国としての我が国の発展原理として、確かな根拠を有してきた。しかし、これは果たして「不易」の原理なのだろうか。それとも、これからの日本の持続的発展を支える装

置として、基本的に異なる原理が構築されるのだろうか。他方で、教育を出世や経済発展のツールとしてとらえる功利的な教育観は、果実に気をとられて根や幹をないがしろにする傾向をも内包してきたとも言われる。そのことが、教育費の多くを家計に依存する今日の教育財政の構造の背景となっているとすれば、教育費問題は、教育政策の問題であると同時に、あるいはそれ以上に、国民一人一人の教育観の問題としてとらえるべきなのだろうか。

　ここで重要なことは、先に述べた二つの見方のどちらが正しいか、ということではなく、与えられた問いに対して、二つの一見正反対に見える両方の側面から考えることができる、ということである。

　本シリーズは、学生のみならず、教育に関心を持つ幅広い層の読者を対象に、教育について建設的な議論を行うための基盤として共有しておきたい事柄を、できるだけわかりやすく、整理して提供しようとするものである。

　編集・執筆は、教育行政の実務に携わってきた経験者に加え、気鋭の研究者の参画も得て分担した。執筆にあたっては、制度の経緯や趣旨などの事実の解説または選択肢の提示を基本としつつ、各章ごとに執筆者の個性がある程度出ることは尊重することとした。

　ただし、記述が個人的な見解にわたる場合も、現職の文部科学省職員であってもあくまで個人の見解であり、組織としての見解ではないことをお断りしておかなければならない。

　大学や地方教育行政に関わっておられる方々の教育研究、実践の場において広く活用されることを願うものであるが、これから関係各分野の第一線で活躍することを企図する学生たちの学習テキストとしても用いていただきたい。

　最後に読者からの忌憚のないご批判、ご叱正を賜ればと願うものである。

平成22年3月

　　　　　編集代表　　渡辺　一雄　　玉川大学教育学部教授
　　　　　編集委員　　合田　隆史　　文化庁次長
　　　　　　　　　　　布村　幸彦　　文部科学省スポーツ・青少年局長
　　　　　　　　　　　村田　直樹　　日本学術振興会理事

はじめに

　我が国の学校教育を中心とする教育制度の改革は、戦後史において政治・経済・文化の様々な面から大きな意味を持っていた。平成18年の教育基本法の全面改正も是非はともかくそうした意味で象徴的出来事の一つであったと言えるだろう。

　一方、教育とは百年の大計と称され、その内実を簡単に変えることはできない性格を持っている。外形は変わっても教育を規定する社会的・文化的要素にまで深く考察すると不易なものが依然静かに息づいていることに気づかされることが多く、このことを軽視すると教育政策のビジョンを描く上で大きく判断を誤る。

　筆者は大学で教鞭をとるまで、国の教育政策・教育行政の企画立案、事業の実施に長年携わってきた。今日そうした過去の経験を振り返ったとき、不易な部分にどれほど気づき、理解し、そして将来の行政に生かそうと努めたかはなはだ心許ない。

　戦後教育の民主化政策のもとで日々成長を遂げていく、子どもたちと向き合いながらいくつもの混乱と苦難を時には対峙し、また共に力を合わせ乗り越えてきた教師をはじめ行政関係者、親や地域の住民のことを忘れてはならない。

　しかし、今日の教育界にあって国の教育政策、行政と学校現場との緊張関係のなかで展開されてきた過去の歴史の真相に迫り、また実体験を交えて語ることのできる者は数少ないものと思われる。

　それだけにこうした多くの貴重な経験から生まれる教訓は、教育行政に直接携わる立場にある者のみならず、多くの教師等広く教育関係者の熱い思いとなって引き継がれ、将来に生かされるべきではないだろうか。

　『学校を考える』と題する第1巻は、そうした願いを込めて記述した。

　第1章では教育法制史という形で、我が国の150年近くにおよぶ学校、教育行政の近代史をたどった。

　明治維新後の我が国の近代化は、まずは資本主義のもとで発達した教育制度の欧米からの導入を大きな特徴とした。資源の乏しい国土に急速な工業化をもたらし、追いつき追い越せのスローガンのもとで近代国家への道をひたすら駆け上った。折しも西洋列強のアジアの植民地化に抗して軍事力を蓄えた国力の源泉には、進取の気概に満ちた優れた人材が溢れていたことが挙げられる。

しかし、我が国が採用した超国家主義・軍国主義的教育制度は、次第に国際的孤立化を深めた外交政策と合わさって、中国や東南アジアへの侵略戦争への道をたどり、あたら多くの若き命を失う遠因となり、取り返しのつかない禍根を教育史に残す結果となった。
　かくして貴重な命の代償で得た戦後の民主主義社会の構築は、再び教育に委ねられその復興を支える原動力となった。
　こうした教育法制度の歴史と教訓は、世界が歩むグローバル化への道に我が国社会が対応する上で、将来の肥やしとして不動の役割を果たすものと思われる。そのためにもこれまでの教育に関する法制度、教育の遺産をきちんと確かめ、未来に向けた今日的意義を見極めておく必要があるだろう。

　続く第2章では教育政策を考える場合の根本を成す教育の対象、政策の立案にあたって最も重視すべき要素として学習する権利の主体である「子ども」を最初に扱うべきと考え、これを取り上げた。
　「子ども」をどのように認識するかという「子ども観」の変遷を最初に、その全面発達を達成するための教育環境のあり方、教育諸条件の充足について教育科学的観点から考察した。
　また、今日の教育現場が抱えている子どもたちの学校不適応、非行等問題行動に対する国の施策の推移、教育病理現象として問題を捉えた場合の対処、生徒指導原理の展開と深化の流れ、今後のあり方といった主要なテーマを国の対応と絡め総合的に検討した。
　さらに外国人子弟の増加等による異文化理解、共生という教育上の新たな課題、押し寄せる国際化の波に十分対応できる教育指導のあり方についても、彼（女）たちの人権保障という観点から捉え直すことを発展的に学習できるよう、演習問題として取り上げた。

　第3章では我が国の教育の特質である教師と子どもとの人間的触れあい、人格的要素に着目し、"教育は人なり"とする考え方の背景をまずは教師群像の生きざまから、歴史的に探ろうとした。
　特に"教え子には二度と武器を取らせず、戦地には赴かせず"とする戦前の教師が犯した過ちを二度と繰り返さないとの誓い、これこそが戦後の新たな日本の復興原理、平和追求の教育の原点、教師の精神的よりどころの一つとなった。こうした

考えを基軸とする崇高な倫理観に支持された戦後の教師の役割・専門性のあり方、その能力・資質の向上のための自主的研鑽の重要性とこれを本来的に支えるべき教育行財政の役割、あり方について論述した。

しかし、時として教師の教育権論争や教職員組合の労働運動の高揚のなかで学校現場が混乱を来すこともあった。そうした事態に直面して、果たして教育行政機関や教師はこれとどう関わったか、問題解決にあたったかについても、そのなかで追求された専門職としての要件、行財政制度のこれとのかかわりに注目しながら明らかにしようとした。

最後の第4章では、冒頭筆者がアフガニスタンという"破産国家"再建の技術協力専門家として派遣された当時の現地体験を契機に、改めて我が国の学校の教育的意義・役割、制度的な進化の過程をたどることにした。「されど学校」との副題はこうした経緯を反映したものである。

そこで最初に採り上げた内容は、「学校観の革新」とは何かを明らかにすることであった。そのためには、これを具体化するための諸条件、特に教育行財政的観点から国際的な視点をも取り入れて考察することが重要と考えた。

また、近年になって政治思想として注目されるようになった"ネオ・リベラリズム"の潮流を受けて、地方分権化や規制緩和の考え方が教育行政においても貫かれようとする傾向が見受けられる。このことは、教育の私事性の今日的再生をも示唆しながら、学校運営の自主性、自立性を試そうとしており、注目していかねばならない。

さらに、日本の少子高齢化による労働力不足などの環境変化から外国人労働者とその同伴子弟の増加・長期滞在（定住化）による学校現場の国際化の波が加わり、時代は学校観に新たなパラダイム構築の必要性を迫っている。そのため、学校を構成する子ども・教師・保護者そしてこれを支える教育委員会など行政機関の適切な役割分担とこれを理念的に支持する行政哲学の構築が待たれる。

本章では、こうした学校をめぐる新たな課題、諸側面を念頭に、多面的・多元的に学校教育の可能性について考察するため、教育のみならず広く社会的、文化的観点にも留意して検討を要する総合テーマをいくつか用意した。

取り分け「公共性を育むオルタナティヴな学び舎支援のメカニズム」研究に造詣の深い永田佳之先生（聖心女子大学）には、第3節の演習テーマ（4）において論述の構成（テーマ設定を含む）、展開、データ分析において多大の協力を得た。このテ

ーマ自体が極めて挑戦的であるとともに、読者の学習の深化に欠かせない重要な意義を持つ内容であったため同氏との度重なる議論を行った。その結果、論述内容は共同執筆に相当するものとなったにもかかわらずあえてその体裁はとらなかったことをお断りし、同氏に改めて敬意と感謝の意を表したい。

　最後に筆者の個人的体験や海外での活動を回想し、また、国の教育政策の立案・実施の実務に携わった時代の個人的な教育観へのこだわりを交えて、あえて筆を進めたことを断っておきたい。
　読者には、そうした執筆の動機、真意をご理解いただいうえで読み進んでいただければ幸甚である。

平成22年3月

第1巻執筆者　渡辺一雄
早春の風爽やかな学園玉川の丘にて

目次

シリーズ発刊にむけて ------ 2
はじめに ------ 4

◆

第1章　教育法制史——
法制度発展の特徴と今日的意義 ------ 14

第1節　教育法制史 ------ 15

(1)　近代教育制度の創始、基盤整備期——明治5（1872）年〜大正7（1918）年 ------ 16
　「学制」配布／教育令（太政官布告40号）・改正教育令（太政官布告59号）／小学校令（勅令14号）等／教科書制度／師範教育制度／我が国近代化のための教育制度確立の特徴

(2)　近代教育の拡充・展開期——大正7（1918）年〜昭和11（1936）年 ------ 28

(3)　戦時体制下の教育期——昭和12（1937）年〜昭和20（1945）年 ------ 30
　国民学校令（昭和16（1941）年）／中学校令（昭和18（1943）年）／師範教育令（改正、昭和18（1943）年）／青年学校令（昭和10（1935）年）／戦時教育令から終戦へ

(4)　戦後復興・民主化のための教育改革期——昭和20（1945）年〜昭和27（1952）年 ------ 33
　GHQによる占領政策の一環としての教育管理／民主主義社会構築のための教育方策の具体化／教育基本法／学校教育法／教職員制度／教科書制度／学校施設整備／新制中学校校舎の整備／不当使用の禁止／学校給食

(5)　高度経済成長下での戦後教育制度の整備・拡充期——昭和27（1952）年〜昭和45（1970）年 ------ 48
　教育委員会法の廃止と地方教育行政法の制定／教育課程の国家基準の整備／教科書検定制度／教職員の地位向上と待遇改善

(6)　経済安定成長下での教育の多様化など質的改善期——昭和46（1971）年〜平成2（1990）年 ------ 51
　"46答申"（昭和46（1971）年）／ゆとりと充実、創造的教育活動の展開／生涯学習社会の形成に向けて

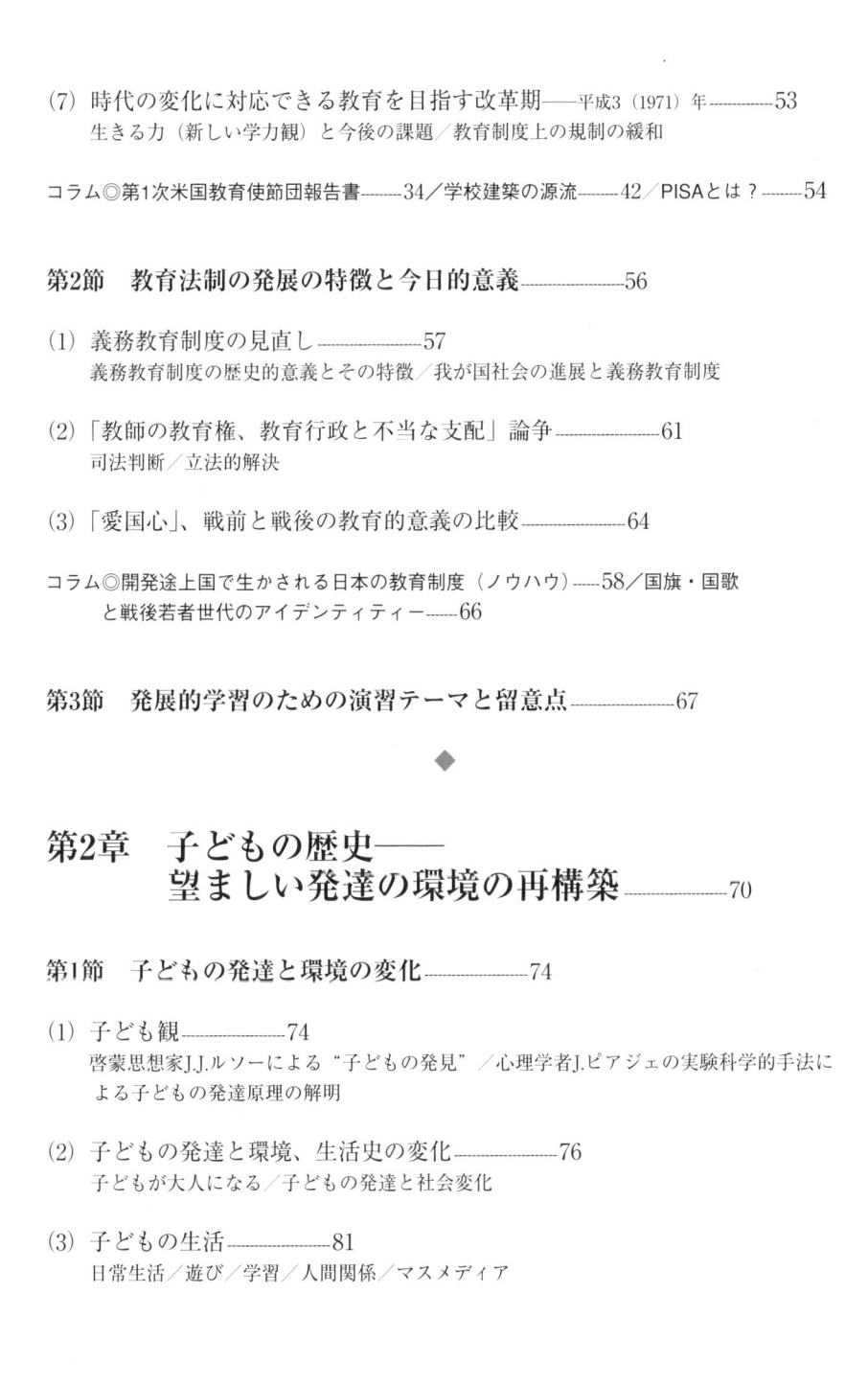

(7) 時代の変化に対応できる教育を目指す改革期──平成3（1971）年──53
　　　生きる力（新しい学力観）と今後の課題／教育制度上の規制の緩和

コラム◎第1次米国教育使節団報告書──34／学校建築の源流──42／PISAとは？──54

第2節　教育法制の発展の特徴と今日的意義──56

(1) 義務教育制度の見直し──57
　　　義務教育制度の歴史的意義とその特徴／我が国社会の進展と義務教育制度

(2) 「教師の教育権、教育行政と不当な支配」論争──61
　　　司法判断／立法的解決

(3) 「愛国心」、戦前と戦後の教育的意義の比較──64

コラム◎開発途上国で生かされる日本の教育制度（ノウハウ）──58／国旗・国歌
　　と戦後若者世代のアイデンティティー──66

第3節　発展的学習のための演習テーマと留意点──67

◆

第2章　子どもの歴史──
　　　　望ましい発達の環境の再構築──70

第1節　子どもの発達と環境の変化──74

(1) 子ども観──74
　　　啓蒙思想家J.J.ルソーによる"子どもの発見"／心理学者J.ピアジェの実験科学的手法に
　　　よる子どもの発達原理の解明

(2) 子どもの発達と環境、生活史の変化──76
　　　子どもが大人になる／子どもの発達と社会変化

(3) 子どもの生活──81
　　　日常生活／遊び／学習／人間関係／マスメディア

(4) 子どもの居場所 92
　　子どもの「居場所」をめぐる諸問題

(5) 体力・運動能力・持久力と生活習慣 95
　　体力等の基礎力・持久力と生活習慣上の問題との関連性についての調査・分析／実技調査の結果／運動習慣・生活習慣と体力の関連

第2節　青少年非行・問題行動と生徒指導（特徴と対応策の変遷） 101

(1) 問題行動（戦後の傾向と特徴） 101
　　戦後の青少年の問題行動、非行の傾向と背景

(2) 生徒指導原理の確立と展開 104
　　受容主義による生徒指導の考え方／セラピスト手法の学校教育への導入／教育課程の展開と生徒指導（ガイダンス理論の導入）／新たな生徒指導理念と不登校児童生徒への対応

(3) 生徒指導対策──戦後の制度、対策事業の変遷 110
　　暴力行為（校内暴力）／出席停止／いじめ／学校指定の変更、区域外就学など国の対応策／不登校

コラム◎高学年の学習理解度の低下 107／積極的な生徒指導 109

第3節　発展的学習のための演習テーマと留意点 118

演習 (1) 規範意識の涵養と教育指導のあり方 118
　　「規範意識」の意義、育生の基本原理／問題行動の多様化、複雑化と柔軟な対応／関連演習テーマ

演習 (2) 国際化、多民族化のもとでの子どもの人権と学校教育 122

コラム◎規範意識への対応策の具体例 120／外国人児童生徒への教育支援施策 126／国際学級、私学の教育理念と国際社会人材養成への挑戦 127

◆

第3章　がんばれ人間教師！──
　　　　プロを支える諸条件の改善と教員養成 128

第1節　教師群像、その"ひととなり"の特徴と歴史的背景―――129

(1) 近代教育の発展に寄与した教師群像の特徴、生活史―――129
寺子屋教師／士族教師／師範タイプ教師／農民教師／職業人化教師／抵抗の教師／弾圧・統制・戦時体制下の教師／戦後教師

(2) 戦後教師、"教育の再生・民主化"への挑戦と教育行財政―――134
教師の職務、その専門性についての教育学的考察／教育的人間関係／自主性、創造性の育成／教職の専門性／教職の役割（責任）の戦後の変遷／教師の専門性、その身分・処遇に関する法律上の考察／戦後の教職員団体による国との教育権論争、労働運動をめぐる動き

第2節　教師が果たした歴史的・精神文化的役割、専門性の涵養と行財政支援―――142

(1) 理想的教師像、歴史的・精神文化的変節と不易なもの―――143
寺子屋教師から師範タイプ教師へ／エリート師範から農民・プロレタリア教師へ／教師群像の2類型、"不易なもの"

(2) 教職の「専門性」の実際と発揮のための条件整備―――150
教職の特質としての「専門性」／法制上の教師の職務（専門性）と実際／専門性に見合う処遇改善

(3) 戦前の師範学校制度と今日の教員養成のあり方―――156
入学資格（出身）と選抜／教員養成カリキュラム／教育指導体制等

コラム◎教育政策のオピニオンリーダーとしての日教組―――142／小野さつき訓導のこと―――147／薄給を忍び、教え子に捧ぐ―――148／吉岡先生のこと―――148／学童疎開記から―――149／寄宿舎生活（男子学生）―――165／終戦時の寮生活を振り返って（女子学生）―――166

第3節　発展的学習のための演習テーマと留意点―――168

演習テーマ（1）「学校観の革新」と期待される「教師力」―――168

演習テーマ（2）「教師力」の涵養にふさわしい免許制度の改善、研修の拡充

　　　　　　など今後の教員養成政策のあり方――――175
　　　　　　(2)－1 大学における教員養成の実情と課題／改善方策の基本的方向性と
　　　　　　若干の具体的提言／教員養成カリキュラム、実施体制に関する研究開
　　　　　　発／(2)－2 大学における養成教育の高度化、現職教育の拡充（制度の
　　　　　　趣旨と運用の実態をふまえて）

演習テーマ (3) 外国籍の児童生徒の学習権の保障と日本語教師の免許資格、
　　　　　　教員採用の今後のあり方――――187
　　　　　　① 日本語教育を教員免許の教科に加えること／② 日本国籍を有さない
　　　　　　国公立学校教員の採用

関連演習テーマ――――189

コラム◎期待される教師像――――170／教師塾――――186

◆

第4章　学校の意義（されど学校）と再生の展望――――190

第1節　近代化と学校および学校運営の進化――――193

(1) 西欧社会における近代公教育の要としての学校の誕生と発展――――193
　　中世までの学校とは／近代における学校とは／産業革命以降の学校の進化

(2) 我が国における武家、民衆の教育史と明治以降の学校の進化――――196
　　明治期前の学校／我が国の近代化の時代と学校の進化／戦前の学校制度から

(3) 戦後の学校再建と学校運営の展開――――199
　　戦後から1970年代にかけて／高度経済成長期（1960年代）以降の学校教育の考え方、
　　動向／学校運営をめぐり政治運動化した教員組織

第2節　現代学校論の展開――――202

(1) 学校論に関する思潮――――202
　　新学校運動（New School Movement）／学校改革か脱学校か

(2) 現代における学校観――"学校は死んだ"からの再生を目指して――――205

(3) 学校観の革新を支える学校経営-------208
　　学校長の指導力と教師集団／教師集団のモラルと学校経営

コラム◎教育委員会との関係——特別権力関係論-------209

第3節　発展的学習のための演習テーマと留意点-------211

演習テーマ（1）学校教育組織の現代化と将来の改革のあり方-------211
　　　　　　　教職の分化と組織の重層化／■関連演習テーマ

演習テーマ（2）中等教育学校等「ゆとり教育」実現のためのニュータイプの学校の設置と将来のあり方-------215
　　　　　　　中高一貫教育の意義と選択的導入／公立中高一貫校における今日の問題／■関連演習テーマ

演習テーマ（3）学校運営の弾力化、学校裁量の権限の拡充と今後の制度改革・運用の展開-------216
　　　　　　　学校裁量権の拡大／学校選択の弾力化、自由化

演習テーマ（4）「フリースクール」などのいわゆる「民間教育施設」の将来の展望-------222
　　　　　　　諸外国の事例／国際比較による我が国の「フリースクール」の位置づけと将来像／「Alternative School」出現の背景など日・欧米比較と論点／将来の可能性／国内の先駆的取り組み例と新たな発想

コラム◎先進国の知られざる"学校"と伝えようとして……-------230

教育関連年表-------232
参考文献一覧-------239
執筆者一覧-------240

第1章―――教育法制史
法制度発展の特徴と今日的意義

　温故知新のことわざを引用するまでもなく、これまで時代の大きな変節に遭遇し様々な課題を乗り越える上で先人の経験と知恵に学ぶべきことが多かった。これは歴史が物語るところである。
　我が国における今日の教育政策や行財政制度の基礎の意義を考察するにあたっては、まずはその源流を訪ねることが必要と考えた。そこで、明治維新以降の我が国近代化の礎を築いてきた国家事業として近代教育制度の歴史の扉を開けることから出発することとしたい。
　本章は三つの節から構成される。
　まず第1節では、法制史として教育行財政の歴史の展開を規定した社会経済的要因などに着目しながら、明治以降今日までを七つの時期に区分してその発展の概略を述べる。
　その際には、初等中等教育制度の基本的枠組みとなった法令

をいわば縦軸とし、横軸には学校制度およびその運営、教育課程・教科書、教師、教育行財政について主な内容を配し両者を組み合わせ論じる方法を取った。

　第2節では教育法制史が物語る法制度の歴史的意義や今日の問題を考える場合に教訓となるもの、重要と思われる事項を取り上げ、筆者の見解を交えながら論考した。

　最後に第3節では、読者自身の発展的な学習にふさわしい法制上のテーマをいくつか取り上げ、発展的に学習しやすいようこれらを考察する際の手掛かりとなると思われる論点などとともに記述した。

　なお、本章は後述する各章でもいささかの重複を承知でその概要を記しており、さらに第2巻「学校の制度と機能」の概論としての役割をも分担したので、詳細については各章および第2巻を参照してもらいたい。

第1節　教育法制史

　近代化を目指した我が国は、明治維新直後に岩倉具視(いわくらともみ)を団長とする1年半におよぶ欧米使節団を派遣し、これら諸国の資本主義の目覚ましい成長の姿から学んだことは数多い。その中でも、近代化を支える人材の養成、確保こそが枢要との結論に達したことはよく知られている（欧米8カ国海外教育事情報告書「理事功程」）。

　資源に乏しい我が国にとって、文化的特質としての共通言語（日本語）や儒教道徳を基盤とする勤勉の精神・向学心を善とする国民道徳を背景に、幸いに

も江戸期以来全国に普及した寺子屋等国民教育の萌芽的形態（原型）は、そのまま近代学校制度として生まれ変わる条件を備えていた。（※1）

維新政府が掲げた中長期的な国家の繁栄、西欧に追いつき追い越せのスローガンの実現は、一挙に現実味を帯びた理由はこうした点にあった。

近代化の指標とされた就学率・識字率は、明治期当初は30％前後であり今日の開発途上国の数値とさほど差のない低いものではあったが、産業革命以降の英国などと遜色はなく、その後の半世紀の間にこれらの数字は急速に上昇することとなった。

（1）近代教育制度の創始、基盤整備期 ────
明治5（1872）～大正7（1918）年

「学制」発布

明治5（1872）年「学制」が発布され、"邑に不学の戸なく家に不学の人なからしめん"との国民皆学の基本指針が太政官布告（第214号）された。

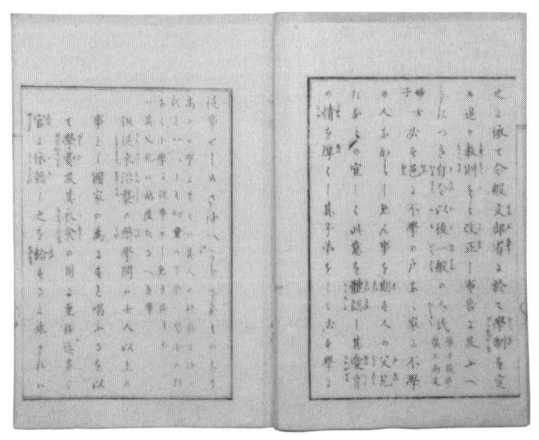

学制序文（被仰出書）太政官布告第二百十四号　明治5年（玉川大学教育博物館 蔵）

諸侯が地方に群拠した幕藩体制が崩壊し、版籍奉還、廃藩置県による新たな近代国家の体制整備の一環として教育体制の近代化を進めることを明らかにした。

「学制」には統括機関としての文部省のもと全国8大学区（※2）を始めとする学校教育行政の単位を設定し、学校管理、学校段階ごとの教科等教育内容（※3）、教員の資格・養成・教授法、海外留学生（※4）、費用負担・財務など学事、学費、奨学など213章におよぶ広範囲の関連規定が設けられた。

この中で注目されるのは、国づくりの要となる人材養成の方策として欧米諸国の先進知識、技能を習得するために海外留学を重視していたことが挙げられ

※1　維新直後の小学校の開校は、江戸末期の総数2万4千余りの寺子屋などを母体とし、その後においてもその数はほとんど同数で推移した（現在の小学校の数約2万2千校と差違がない）ことも注目すべきであろう。

※2　総計3府72県を8大学区に分けて大学を置き、それぞれの大学区に32中学区を置き中学校（全国で256校）を、さらにそれぞれの中学区に210小学区を置き小学校（全国で53,760校）を置くなど学校教育行政単位を設置した。記録によれば、小学校の建物は寺院借用（4割）、民家借用（3分の1）で、1小学当たり40～50人の生徒を1～2人の教員が教えた（文部省第3年報付録、1875年）。

※3　例えば下等小学校（小学校1～4年生相当）では、綴り方・習字・単語・会話・読本・文法（以上「読み」・「書き」）、算術（「算」）、理学、史学、修身、体術、唱歌、その他の教科を教授することとし、旧来の伝統的な教授科目に加え蘭学の影響もあり西欧の諸科学の基礎知識の導入など欧米近代学校の教育課程も参考に教育方法の改善を試みている（小学教則・同年）。

なお、教科書の編纂は米国から取り入れた原物を師範学校で翻訳するなどして各県でも小学校に配布して対応し、急速に普及した。

※4　官撰・私願別、初等・上等別、帰朝後の処遇など様々な事項が規定され（学制全規定の3分の1以上の75章を占めている）、海外留学の事務はすべて文部省が一括して所管するとされた。明治元年から5年間で米国に海外留学した者は、500人に達した。お雇い外国人に代わって高等諸学校の教授を担当させるため、留学を経験した邦人教員の養成に力を入れ、この時期には欧米先進国に数百人規模で官費留学をさせた。

る。初等教育など学校教育の近代化と共に海外からの文物、知識、技能の習得により高等教育レベルでのトップ人材を養成するという両輪さながらの方策は、明らかに明治政府の当初からの重要な基本指針であったことがわかる。

「学制」には、以上のことから今日の学校教育の基本となる法制度の言わば原型が網羅されていたと言えるだろう。

教育令（太政官布告40号）・改正教育令（太政官布告59号）

「学制」にもとづく近代教育制度の具体化は、一部の地方で勃発した"小学校打ち壊し"に象徴されるように、近代化を急ぐ明治政府の画一的強制実施が当時の民力・国民感情にそぐわないことが明らかとなり、早くも7年後の明治12（1879）年に廃止された。

そこで、こうした画一主義を緩和するため文部大輔、田中不二麻呂は、米国の自由主義的な教育制度として47カ条という簡略な内容の「教育令」を同年に布告し、地方の民度に応じて特色ある運営をなしうるなど、小学校教育を自由放任的な運営に任せようとした。

ところが、寛大さの反面で近代化教育の推進という時代の要請には逆行するもので、"自由教育令"との批判がなされ、財政力のおよばない町村では廃校とする動きも生じて全国の小学校数が減少し、児童の就学率が低下した。

その結果、翌年の13（80）年に「改正教育令」が布告され、小学校の地方の設置と経費の負担義務、国の統轄など中央集権的な文教行政が復活した。

「改正教育令」の指針は"文明ヲ以テ称セラルル国ニシテ普通教育ノ干渉ヲ以テ政府ノ務メトセサルハナシ"と変更され、各町村は府知事・県令により小学校の設置を厳しく命ぜられることとなった。

初等教育、中等教育を地方政府から文部省に移管し、その統轄下で政府直属の地方長官が所管するところとなった。

学校経費は各学区が負担することを基本に、就学者が学校の需要費を負担するため授業料を納入することとなった。授業料・寄付金、教員俸給、学校資産管理など学事は府知事・県令が定めることとし、学校経費は授業料・寄付金でまかない、不足する場合は町村費で補うこととした。

教科内容は文部大臣が所管し、以前の「教育令」期とは異なり、厳密に国家

で統一されることとなった。その結果、「小学校教則綱領」などにより詳細な学校編成基準が順次定められ、その後、明治19（1886）年の諸学校令によって学校形態の基本が定められるが、その原型がこの時期に固まった。(※5)

小学校令（勅令14号）等

明治18（1885）年、内閣官制の発足により森有礼（もりありのり）が初代文部大臣に就任した。

森は、国家繁栄は教育の力に待つ他はなく、"諸学校を維持するも畢竟（ひっきょう）国家の為也"とし、国家至上主義の教育観を貫いた。

このようにして文部省は、本格的な近代学校制度の基本計画を具体化するため、小学校令・中学校令・師範学校令などを相次いで制定した。

■小学校令

小学校令は、わずか16条で構成され小学校の設置管理の基本的事項を規定しただけのものであった。尋常・高等の2段階、修業年限は各4年、6歳から14歳までの8年間を学齢期間とし、保護者は尋常小学校4年間の就学義務を負った（初等教育義務制）。(※6)

■中学校令

中学校令は、我が国中等教育の基本を定め中等教育制度の確立の第一歩となった。

※5 尋常小学校では修身・読書・作文・習字・算術・体操を必修とし、土地により図画、唱歌を選択して加えることができた。高等小学校では、修身・読書・作文・習字・算術・地理・歴史・理科・図画・唱歌・体操・裁縫（女児）を必修とし、土地により英語・農業・手工・商業を選択して加えることができた（小学校ノ学科及其程度、文部省令8号）。今日の小学校教科の原型が準備されていたことがわかる。

※6 その後、明治23（1890）年に小学校令が改正され、学校段階・学科内容、学級編制基準、教員検定基準、教員の職務・服務規程などがその下で整備され、この段階で近代的な小学校制度が基本的に確立した。

中学校は実業に就く者と高等の学校に進学する者とに必要な教育を施すこととし、文部大臣が所管する全国5校の高等中学校（後の旧制高等学校、国庫と府県税で経費負担）、尋常中学校はその下位で府県の所管（経費負担）とする二段階から構成された。（※7）

■師範学校令

「師範学校令」は、小・中学校・帝国大学とは別の系で教員養成のための制度を作ろうとした。その意図は、教師の資質として"順良信愛威重の気質"を強調し、教育の根本を師範教育にありとした初代文相、森有礼の考えに明らかであり、いわば教育の根本は"人たる教師"に立脚するとされた。（※8）

初代文相　森有礼

■高等女学校規程

明治27（1894）年、「高等女学校規程」が定められ、6カ年の修業年限、尋常小学校卒を入学資格とした。

学科目は修身・国語・外国語・歴史・地理・数学・理科・家事・裁縫・習字・図画・音楽・体操から構成された。

さらに「高等女学校令」（明治31年）により、高等女学校は主として府県（沖縄県を除く）が設置・経費負担するものとされた。

また、この間、教育内容の基本的考え方と関連して、福沢諭吉ら欧化思想による儒教道徳への批判や森文相自らが儒教主義を排して倫理学による徳育を主唱するなど、いわゆる「徳育論争」が当時盛んであった。しかし、「教育勅語」が渙発されたことにより、論争は幕を閉じた。

■市町村制確立と設置者負担主義

明治22（1889）年市町村制の実施により、改正教育令以来の考え方を踏襲し小学校は市町村、中学校は府県の事業として規定された（地方政府の設置者負

担主義の原型）。

　しかし、地方財政の困難な実情に鑑み学校組合の設置の承認、学校経費に対する郡費や府県補助が認められ、また小学校教員の年功加俸分の負担金については国庫補助の対象とするなど地方政府の設置者負担主義の原則を定めるとともに、国の支援も考慮した。

教科書制度

　教科書制度は、明治20（1887）年から実施された小学校教科書の検定制度をその始まりとする。しかし、その内容や採択には批判があり、徐々に学科目ごとに国定制度に移行する動きが見られた。そして、府県ごとの検定教科書の採択をめぐり民間会社による教科書汚職事件が摘発されるに至るや、世論を背景に一挙に国定化（文部省著作物）されることとなった。

　その後、明治36（1903）年には修身・日本歴史・地理の教科書、国語読本については国定教科書の使用が義務付けられた。印刷製本は民間に委ねたが、教科書の見本（文字の大小・図画・行数などを含む）は文部省が定めて実施、定価も従来より安価に定め、保護者の負担軽減となった。

※7　尋常中学校では倫理・国語・漢文・第1外国語・第2外国語もしくは農業・地理・歴史・数学・博物・物理・化学・習字・図画・唱歌及び体操を教授することとした。
　　その後の改正により実科教育を施すための学科を置くことができるものとし、高等の普通教育を施すことを基本としながらも実業に就こうとする者に適切な教授を行うこととし、実業学校教育とは区別した。

※8　師範学校は各府県の負担で設置される尋常師範学校（高等小学校卒、17歳以上20歳以下、4年間の修業年限）と文部大臣が所管する高等師範学校1校（東京、尋常師範学校卒、修業年限は3年、もっぱら中等学校教員の養成）から成った。士官学校と同様の設置運営を行い、全寮制をとって厳しい生活管理、訓練を強いた。兵式体操が特に重視されたこともこれを裏付ける。

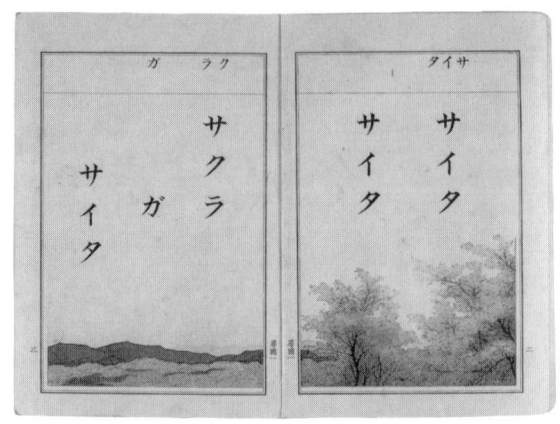

国定教科書『小学国語教科書』昭和8年（印刷博物館 蔵）

師範教育制度

　師範教育制度は、明治18（1886）年の「師範学校令」を嚆矢とするが、30年に「師範教育令」に改められ、我が国の師範教育制度の原型が確立した。

　高等師範学校（東京）、女子高等師範学校（東京）、道府県に師範学校（女子師範学校が別建てとなる場合もある）が設置された。

　そして、高等師範学校は師範学校、尋常中学校、高等女学校の教員を、女子高等師範学校は師範学校女子部・高等女学校の教員を、師範学校は小学校の教員をそれぞれ養成することとされ、男女別系統の設立形態をとった。

　さらに「教員免許令」（明治33（1900）年）により、文部大臣が官立学校卒業者および検定試験合格者に教員免許を授与することとし、資格制度の原型が整った。

　日清、日露戦争後は就学率が急上昇したため、不足する教師の確保ため師範教育制度の拡充を図ることとし、忠君愛国、精神の鍛錬を目的として生徒教養の要旨、学科目、卒業後の教職義務などを規定した「師範学校規程」（明治40（1907）年）を定め、ここに本格的な師範教育制度が確立した。

左から東京女子師範学校、高等師範学校、湯島聖堂　明治21年（財団法人斯文会 蔵）

我が国近代化のための教育制度確立の特徴

　ここで、我が国の近代教育整備期において特徴的な法制度上の意義を有する事項として、教育勅語、実業教育、女子教育、就学率の上昇と義務教育年限の延長・師範学校整備を取り出し、記述しておこう。

■教育勅語

　福沢諭吉らの欧化思想が支配的であった1880年代以降において、こうした思潮は条約改正問題を契機に、従来の儒教教育を継承する徳育の方針と激しく対立することになった。

　この論争に終止符を打ったのが元田永孚等を委員として起草、渙発された「教育勅語」（明治23（1890）年）である。

　学校教育の精神はこの「勅語」に帰一するものとなり、教育法規．教育実践の根本となり、学校では式典の都度「勅語」を奉読して教学の基本方針を徹底させた。

　教育勅語は、明治22（1889）年の帝国憲法発布による立憲君主制のもとで国家の基本的骨格が整ったことを受け、国民精神の根本を忠孝にあるとしてこれを支えることの大義を強調し、その形式も「天皇下賜」という方法で臣民たる国民に対して勅諭されたのである。

■実業教育

明治27〜28（1894〜95）年の日清戦争を契機に日本の産業革命は急速に進んだ。

これまで「普通教育の振興」に力を傾注してきた政府であったが、急速な商業、工業の近代化にとって有能な労働力は欠かすことができず、こうした人材需要を満たすため実業教育の飛躍的発展が国策として必要と判断した。

折しも文部大臣に就任した井上 毅（いのうえこわし）は「実業補習学校規程」を公布して、その任にあたった。

井上文相はさらに尋常小学校卒以上の入学資格、3年以内の修学期間とし、さらに職工となるのに必要な実業的な知識技能を授けるための「徒弟学校」、農閑期を利用した簡易な農事教育のための「簡易農学校」を設置した。

このように中等学校以上の普通教育に主軸を置いたそれまでの文教政策を転換し、「実業教育費国庫補助法」を制定して国庫支出金を補助するなどこれに浴する機会を持たない産業の第一線で活躍していた勤労青少年大衆のための教育に力を入れることとした。これは、その後の「実業学校令」（明治32（1899）年）の先駆けとなった。

文相　井上毅

■女子教育

女子教育についてはすでにその一部（高等女学校規程、p.20）を解説したが、改めて「女子教育」としてまとめて記述する。

その中心人物となった森有礼文相は、"国家富強の根本は教育にあり、教育の根本は女子教育にあり、女子教育の挙否は国家の安危に関係するを忘るるべからず"と主唱し、いわゆる"良妻賢母"の養育を基本とする「国体主義的な教育観」による女子教育の振興を図ろうとした（学制80年史、文部省）。

しかし、尋常小学校における女児の扱いは明確であったが、東京女子師範学校付属高等女学校が創立された明治15（1882）年以外は、女子に"須要なる高

等普通教育と技芸専修科を設置することを得"（中学校令改正、明治24（1891）年）とされるまで上級学校での扱いは不十分であった。

その後、明治32（1899）年の「高等女学校令」により6カ年の修学年限、尋常小学校を入学資格とする高等女学校が設置され中等学校段階での女子教育の基盤が構築された。

■義務教育年限の延長、就学率の上昇等

小学校令（明治40（1907）年）は、尋常小学校の修業年限を4年から6年に延長した。

教科目は、修身・国語・算術・日本歴史・地理・理科・図画・唱歌・体操とし、女児には裁縫が加えられ、臣民としての基礎的教養、技能の基本が培われることとなった。

ここで、尋常小学校の修業年限＝義務教育年限の2年間の延長と市町村立尋常小学校における授業料の無償措置（同57条）が実現するが、社会的背景としてこれを財政的に裏付けるだけの国力が養われていたことに注目しなければならない。それは、このことがその後の就学率を大きく上昇させる要因となっていくからである。（※9）

※9　明治24（1891）年には義務教育の平均就学率が50%を超え、35（1902）年には90%、38（05）年には97%を超えるなど目覚ましいものがあった。

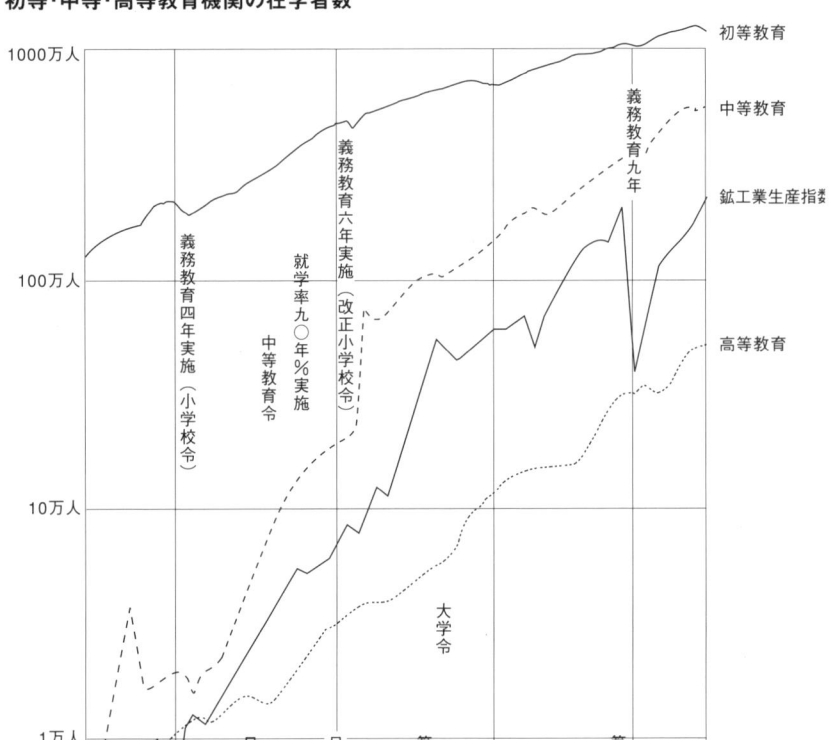

初等・中等・高等教育機関の在学者数

※『学制80年史』(文部省)を参考に作成。

　日清・日露の二つの戦役を経て我が国の産業構造の近代化が急速に進み、鉱工業生産指数は7～10倍に上昇、近代産業に必要な労働者への需要が高まる中、国・地方政府の教育基盤整備への投資も格段の増大をみたことや、一人当たり

のGNPが明治初期の1870年代の3倍規模と国民の所得も着実に伸び、子女を通学させる国民の経済力の向上がこうした傾向を支えた。

製糸工場で働く女性労働者　大正10年頃（毎日新聞社）

　もっとも、全国各地の繊維工場などでは経済的困窮を理由とする未就学の女子労働が多く見られたが、「雇用者は学齢児童を雇用することにより就学を妨げてはならない」（大正5（1916）年「工場法施行令」）との規制が加えられるなどの動きもあり徐々に改善されていった。

　一方こうした就学率の上昇に応える教員養成は、重要な問題となった。中でも中等学校の本格的な拡充期に入ったことによりそのための教員養成を重視し、師範学校の充実を図ることは当然として、教員の確保のため大学で所定の単位を修めた者には無試験で中等学校・高等学校の教員免許を授与する方策を導入した。

　また、心身に障害のある者への教育として「盲学校令」「聾唖学校令」（大正12（1923）年）が制定され、東京、各府県に教育施設が拡充されて特殊教育の分野にも施策の手が伸べられた。こうした措置により全体としての就学率の上昇につながったのもこの時期である。

(2) 近代教育の拡充・展開期
大正7（1918）～昭和11（1936）年

　第1次世界大戦の勝利により、我が国は戦勝気分に沸き立った。加えて急速な鉱工業生産指数の伸びに見られるように産業構造の飛躍的発展を遂げた。
　しかし、直後の世界大恐慌（大正10年（1921））は、教育界にも様々な改革の機運を盛り立てる契機となった。
　また、大戦後の国際的な社会情勢は国民教育の昂揚を必然のものとした。社会主義国ソ連の誕生に見られる国際イデオロギーの潮流が、大正デモクラシー

臨時教育会議報告の概要

> ①市町村義務教育費国庫負担制度を導入した。同負担法（大正7年）によれば、市町村立尋常小学校の正教員、準教員の俸給の一部が国庫負担となった。金額の増学はその後も継続された。
> 　その後、国庫負担額は義務教育費国庫負担法（昭和15年）により市町村立尋常小学校の正教員、代用教員の俸給に要する経費の半額負担にまで拡充され、戦後に引き継がれていく。
> ②就学率の上昇に伴いと高等小学校を実務教育との関連において完成教育と位置付け、義務教育の年限の延長（6年から8年へ）とする考え方が示された。
> 　また、必修科目として新たに図画・手工、実業を、女児には裁縫以外に家事を加えることとなった。
> ③学級担任制を学科担任制（専科教員の配置を含む。）を加味することとし、教科目（特に実業科目）は地域の実情に応じて取捨選択することができるようにするなど児童の発達段階や興味関心に応じた柔軟な教科課程を想定するようになった（※1）。
> ④国史（※2）の教授の重視など尋常小学校における国民道徳の養成強化、中学校、高等学校への進学に当たって俊才のための尋常小学校第4学年修了後中学校予科（2年間）に入学、予科修了後中学校に入学できる措置（改正中学校令、1919年）を設けた。
> ※1　学校教育ノ効果ヲ完カラシメムカ為学校ト家庭トノ連絡並学校ト社会トノ協力ニ関シ一層適切ナル方法ヲ考究セムコトヲ要ス"（同答申）とあるが、今日学校家庭連携重視の考え方の原型をみる思いがする。
> ※2　天孫降臨説の教授など皇国史観を全面に押し出したもの。教育勅語の徳育精神と相まって、国民道徳の教化を旨とした。

と呼ばれる西洋民主主義思潮とともに国内になだれ込んだ時代であることを忘れてはならない。

しかし、まったく新たな教育政策をとるというよりは明治期に整備された近代教育制度の拡充が基本施策であり、内閣に設置された「臨時教育会議」(大正7（1918）年)は、こうした国際的な動向をも視野に内容の拡充を基本として提言を行った。

その骨子として、

① 市町村義務教育費国庫負担制度の導入、義務教育年限を2年間延長して8年とすること（戦況悪化のためその後実現しなかった）

②「国史」の重視や中学校教育でも教育勅語の趣旨の徹底を求め、国民道徳の養成強化に力を注ぐこととしたこと

③ 高等普通教育を目的とする中学校教育においても教育勅語の趣旨の徹底が図られ、国体の強固な観念を持ち、"廉恥・節義尊重、質実剛健"の精神に満ちた国家人材の陶冶が首唱されたこと

④ 学科目の連携により理解と創造性を伸長することとし、いたずらに上級学校進学のための受験偏重教育を戒めたこと

⑤ 中・高等学校における飛び級など俊才の教育への配慮や、教科書編纂においても創意工夫を慫慂し、画一主義に堕することのないよう強調したこと

が上げられる。

なお、この時期における特徴は様々な社会階層から中等学校への進学者が激増し、高等女学校や実業学校に特に顕著であったことであり（※10）、教員養成も国体重視、忠君愛国の人格高揚を旨に、師範学校の本科2部の昇格を認め免許取得者の増加を図った。

※10 この時期（1918〜36年）の中学校、高等女学校、実業学校の学校数は1,362から2,848校の2倍以上に、生徒数は391,703人が1,219,219人と約3倍に増加している。

(3) 戦時体制下の教育期 ─── 昭和12（1937）～昭和20（1945）年

　昭和12（1937）年に日華事変が勃発した。これより先、満州事変（昭和6（31）年）、国際連盟脱退（8（33）年）、日独防共協定締結（11（36）年）と中国侵略を企図する中、国際的孤立の道を進んだ我が国は、文教行政においても戦時体制を想定した考え方が貫かれていく。

　昭和16（1941）年の太平洋戦争突入、18（43）年には本土決戦をも辞さずとの国体は教育全般を非常時一色に塗り替えた。

　もっとも、学校教育制度自体は組み替えられることにはならず、皇国民育成の教育の精神をどのように確立するか、従来の検定制度の廃止による国定教科書の原則使用など教育内容・方法の改革が見られただけであった。（※11）

国民学校令（昭和16（1941）年）

　国民学校は"皇国ノ道ニ則リテ初等普通教育ヲ施シ国民ノ基礎的錬成ヲ為スヲ以テ目的トス"（「国民学校令」第1条）とあるように、国体の精華と臣民の守るべき道（教育勅語）の修練を行うことを第一の目的とした。

軍事教練の様子（玉川学園 蔵）

その中心は、小学校を国民学校（初等科6年、高等科2年）とし、8年間を義務教育とした点（戦況悪化により実際には実現しなかった）である。
　また、保護者の貧困などを理由とする学齢期児童の就学猶予・免除制度を廃止して、義務制を徹底した。（※12）

中学校令（昭和18（1943）年）

　従来の中学校、高等女学校、実業学校をひとまとめにして中等学校（修業年限4～5年、相互の転学を認めた）とし、国民学校の基礎の上に同じ原則をもって運営し完成教育を目指した。（※13）

※11　検定は「教科用図書検定規則」（明治19（1887）年）にもとづき小学校を除き多年にわたり順調に発展してきたが、資材面が窮屈になり、また民間会社も時局のもとでの採算が厳しさが増した。用紙をはじめ鉛やインクなどの印刷材料、包装資材までが軍需用資材となり計画的発行がきわめて困難となった。
　　　昭和19（1944）年からはすべての教科書の表紙は墨一色になったほか、紙質低下、ページ減、発行の制限が増加した。そこで、国民学校を含め国において編集方針を定め、中等学校の検定教科書なども事実上「国定教科書」の体裁とならざるを得なかった。

※12　国民学校における教科目は、皇国民の基礎的錬成を教科を通じて行うものとし、従来のものを総合し、国民科・理数科・体練科・芸能科・実業科に統合・再編成された。後に中等学校も同様（中等学校令、昭和18（1943）年）。
　　　武道は国民学校から教えられ、中学校では特に重視されたが、配属将校による軍事教練、勤労作業による鍛練も注目される。
　　　総じて学校では各教室に神棚、勅語・軍神の写真が飾られ、儀式・学校行事を重視し礼節が強調された。"必勝の信念"、"堅忍持久"の精神が叩き込まれ、さながら教育道場の有様となった。

※13　中学校の教科は、国民学校と同じ考え方で従来の教科目が統合再編され、国民科・理数科・体練科・芸能科・外国語科（3学年以上は選択）・実業科を必須とした。
　　　学校には団体的訓練施設、寮舎、道場、学校園などが設置され、午後の授業はこうした施設での実践鍛練（毎週定時に行う修練は3時間）にあてられた。

また、勤労青少年のために「夜間」中等学校を認め、国民学校高等科卒業者を入れ4カ年の修業年限を設けて昼間と同等に扱った。

師範教育令（改正、昭和18（1943）年）

国民学校教員については"皇国ノ道ノ修練"を本旨として教育を行い、従来の"順良信愛威重ノ気質"に代わって"皇国ノ使命ヲ体得シテ克ク皇国民ノ錬成ノ重責ニ任ズベキ人物ヲ錬成スベキヲ以テ主眼"とされた。

教科目において東亜・世界・国防・職業指導・地方研究を重視し、国民科に「礼法」を、「体練」に武道・教練を含み「修練」を必須とした。

戦時急を告げる中で学徒動員令（昭和19（1944）年）などにより勤労動員が増加し、官立師範学校56校はいずれも入学者が激減していった。

青年学校令（昭和10（1935）年）

府県などが設置する勤労男女の青年を対象に心身の鍛練・徳政の涵養および実業補習を行う青年学校は徐々に整備され、尋常小学校卒業者を入れた普通科、高等小学校卒業者を本科に入れるなど、地方の実情や青年の境遇に適応する簡易自由な教育が施された。この制度は戦時下において勤労青年の教育機会を伸ばす現実的な方策として注目され、本科5年の義務制として実施されることとなった（昭和14（1939）年）。

青年層の約80％を占める勤労大衆も国民学校高等科（初等科6年間と合わせて8年間を義務制とした）卒業後、青年学校本科（5年制）への編入を可能とし、高等科2年と合わせて7年間の義務制の教育機会を得ることとなった。

戦時教育令から終戦へ

政府は昭和20（1945）年3月「決戦教育措置要綱」を決定し"国民学校初等科ヲ除キ、学校ニ於ケル授業ハ昭和20年4月1日ヨリ昭和21年3月31日ニ至ル間、原則トシテ之ヲ停止スル"こととし、"国民防衛ノ一翼タラシムルト共ニ、生産ノ中核タラシム"ことを企図した。

さらに5月には「戦時教育令」が公布され、教育勅語を引用して天皇は最後の奉公を要請したとされる。

しかし、7月26日連合国よりポツダム宣言が発表され、我が国はこれを無条件で受諾、8月15日、国民学校生徒を含む340万余人の動員学徒は、焼土と化した大地に茫然自失して天皇の終戦の玉音放送を聞いた。

　動員学徒の死亡者は延べ10,966人（内8,953人は原爆によるもの、広島市内の太田河畔に朝礼集合中の生徒は全滅）、傷病9,789人にのぼった。

　特別攻撃隊や軍需工場への徴用など多くの学徒兵が大陸の山野、南海に散っていったことを回顧するとき、取り返しのつかない教育史上最大の悲劇が繰り広げられたことを銘記すべきというほかはない。

　このようにして明治維新以降我が国が辿った近大化の歴史、これを支えた日本型近代化教育の歴史は、数多の国民的犠牲とともに制度的結末を迎えた。

(4) 戦後復興・民主化のための教育改革期 ────
　　昭和20（1945）～昭和27（1952）年

GHQによる占領政策の一環としての教育管理

　昭和20（1945）年8月15日の終戦は、我が国の政治・経済・文化、そして生活面で未曾有の変化をもたらすものであった。

　教育の管理を所管した連合国総司令部（GHQ）「民間情報教育部（CIE）」は、同年12月までに神道による教育を学校から排除したほか、軍事教練の廃止、教科書などの軍国主義的記述の削除（いわゆる"墨塗り教科書"）、修身・日本歴史・地理の課程の停止、不適格教員の罷免と自由主義的行動を理由に解職されていた教師の復職などを内容とする指令を発し、軍国主義的、極端な国家主義的影響を払拭する措置をとった。

　また、文部省では「新日本建設の教育方針」（同年9月）を策定し全国に配布した。

　戦後教育の出発である。

　一方、昭和21（1946）年米国から「教育使節団」が来日し、わずか1カ月という短期間に視察と会議を行い「教育使節団報告書（第1次）」をGHQに提出した。GHQは同報告書を我が国の戦後教育改革の根本指針としたのである。

さらに、日本国政府は同年8月、内閣に「教育刷新委員会」（※14）を設置し、GHQと連携しながら具体的な改革の方策を立案、実施していくことになった。

◎コラム　**第1次米国教育使節団報告書**

　GHQ司令官、D.マッカーサー元帥の要請により昭和21年3月G.D.Stoddard（イリノイ大学名誉総長）を団長とする教育学者等関係者27人が来日。日本側からは天野貞祐（第1高等学校長）、南原繁（東京帝国大学総長）等29人と合同で戦後の教育体制の基本方針について具体的な方策がとりまとめられた。
・個人の価値・尊厳の承認が民主主義教育の基本（画一と標準を避け、地方分権が必要）
・教育課程の変更、国定教科書への批判、修身・地理・歴史の改善、保健体育の必修など
・国語の改革（ローマ字採用）
・地方教育委員会の創設
・男女共学による9年間の無償義務教育制度（将来は高校への希望者全員入学）
・詰め込み、画一主義の教授法の改善
・師範学校を4年制の大学（開放型養成制）に、教育行政官の免許制

を主たる報告とした。
　なお、再来日した第2次教育使節団（昭和25（1950）年）はマッカーサー元帥に対して、初等中等教育の行政としてレーマンコントロール（教育専門家ではない有識者等による合議制）の性格を持ち、財政的に完全に独立し、首長・議会の干渉を受けずに課税権（教育税）を持つ

「教育委員会」の設置、教育の財政的援助方法としての教育平衡交付金制度の導入を勧告した。

GHQ、教育使節団が玉川大学訪問（玉川学園 蔵）

※14 教育刷新委員会（内閣総理大臣直轄、昭和21（1946）年〜）は、阿倍能成他37名の国内の代表的有識者のみによって構成され、GHQとは独立して自主的調査審議を行った。
・従来の帝国主義的、立身出世主義的な教育を排し、真理と正義を愛し、個人の尊厳を確認する民主主義教育を理念とする教育基本法の制定
・袋小路の是正、国民の基礎教育拡充のため修業年限3年の中学校を置き、義務制・全日制・男女共学とし、その上に3年制の高等学校（全日・定時制、普通・専門教育）
・幼稚園義務制
・教員養成は総合大学・単科大学の教育学科において実施
　教育行政は一般地方行政とは独立（自治組織）し学校の設置・廃止・管理・教育内容・人事・財政権限（課税権）を所掌、公選制地方教育委員会、文部大臣諮問機関としての中教委員会・広域人事などのための広域の地方教育委員会設置などを建議した。

民主主義社会構築のための教育方策の具体化

　新しい教育制度の根幹の根幹を成したものは学校制度の改革である。これまでの過去70余年にわたる天皇が定める勅令によるのではなく、新憲法により国権の最高機関とされた国会の議決にもとづき「教育基本法（旧）」「学校教育法」を制定した（昭和22（1947）年3月）。これらは、教育行政史上画期的なことであった。

教育基本法

　教育勅語によるこれまでの教育の理念、方法にかわる新憲法のもとでの新たな内容、基本原則を定めた。

　戦後の我が国の政治・社会・文化の各方面における諸改革で、もっとも重要な問題の一つとされていた教育の根本的な改革のため教育基本法は、憲法において教育のあり方の基本を定めることに代えて、我が国の教育および教育制度全体を通じる基本理念と基本原理を宣明することを目的として制定された。

　まず前文において法の性格と教育の根本理念を、1条、2条で教育の目的と方針を、さらに八つの基本原則を立て、第3条以下で教育の機会均等・義務教育・男女共学・学校教育・社会教育・政治教育・宗教教育・教育行政の基本原則を定めた。

　基本法前文において新憲法にうたわれた"民主的で文化的な国家の建設、世界の平和と人類の福祉に貢献する"理想の実現を教育に期待することを明らかにし、諸立法の中心的位置を占める教育の根本法であるとの性格を明確にした。

　教育の機会均等は明治初期の「学制」においても示された理念ではあるが、その内容は尋常小学校レベルにとどまり、中等教育段階では上級学校進学と実業教育に分かれる複線型学校体系となり、進路変更などが困難なもの（いわゆる「袋小路」）となっていた。

　そこで、貧富の差により貧しい者は高等小学校から青年学校へ行き袋小路に入ってしまうこうした制度を是正するため6・3・3制を採用し、すべての青年のために中学校・高等学校の単線型教育の機会（米国型）を用意した。

　その結果、その後に続く高等教育を含め能力・適性、希望に応じて進学できる国民教育の体制が実現した。（※15）

これは、明治以降の学校制度が江戸期における武家の子弟教育と庶民の子弟の学校という二重構造を引き継いでいたものを一挙に統合するという大改革をなした。

また、戦前から徐々に国庫負担の措置を徐々に強化してきた流れを継承し、国・公立の学校における9年の義務教育（特殊教育を含む）は無償（第4条）とし、経済的理由により有為な生徒に対して教育の機会を失うことのないよう国、地方公共団体に奨学の方途を講じるよう定めた（第3条）。

男女共学が定められたが（第5条）、戦前に見られた中等教育より上の段階で男女別学体系には教育機会の均等の考えに反するものがあるとして、新制中学校ではこれを原則とし、新制高等学校でも男女共学を奨励するとの是正に留める形での実施を図った。

学校教育法
■学制改革

戦前の天皇大権にもとづく勅令により学校段階ごとにばらばらに規定された学校教育行政に関する方針は変更され、学校教育全体を民主的な制度に改革するため一本の体系的法律である「学校教育法」が制定された。

第一は6・3・3・4制の導入である。明治初期の「学制」以来80年に近い初等学校・中等学校・大学という学校制度は、社会の進展により次第に複雑化していたものを、国民のすべてに開放され教育の機会均等を図るため極めて単純化したことになる。

■教育課程等の改革

教育の目的・目標を達成するための教科課程・内容およびその取り扱いについての基準は「学習指導要領」によるとした。

※15 戦前の中等教育への進学率は30％程度であったが、これが義務化されたことで100％に迫ったことはもちろん、後期中等教育としての高等学校にも当初の40％程度からやがて96％を超え、ほぼ全入を実現することにつながった。

学校における教師の自律的な教育活動を促すため、当初は教師用参考資料として「一般編」「各教科編」が配布された（昭和22（1947）年）。

小学校では、従来の修身・公民・国史・地理の科目は廃止され、社会科・家庭科（男女共修）・自由研究（クラブ活動、学級活動など）が教科として新設された。

新制中学校の教科は必修教科と選択教科に分けられたが、小学校と同様「学習指導要領」を準則とするとの形式をもって公表された。

新制高等学校は、新制中学校より1年遅れ、昭和23（1948）年から実施された。

教育課程は、旧制中学校・高等女学校・実業学校を統一した学校制度であるため、生徒の多様な進路、個性に配慮して選択教科制と単位制を導入した。

また、進学機会の開放を図る観点から通学区域制、男女共学、同一校に普通課程と職業課程を併せ持つ総合制の設置（いわゆる「高校三原則」）が進められた。

新制高等学校の入学者選抜は、できるだけ希望する多くの生徒を入学させることを原則とし、収容力の制約から選抜を行う場合でも、中学校からの報告書によることとし、その中に都道府県単位で行う統一学力検査の結果を一つの資料としてこれを記載することとした。

教職員制度
■身分

戦前、公立学校の校長・教員の身分は待遇（準）官吏とされていたが、官（国）立学校同様に本官とされ、文部教官、地方教官の身分となった。

その後いくつかの変遷を経て"教育の特殊の使命にかんがみ、教員の身分を保障し、待遇の適正を図り、もって教員をしてその職責を完からしめるため……"との「教育刷新委員会」の建議により、昭和22（1947）年に制定された国家公務員法で特例を定め、この定めにもとづき24（49）年教育公務員特例法が制定された。

その結果、国立学校の校長・教員は国家公務員たる教育公務員に、公立学校の校長・教員、教育委員会の教育長および専門的教育職員は地方公務員として

の教育公務員となりそれぞれ二つの法律の適用を受けることになった。
　同法では教員の職務と責任の特殊性にかんがみ、教員の採用・昇任の方法における競争試験の排除、服務、積極的研修、兼職、任命権者などについても特例が設けられた。

■資格

　旧制の師範学校、青年師範学校、高等師範学校、女子高等師範学校という特定の学校による閉鎖的養成制度から教員養成系大学・学部以外の一般の新制大学による養成課程を修了した者に対しても教員免許を授与する「開放制」の導入へと抜本的変更が加えられた。（教育職員免許法）

　ここで「教員」とせず「教育職員」とされたのは、教員の他に校長・教育長・指導主事等（ただし、昭和29（1954）年これらの職の免許状は廃止された）を含むものであり、高次の一般教養と教科・教職に関する専門的知識、経験を有する教育のスペシャリストの確保を目的とした。

■処遇

　従来教員の給与は、一般の公務員に比して低いものであったため、給与体系に職階制度が導入され、一般職に比して号俸の有利な切替えや、男女差別の是正が実施された。

　しかし、都道府県別の格差が大きく、またシャープ勧告により一般財源措置となった。このため、都道府県の負担はその財源の半分を占めるに至るなど財政の圧迫が著しく、教育の機会均等や水準維持が危ぶまれたため、給与費の半額を国が負担することとなった。（義務教育費国庫負担法、昭和28（1953）年）

教科書制度

　教科書に書いてあることをそのまま児童生徒に教えていけば教師の責任は果たされたことになるとの戦前の考え方（教科書・教師中心主義）から、戦後は児童生徒に学習の興味や関心を喚起し問題解決の方法を探したり、獲得した知識を体系化したりする際の有益な参考資料（方法資料）として活用するものとの考え方（児童生徒中心主義）に変わった。

　これは、学習指導要領が、各学校・教師が指導計画を作る援助を行うものであるとする考え方と一体的に意義付けされた結果である。

そして、新制小・中学校制度が発足する昭和22（1947）年の春に間に合わせるよう、小中高等学校の新教科書の編集が学習指導要領の策定と両輪となって進められた。

文部省は、上記新教育の方針にもとづき、戦前の「国定教科書制度」を廃止した。そして、「小学校においては、監督庁の検定もしくは認可を経た教科用図書又は監督庁において著作権を有する教科用図書を使用しなければならない」（学校教育法21条）とし、中学校、高等学校でも小学校に準じる新たな検定制度を採用した。

教科書検定は、従来文部省の図書監査官が行っていたが、これを民主化するため多くの調査員を委嘱し、内容の審査に当たることとした中央検定と都道府県教育委員会による地方検定とにより実施された。また、中央検定では検定基準を策定しこれにもとづいて採点して合否を決定した。

教育施設の戦災状況

種　　　　別	罹災面積（坪）
国　立　学　校	402,919
公　立　学　校	
高　等　専　門　学　校	25,416
中　等　学　校	567,683
小　　　学　　　校	1,432,915
盲　ろ　う　学　校	24,929
図　　　書　　　館	10,534
小　　　　計	2,061,477
私　立　学　校	
大　学　専　門　学　校	125,440
中　等　学　校	208,670
小　　　　計	334,110
合　　　　　　計	2,798,506坪

※『学制80年史』（文部省）より

学校施設整備

　戦災で消失した学校の再建、戦時中より累積していた老朽危険校舎を始め、外地からの引き揚げや疎開学童の復帰による都会地などでの教室不足の解消、さらには相次いで台風と地震という自然災害が追い打ちをかけるよう到来しその災害復旧にも対応しなくてはならないなど、文教施設の復旧整備と財源確保は深刻な問題となっていた。

　これに対し、文部省に臨時教育施設部（後の文教施設部）を設け、教育施設の復旧整備にあたった（※16）。

　しかし、公立学校の復旧状況は昭和27（1952）年までに40％余りで地方負担には限界があり、国の財政支援が必要であった。

　そこで、国が当分の間、全額もしくは一部を負担する（地方財政法10条）として進捗を促した。こうした動きは、自然災害の復旧や老朽校舎の改築についても国の財政措置が講じられる道につながり、それぞれ国庫補助の関連法として「公立学校施設災害復旧費国庫負担法」（昭和28（1953）年）が制定され、予算措置が講じられ今日に至っている。

新制中学校校舎の整備

　6・3制の予算措置は当初はなく、関連予算の全額削除（ドッジプラン、昭和24（1949）年）となったため、過剰収容・仮教室・二部三部授業あるいは"青空教室"が常態化した（詳細は第2巻の「地方教育財政」参照のこと）。

　これに対して国会は同年「6・3制完全実施」決議を満場一致で可決した。

　これを受け文部省は徹底した全国実態調査を行い、施設整備の基本対策を策定して国による整備予算の道を開いた。

　その後「義務教育諸学校施設費国庫負担法」（昭和33（1958）年）が制定され国庫補助が継続されることになったのである。

　　　※16 昭和27（1952）年までに地方公共団体が行った工事量を加えると
　　　　　700万坪に上る。また、木造小学校・中学校建物規格（JIS規格）
　　　　　を告示し資材不足による質の低下を防ごうとした。

不当使用の禁止

戦時中からあった校舎を工場などの軍関係施設に転用したり、罹災者を収容したりするなど、学校舎の教育以外の使用が多く見られた。戦後は疎開地・外地からの引き揚げ児童生徒の増加に伴う教室不足は深刻で、GHQからの不正使用の禁止の伝達があり、政府は「学校施設の確保に関する政令（ポツダム政令）」を公布して対処した。その結果、校舎28万m^2、校地61万m^2が返還された。

◎コラム　**学校建築の源流**

戦後復興期における教室不足、学校建築の緊要性については、戦災を受けた学校総数は3,000校、1千万m^2の建物が焼失していた。青空教室や教室への詰め込みは当然、物置・鶏小屋・納屋を改造したり、電車を改造した教室もあった事情を想像すれば容易に理解できるだろう。

ここで、文教施設の整備、発展について紙数を割きその歴史をたどってみたい。

学校の建物は、最近では、いろいろな施設と複合化したり、建物自体が変形したりと、「一目瞭然、絶対学校」という施設ばかりでもなくなってきているが、昭和も終わりを告げる頃までは、どんなに地方の辺鄙な場所に行っても「あれは、学校だ！」と、誰しもがわかる、羊羹を寝ころばせたような形の施設ばかりであった。

これは、明治5（1872）年の学制発布の頃から続く学校の建物を造ってきた先人たちの歴史の中にその源流がある。

これから、その源流をたどってみることにしたい。

学制発布の頃は、明治維新から日も浅く、学校の建物を一気に整備できるような体制になかったので、寺子屋、藩校、あるいは、寺社などを一時的に利用して、とにか

大阪市立愛珠幼稚園 明治34年建築（東京工業大学文教施設開発提供）

福澤農学校 明治36年建築（東京工業大学文教施設開発提供）

く学校を開校することを奨励した。このことは、明治5（1872）年6月24日に出された「学制施行着手順序」に表わされている。

　一方、この「学制施行着手順序」には、新築営繕は、完全を期すことがうたわれており、明治6（1873）年には、「文部省制定小学校建設図」が出されている。この中では、平面の形状が一文字の他、十字形、ロの字形、コの字形、トの字形、Hの字形があった。

　こういったことを背景に、山梨県の藤村紫朗県令などの学校建設に熱心な県令がいた地方では、盛んに学校建設が行われた。これらの学校のうち、資料館などに衣替

えをしながら現存しているものもあり、機会があれば訪れてみると、当時を思い浮かべることができるかもしれないので、いくつか代表的なものを紹介しておく。

睦沢学校（山梨県甲府市）、見付学校（静岡県磐田市）、開智学校（長野県松本市）、水海道学校（茨城県水戸市（同県つくば市から移築））などがそれにあたる。

明治の中期になり、次第に学校施設の整備が盛んになってくると、学校施設に関する規則も併せて整備されるようになってきた。

明治21（1888）年8月に「尋常師範学校設備準則」、24（91）年4月に「小学校設備準則」、12月に「尋常中学校設備規則」があいついで公布された。また28（95）年には、各設備準則に則った施設整備のパンフレットといってもよい「学校建築図説明及び設計大要」が発行され、こういったことにより学校施設の定型化が始まっていくようである。

この「学校建築図説明及び設計大要」において片側廊下の一文字校舎が推奨されたことで、最近まで続く羊羹を寝かせたような校舎が根付くのであるが、廊下の位置は、北の寒い地域では北側廊下、南の暑い地域では、夏の日差しを遮る意味もあって南側廊下が多かった。この、廊下をどちら側に置くかということで大論争となった。いわゆる「南北廊下論争」（「南北戦争」などという人もいたようである）である。

この論争に終止符を打つのが、明治34（1901）年4月8日の官報に発表された、文部省の学校衛生技師である三島通良の「校舎衛生上ノ利害調査報告」という題の長論文である。ここでは、衛生面から、教室を南側に置き廊下を北側にするのがよいとしたため、全国一律の同じ校舎ができることになった。

平面図から見る"南北戦争"

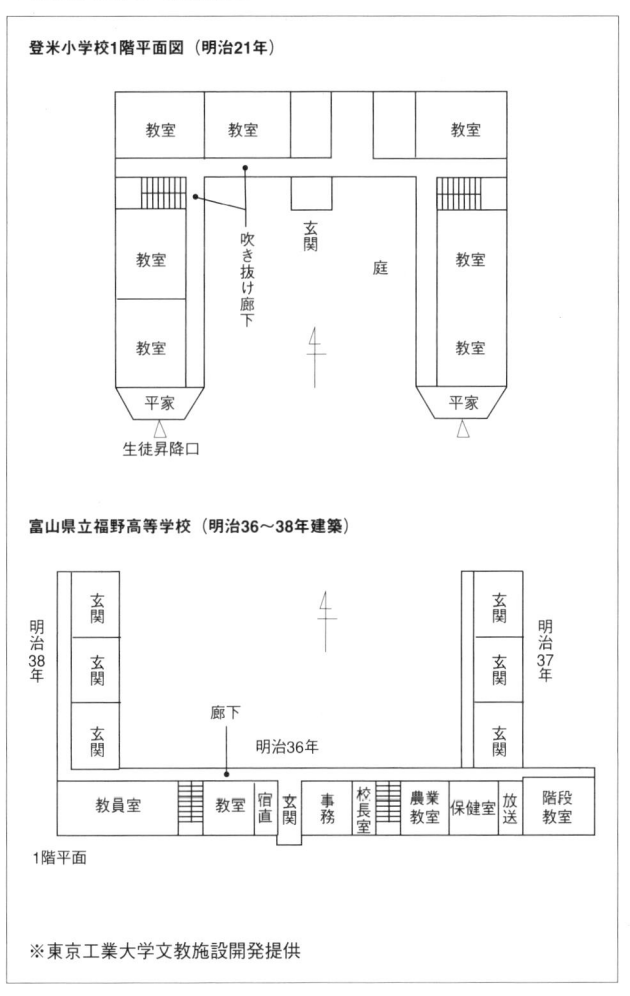

```
登米小学校1階平面図（明治21年）
```

（図：教室、玄関、庭、吹き抜け廊下、平家、生徒昇降口などの配置）

```
富山県立福野高等学校（明治36～38年建築）
```

（図：明治38年・明治37年・明治36年の各棟、玄関、廊下、教員室、教室、宿直、玄関、事務、校長室、農業教室、保健室、放送、階段教室などの配置）

1階平面

※東京工業大学文教施設開発提供

　こういった様式は、何度も言うようだが、昭和の末期までほとんど形を変えることなく受け継がれてきたのである。

　ところで、昭和の末期までは同じ形の学校が受け継がれてきたわけだが、それ以降は、どうなったのであろう

45

か。教育の多様化が叫ばれ、様々な指導方法なども検討されていく中で、学校施設も多様化が始まった。これまでは、学校の中に教育以外の機能を入れることは、タブー視されていたのであるが、昭和50年代頃からは、都市部を中心に様々な施設と施設間の相互利用や児童生徒に社会性を持たせるためなどの教育的効果も期待して、複合施設が建てられるようになった。こういった施設では、学校とそれ以外の機能を有機的に関連づけたり、どうしても教育上踏み入れられない部分を切り離す工夫などを行う必要があることから、単純な一文字型の校舎にならないケースも多く見られた。

　一方、指導方法の多様化の中からは、昭和59（1984）年度から学校施設の補助対象として「多目的スペース」が法令に位置づけられた。これは、教室の一つとして、普通教室や特別教室と並んで「多目的スペース」という、形や置かれる位置が自由な発想で設置できる画期的なものであった。

　明治5（1872）年の学制発布から100年以上、施設準則などが整備され学校建築の様式が定まってからも100年近い歳月を経て学校施設の大きな転換が始まったのであった。

　現在も施設の様式は変化し続けているが、教室の基本となる部分においては、その基準となる児童生徒一人あたりの面積や天井の高さなど時代に応じて変化した部分もあるものの、基本の形は変わってはいない。これからさらに100年後の学校における指導方法などがどうなっているか予測のつかない面もあるが、基本の部分については、教室というものは変わることはないであろうと思うが、過去を振り返って今後に夢を馳せるのも悪くはないと思う。

学校給食

　明治22（1889）年、山形県下の「忠愛小学校」で経済的に貧困な児童を対象に昼飯給食を実施したことを嚆矢として、その後、栄養面での改善措置や第1次大戦後の欠食児童救済を主とする国庫補助の開始（昭和7（1932）年）による本格的な学校給食制度が発足した。

　戦後占領下において昭和21（1946）年「ララ物資寄贈」の申出でを契機に文部・厚生・農林三省は「学校給食実施の普及奨励について」、①全児童を対象、②摂取栄養量の明示、③学校給食費の規定、④実施体制、⑤国庫補助、⑥教育的効果の明示を骨子とした次官通達を発した。

　脱脂粉乳の寄贈を受け開始した「ミルク給食」（昭和24（1949）年）は、「ユニセフ」給食として導入され、給食内容・設備・経営面で今日の学校給食体制のモデルを形成していくこととなった。

　こうした取り組みは、文部科学省に設置された審議会において学校給食の行政、教育指導、栄養管理、施設整備など完全給食（主食・副食・牛乳）を目指した基準策定へと発展していった。その結果、昭和29（1954）年学校給食法が制定され、戦後の給食制度の整備が本格化することとなった。

　その後、「先割れスプーン」「リジン（食品添加物）」問題など世論をにぎわす給食論争が巻き起こったり、学校給食廃止の動き（臨時行政調査会、昭和58（1983）年）など様々な問題提起がなされた。

学校給食風景

しかし、望ましい食習慣の形成、体位の向上に果たす役割はもちろんのこと、学校食堂の整備やバイキング方式によるメニュー選択の拡大が可能となるなど条件整備は一段と進み、学校生活にうるおいをもたらす行事給食その他の指導上の工夫が積み重ねられるなど、ゆとりある学校生活の一翼を担う教育指導上の意義が一層重要視されて今日に至っている。

特にその後の栄養教諭の法制化により、共働きの家族が増加する中、おろそかになりがちな家庭での食事の習慣、栄養管理の確保のために家庭と連携して行う指導上の役割は大きい。

(5) 高度経済成長下での戦後教育制度の整備・拡充期 ——— 昭和27（1952）〜昭和45（1970）年

この時期は、終戦直後の占領政策を経て米国のアジア政策の変更、サンフランシスコ講和条約の締結など、戦後わが国の独立と自力による制度の整備・拡充期に入ることになるが、戦後政治の大きな転換が教育制度にも如実に影響・反映している時代であった。

教育委員会法の廃止と地方教育行政法の制定
昭和23（1948）年に制定された前身となる「教育委員会法」は、教育行政の一般行政からの独立、地方自治、民意重視の考え方を基本に、教育が国民全体に対して直接に責任を負って公正に行われるべきとし、教育委員会は住民の直接投票による委員から構成され、独自の予算編成権を持った。

しかし、その後地方自治体の財政赤字問題が顕在化し、教育委員会と首長部局の財政運営上の効率化、調整の必要性が強調されたことや、教育委員の公選制により委員会への政治的争いの持ち込みが危惧されるいわゆる"地域ボス"など教育に見識のない者が選出されるといった弊害もあり、昭和31（1956）年に廃止された。

そして新たに教育行政と一般行政の調和、教育の政治的中立性の確保、国・地方の教育行政の一体的運営が図られるよう「地方教育行政の組織及び運営に

関する法律」(以下「地方教育行政法」という) が制定された。

　日本の戦後の民主化のメカニズム導入が米国制度の伝統的手法になじむにはなお時間が必要であったとの歴史的評価とともに、その後の地方分権化の新たな潮流の中で再検討されることになる内容であった。

教育課程の国家基準の整備

　昭和22 (1947) 年に文部省「試案」として発行された小中高等学校の学習指導要領は、その後26 (51) 年、30 (55) 年の改訂を経て、33 (58) 年に初めて法的拘束力のある国家基準として定められ、官報告示を行った。

　その中で新たに「道徳」の時間を特設し、教育課程の編成を、「教科・特別教育活動・道徳・学校行事の4領域」とし、学校行事や儀式では国旗の掲揚、君が代斉唱が望ましいと指導するようになった。

　従来の経験主義的、コア・カリキュラムから科学技術教育や系統学習の重視に転換し、コース制や多様化、能力に応じた教育がうたわれた。

　さらに10年後の昭和43 (1968) 年の改訂では、いわゆる"スプートニック・ショック"(昭和32 (1957) 年) 以降、米国教育界が科学教育を重視するなど教育内容の「現代化」を掲げて大きく変革しようとしていた影響を受け、教科内容の増加、多様化・能力適性に応じた教育の一層の推進を図ることとした。

　また、神話の再登場、「愛国心」教育 (p.64参照) が同時に強調されるなど戦後教育の流れに微妙な変化が生じた。

教科書検定制度

　検定制度は、昭和28 (1953) 年の「教育委員会法」の改正時に国に一元化された。

　その後、家永三郎元東京教育大学教授の日本史教科書の検定不合格処分を不服とする一連の訴え"家永教科書裁判"(昭和40 (1965) 年) など、検定制度をめぐる国民的論争 (教育行政の権限と教師の教育権の論争を含む) が展開されたが、検定の公開方法などの議論はその後も継続され今日に至っている。

　教科書の採択をめぐっては、過当競争の防止や公正さの担保の方法、あるいは教科書の価格が高額であるとの批判など新制度発足時からいくつかの問題が

指摘されていた。

　その後公立小中学校の教科書の採択権限は、学校の設置者である教育委員会に委ねられたほか、郡市単位で共同して行う「広域採択制度」が「地方教育行政法」や「教科書無償法」で定められた。

　また、昭和38（1963）年以降、憲法に定められた義務教育無償の政策的判断による拡充措置として徐々に無償化され、44（69）年からはすべての児童生徒に対して教科書無償配布が実現した。

　なお、無償措置の背景にはいわゆる"教師の教育権"の主張のもと、教科書の採択は教師個人にあるとして教科書を使用しないなどの事案（※17）が見られたため、教科書使用の法的義務と併せてこうした混乱を回避する政治的意図が介在したとも言われている。

教職員の地位向上と待遇改善

　「義務教育費国庫負担法」（昭和28（1953）年）による人件費の2分の1の国庫負担実施後も国際水準に照らして教員の給与その他の処遇、取り分け教育委員会の事務処理などの特殊性から過重な負担が学校にかかり、頻発する時間外労働問題の処理（時間外手当の措置）が依然未解決のままとなっていた。

　また、「結社の自由及び団結権の保護に関する条約」（ILO87号（※18）、昭和40（1965）年）、「教員の地位に関する勧告」（41（66）年）などの国際世論、給与等勤務条件の改善に関する人事院勧告の完全実施、労働基本権の扱いをめぐる日教組など労働団体の要求や一連の争議行為の発生、教師の教育権の独立をめぐる訴訟などの国内問題が相互に絡み合い、問題を複雑化させ解決を困難にしていた。

　しかし、ようやく昭和46（1971）年になって「公立の義務教育諸学校等の教育職員の給与等に関する特別措置法」（以下「給特法」という）が、49（74）年には「学校教育の水準の維持向上のための教育職員の人材確保に関する特別措置法」（以下「人材確保法」という）が制定され、解決のための様々な方策が講じられていくことになった。

(6) 経済安定成長下での教育の多様化など質的改善期 ────
　　昭和46（1971）年～平成2（1990）年

　戦後社会は1960年代以降の高度経済成長期、ソ連崩壊後の東西冷戦の終結（平成2（1990）年）を経て、世界は価値観の多様化、国際化、情報化、グローバル社会の到来へと大きく変貌していくことになる。
　この間、高校や大学など進学率の上昇による教育の量的拡大に伴い質的変化への対応が課題となった。
　また、物質的には豊かとされる社会にあって、子どもの耐性が低下し、社会の規範力の衰え、無関心が横溢する中、子どもを育てる環境の劣化が進むとともに、受験競争、偏差値偏重、校内暴力、いじめ、不登校、自殺など教育病理現象の普遍化が叫ばれた。

"46答申"（昭和46（1971）年）
　高校進学率が90％を越えた昭和40（1965）年以降、児童生徒の能力、適性、進路の多様化は一段と進んだ。
　経済界においては、戦後復興期を経て多様な労働力の養成確保のため人的資源の投資（人的能力開発論）の考え方が重視され、国の教育政策に強い関心を持つところとなっていた。
　中央教育審議会では、こうした状況の変化に対応して教育内容の見直しが必

※17　社会科教科書の内容に日教組（講師団）が介入し、左翼的偏向を来していると当時自民党が批判し政治問題化した"うれうべき教科書事件"（昭和30（1955）年）、教科書不使用教師の処分に係る「福岡県伝習館高校事件」（福岡地裁判決、53（78）年）がある。

※18　結社の自由及び団結権の保護に関する条約（昭和40年）。労働者または使用者の利益を増進、擁護するための団体の設立、加入の自由、団体の自治権を行政の介入から保障する。このためILO加盟国は、必要にしてかつ適切なすべての措置を講ずる義務があるとしている。

要とされ、戦後導入された教育制度にみられる画一的な学校体系ではなく、柔軟な学制、教育課程、教育指導の弾力的実施、とりわけ後期中等教育の拡充・多様化の方向性を打ち出した。

戦後教育改革の大きな節目をなすいわゆる"46答申"である。

こうした抜本的改革に資するため、現行法令の枠外で試験的に学校教育活動が実施され、その結果を新たな運用・実施に活かせるような教育資料を生み出す「先導的施行実験校（研究開発学校）」が認められることとなった。（学校教育法施行規則第55条、昭和51（1976）年）

ゆとりと充実、創造的教育活動の展開

1970年代に入ると校内暴力など様々な教育病理現象が深更する中で、昭和50（1975）年以降ゆとりのある、しかも充実した学校生活の実現を目指し、各教科の指導内容の精選、授業時数の削減を行い、各学校の創意を生かした教育活動が活発に展開できるよう学習指導要領を大綱化した。

またこの時期、総理直轄の臨時教育審議会では学制改革が主要議題となった。6・6制、4・4・4制、5・4・3制など様々な改革案が示されたが、文部省は現行制度を維持しながら柔軟な運用改善を行い、私学ですでに実施されている中高一貫の教育の効果を参考に、もっとも簡易な改革として"ゆとりある学校生活"を最大のメリットとする「6年制中等学校」の設置を決定した。

さらに働き過ぎが指摘される海外からの批判に応えるため、労働時間短縮の社会全体の動きとも関連しながら、学校5日制への移行が図られた。

生涯学習社会の形成に向けて

1970年代以降顕著になった我が国社会の学歴主義の弊害、過度な受験競争、偏差値偏重、校内暴力などの教育病理現象が深更する中で、"自己完結的学習の場"という学校教育の役割に加えて、家庭や地域社会の教育機能の低下による学校への過度の依存・負担という構造的問題を解決する必要が生じた。

さらに、国民所得の水準の向上、自由時間の増大、高齢化の進行といった社会の変化や科学技術の高度化や産業構造の高度化、情報化など生活環境の変貌に伴う国民の学習需要に応える新システムの開発が必要になった。

そのため、"自ら学習する意欲と能力を養い、社会の様々な教育機能を相互の関連性を考慮しつつ総合的に整備・充実しようとする"教育環境の整備を推進することとした。(中教審答申、昭和56 (1981) 年)

"やり直しのできる学習機会の確保"、"学歴社会からの脱却"を目指し、生涯を通じた学習が理念的に首唱され、これを充足する教育体系の見直しが図られることとなった。

(7) 時代の変化に対応できる教育を目指す改革期 ──── 平成3 (1991) 年～

生きる力 (新しい学力観) と今後の課題

平成3 (1991) 年の学習指導要領の改訂により、先述した生涯学習社会の建設の理念のもとで、新たな学校教育は"子どもたちの学習意欲を育て、自ら学ぶ意欲や思考力、判断力、表現力などを学力の基本とする新しい学力観に立って教育を進めることが肝要"とした。

この発想は学校教育の根本を"教える側から子ども中心主義"に転換し、真の意味で"生きるために必要な学力 (自立、生活知など)"の育成を期して行われるべきものとした。

その後の改訂でさらにこの基本的考え方は"自主的な課題発見・学習・行動・問題解決能力"、"自律性・他との協調性・思いやりの心など豊かな人間性やたくましく生きるための健康・体力"の育成へと深化された。

一方、こうした経験主義重視の学力観に対して、授業時数の削減による基礎学力の低下の批判が繰り返された。

しかし、受験競争の低年齢化や児童生徒の問題行動など教育病理現象が普遍化する傾向のもとでは、経験主義的カリキュラムに変更が加えられることはなかった。

近年大学生の学力低下を契機に、高校以下の学力低下が問題視されている。特に国際的な教育比較評価 (IEA、PISA/OECD) において厳しい学力低下の結果が追い打ちをかけるように報告されている。

国においても、30数年ぶりに全国学力テストの実施がなされる中、いわゆる"理数科離れ"や"読解力、国語力、問題解決力の強化"が指摘され、今後の課題となっている。

◎コラム　| PISAとは？

PISAとは、OECD（経済協力開発機構）による国際的な生徒の学習到達度調査で、3年ごとに実地されている。調査プログラムは参加国が共同で開発し、教育プログラムに在籍する15歳の生徒、各国4,500～10,000人を対象に標準化調査される。2000年に第1回調査が行われた。

■内容
・各サイクルにおいて「中心となる」領域が設定され、テスト時間の3分の2に相当する問題が準備される。他の領域は補完的な役割を持つ。2000年の中心領域は読解力、2003年は数学的リテラシー、2006年は科学的リテラシーとなった。
・2003年調査では、読解力、数学的リテラシーおよび科学的リテラシーの各領域について、単に学校のカリキュラムの内容を習得したか否かというだけではなく、成人後の生活に必要とされる重要な知識・技能をどれだけ習得しているかをみた。新たに、問題解決の領域を評価することで問題解決能力もみているが、これは今後もPISA調査の重要な領域の一つとなる。
・プロセスの習熟、概念の理解、および各領域の様々な状況に対処する能力に重点が置かれている。

■方法
・テストは紙と鉛筆を用いるもので、各生徒に対して計2

　　　　時間行う。
・問題は多肢選択式および自由記述式が混在し、内容は現実の生活の流れにもとづいたまとまりとして構成されている。
・生徒によって受けるテスト問題の組み合わせが異なり、合計7時間分の調査を受けたのと同じように設計されている。
・生徒の様々な背景に関しての約30分かかる質問紙も用意され、生徒自身および家庭に関する情報を取得する。校長に対しては約20分かかる学校質問紙への回答が求められている。

　上記の結果として、以下のような内容の分析を得ている。
・15歳の生徒の知識・技能の基本的な特徴
・生徒と学校の特性に関する背景指標
・結果の経年変化によるトレンド指標
・政策の調査・分析のための知識データ・ベース

教育制度上の規制の緩和
　戦後の教育行政は、学校の設置管理・運営は市町村および都道府県の公共事務、固有事務として地方自治の理念・住民自治の原則に則って実施されてきた。
　近年都市型社会への移行、国民の価値観の多様化などを背景に、地域住民のニーズや実情に対応した多様性と分権の考え方を重視した地方行政システム改革の要望が高まっている。
　広範な住民の地方行政への積極的な参画・自己決定の原則により、地方の固有の自然、歴史、文化を生かした多様で豊かな地域社会の創造や高齢化社会への対応が可能となると考えられている。
　教育行政もこうした流れの一つとして、児童生徒の実態、地域の実情をふま

えた学習指導、特色ある学校づくり、生きる力の育成を進めることが大切であるとし、そのために学校の主体性・自律性を確立するとともに、教育委員会は地域の実情に応じて主体的かつ積極的な行政を行い、学校の活動を支援していくことが求められる。

具体的には「地方分権一括法」（平成7（1995）年）により関連教育法として教育長の任命承認制の廃止、適材確保、措置要求制度の廃止、指導助言援助などのあり方の見直しなど地方教育行政法の一部が改正された（第16条）。
また、裁量行政から事後監督型行政への転換、教育課程行政における基準の大綱化・弾力化を進めることが必要である。
そのため教育委員会による学校管理は公立の場合学校管理規則で定められ、所管する学校の教育課程、その他の学校管理運営について包括的支配権を有するとされてきたが、管理規則の内容およびその運用についても学校裁量の範囲を拡大する方向で弾力化などの施策が講じられている。

しかし、義務教育制度のあり方や学校選択制など、教育行政に新自由主義にもとづく経済原理を持ち込む思潮が見られるが、教育の専門科学的原理、人間教育という教職の専門的活動の特性に鑑み、中長期的に見た場合に教育活動の混乱や制度の的確・適切な改善・充実を阻害されることのないよう慎重な対応が望まれる。

第2節　教育法制の発展の特徴と今日的意義

ここまで明治期以降今日に至るまでの教育行政制度の進展を当時の様々な歴

史的背景とともに見てきたが、本節では過去の法制史が語っている我が国教育制度の今日的意義にも言及しながら、以下の三つの総合テーマを設けて考察してみたい。

(1) 義務教育制度の見直し

義務教育制度の歴史的意義とその特徴

　明治政府は、近代教育制度の確立にむけ"凡そ人たるものはその身を立てるために勉励することを当然の理"として"必ず邑に不学の戸なく家に不学の人なからしめん"、すなわち国民皆学の方針を打ち出した。同時に"人の父兄たるもの宜しくこの意を体認し其愛育の情厚く其の子弟をして必す学に従事せしめさるへからす（中略）幼童の子弟は男女の別なく小学に従事せしめさるものは其父兄の越度たるへきこと"（「学制」総則）として保護者に公法上の就学の義務（私法上は旧民法879条の親の監護・教育の義務が該当）を課した。

　さらに"教育の設は人々自ら其身を立るの基たるを以て其費用の如き悉（ことごと）く政府の正租に仰くへからさる論をまたす"（「学制」89章）とされ、"父母後見人等は小学校の経費に充るため其児童の授業料を支弁すへきものとす"（小学校令）と規定されるなど、国による義務教育の負担を原則として否定し、就学義務を果たすべき保護者の負担によるものとした。

　天皇が下賜した「学制」のもとでの「義務教育」は、儒教道徳を基本とする「臣民の天皇に対する義務」としての勉励、すなわち立身のための自己努力として進んで学び、結果天皇が行使する主権国家の発展に一意専心これ尽くすべしとの根本思想にもとづくものであった。

　これに対して、戦後の新憲法は福祉国家の理念にもとづき国が積極的に教育に関する諸施策を設けて国民の利用に供する責務を負うとともに、保護者に対しその子女に普通教育を受けさせる義務を課し、その費用は原則として国の負担とすることを宣言した。

　自ら学習できない子どもはその学習要求を充足するための教育を享受できることを大人一般に要求できる権利（学習権）ととらえて「義務教育」の法的位

置づけを大きく転換したと言うべきであろう。

すなわちその第26条では、社会権として国民の教育を受ける公法上の権利を保障することとし、「保護者はその子女に対して普通教育を受けさせる義務を負い、義務教育は無償とする」とした。

さらに、教育基本法（旧）において「保護者はその子女に9年間の普通教育を受けさせる義務を負い、国・地方公共団体の設置する学校の授業料は徴収しない」（第4条・義務教育）、「人種、信条、性別、社会的身分、経済的地位又は門地による教育的差別の禁止、並びに国・地方公共団体による経済的困難者に対する奨学の方法を講じなければならない」（第3条・教育の機会均等）と定め、権利としての義務教育の実現へと進んだ。

もっとも、戦前においても国力の増大とともに近代教育制度の確立に向けて就学率を向上させようとし、そのため、授業料は徴収しないとの措置や教員給与の支弁など保護者、学校設置者たる地方政府の負担の軽減を徐々に行うようになった。

しかしながら、その法的意義は明らかに異なっていたのである。

◎コラム　**開発途上国で生かされる日本の教育制度（ノウハウ）**

　筆者はかつてJICA（独立行政法人国際協力機構）派遣専門家として紛争国復興のための教育援助プロジェクトに関わった経験がある。

　そこではまず国民教育制度の基盤として「無償による義務教育制度」の実現こそが援助の要諦とされていた。

　教育制度の整備と合わせて学校の建築、教員給与、教科書の印刷・配布にかかる財源の確保が焦眉の課題であるにもかかわらず、実現は極めて困難とされていた。

　我が国も明治期以降に経験したことではあるが、国の経済力を養い安定的行政制度の確立と所要財源を確保することにより近代教育制度の基盤を築くことが極めて重

要であることを確証済である。また同時に国の経済力の涵養、近代化を支える大きな原動力の一つが人的資源の開発であり、教育制度の整備なくしてはこうした力を養えないことも知っていた。資源の乏しい国にとってその発展と教育力は両輪的関係にあると言える。

我が国が保有する教育行政の歴史的ノウハウはこうした国の援助事業に生かすことにこそ、今日的意義があるとの確信をもって、被援助国と力を合わせ国土復興事業に携わったことを想起するのである。

我が国の教育法制史が語る歴史的体験とその成果が見事に生きてくる可能性を秘めた国際環境が、そこにはあったと確信している。

我が国社会の進展と義務教育制度

前項では義務教育の概念を法的側面から戦前・戦後を比較した。

次に我が国の近代化政策と戦後の民主主義政策の導入・定着という国家の基本政策に、義務教育制度がどのような関わりを持ち、いかに貢献したかを述べてみたい。

このことは、近年になって義務教育制度の廃止をも含んだ学校教育の抜本的な制度見直し、自由化の議論の当否を考える場合に参考となるからである。

義務教育制度は、元来「自然権としての子どもの学習する権利の保障(親の監護教育の権利と義務)」という近代教育思想の潮流のもとで、公教育を実現する国家の教育の私事性への関与を通じて、市民道徳の涵養と国家的人材の計画的養成のため導入され、発展してきた制度である。

しかるに今日こうした自由化、義務教育制度の短縮もしくは廃止ということがまことしやかに主唱される背景には何があるのか。学校教育への就学機会を充足するため学校の整備、適正な教員配置の実現、教育課程・方法、教材の整備など教育の機会均等の確保の対策が進んだ。しかしその一方で画一的、学校生活への不適応などの負の要素が目立つようになり、子ども一人ひとりに対す

るきめ細かな指導、発達を促すことが困難となっている。このことがそうした考えが生まれる大きな原因となっていることは否定できない。

そこで、我が国の義務制教育制度の意義や特徴を歴史的変遷の過程をたどりながらもう一度見てみよう。

①産業・経済構造と初等中等教育の発展の良循環

1880年代以降我が国は軽工業から重工業政策への転換、鉱工業生産指数の飛躍的上昇を達成し、近代化へ向けての本格的な離陸を開始したことはすでに記した。そして、日本の経済構造の基盤強化に支えられ、義務教育年限の延長等教育の近代化政策が急速に推進されたという基本パターンを特徴とした。

我が国の初等教育の普遍化は、このような「上からの」義務教育政策を産業経済構造が下支えする形で国民生活に急速に根を下ろして行ったことを確認しておこう。(※19)

②教育目標の二重構造

教育制度の全体は、"臣民タルノ本分ヲ弁エ、倫理ヲ行イ各人自己ノ福利ヲ享ケルニ足ルヘキ訓練"として修身を筆頭に道徳教育を重視した。

次に実用的な教育内容としてこれを読・書・算に限定、家族的国家イデオロギーによる国家、家族、村落共同体に忠誠を尽くす臣民共通の教育機関としての初等義務教育を確立した。

そして "国家ノ須要ニ応スル学術技芸ヲ教授シ深ク事物ノ真理ヲ考究シ"(帝国大学令、明治17（1885）年）、積極的に西欧の近代文化・技術を取得して制度の運営にあたるエリート群を育成する高等教育を充実することから構成された。

換言すると、「学問」と「教育」の峻別の上に、初等教育と高等教育という両輪から成る近代化に向けた教育制度が構築されたと言える。

一度はすべての者が等しく小学校に在学して"臣民化"の教育を受け、その後能力（業績主義的原理）によって上級の学校へ上がる（吸収される）仕組みであった。

すなわち、出身階層が一定の影響をおよぼす教育による能力差を前提としながらも、立身出世主義の貫徹を通して学校段階や学校類型に応じた教育機会を得ることにより、それぞれ多様なマンパワーとして社会に配置された。その結

果社会階層の新たな分化が達成されていくというメカニズムが存在したのである。

　このように我が国の義務教育制度は、特有の精神文化（学歴という教育財産が社会的身分の上昇を約束するという神話）を背景としながら近代化プロセスにおける発展の基盤として、欧米に勝る早さで急速に根を下ろしていった。

　その後も"立身出世主義"という国民の教育観が定着し、価値観の多様化した今日においても依然として根強く息づいている。

　そこで、今日課題としなければならないことは、学歴社会構造の克服、真の学力観、人間の多元的・多様な評価観を国民的コンセンサスとして形成し、教育基本法第3条にある生涯学習の理念を実現する社会をしっかりと定着させることにある。

　そのため、偏差値重視や過度の受験競争に象徴される古くて新しい教育問題と向き合い、粘り強く改革努力を継続することが重要である。

（2）「教師の教育権、教育行政と不当な支配」論争

　先のテーマで論究したように、憲法で定められた「国民の教育を受ける権利」を基本に、国が行う教育政策の実行の適法性が旧教育基本法第10条（教育行政）の解釈をめぐりこれまで様々な場で議論されてきた。

　取り分け、この問題が国会など政治の場においてのみならず法廷にまで持ち出され、実質的に労働団体と国・地方政府当局を当事者とするいわゆる「教育権論争」が展開されたところに特徴的性格が浮かんでくる。

　　　　　※19　国民所得の急激な上昇と産業構造の革新（1890～1900年）により
　　　　　　　公教育費の大幅増（1900年の数値を1885年のものと比較した場合、
　　　　　　　義務教育費は2倍、中等教育費は16倍、在学者はそれぞれ1.7倍、
　　　　　　　6倍となった）、児童労働に全面的に依存する家庭の減少により明
　　　　　　　治43（1910）年には就学率は90％を超えた。

司法判断

ここで、関連する代表的な判例の概要を見てみよう。

■旭川学テ事件（昭和51（1976）年5月　最判）

本件は、文部省（当時）が昭和36（1961）年に実施した全国中学校一斉学力調査に反対して起こした刑事事件にかかわる判決である。

本件文部省による教育調査が、教育基本法10条に規定された「不当な支配」に該当する違法なものかどうかが主要な争点となったが、関連して教育に対する国の権能および親、教師等の教育の自由に関する憲法論議も含まれていた。

主要な判示は次のとおりである。

- "子どもの学習権"の認定、これを保障する国民（保護者）の義務、福祉国家による費用負担責任の原則が成り立つこと。
- 国は子どもの成長に対する国民全体の教育意思を実現するため、必要かつ相当な範囲で教育内容を決定できること。ただし、内面的価値に関する文化的営みである教育は、多数決原理により党派的政治的観念が入り込む危険や、利害に支配されることを回避して行われるべきことに鑑み、国家的介入は抑制的であるべきこと。
- 論理的には教育行政機関が行う行政でも教育基本法（旧）10条に規定する「不当な支配」に当たる場合がありうることを否定できず、関連法の解釈が教育基本法の規定、目的、趣旨に反しないようになされ、またその運用においても同様であること。
- 教育委員会は、所管する学校の管理運営について学校管理規則のほか地方教育行政法33、34条により包括的な支配権限を保有すること。
- 中学校学習指導要領（当時）の内容には、教師による創造的かつ弾力的な教育の余地や、地方ごとの特殊性を反映した個別化の余地が十分に残されており、全体としては全国的な大綱的基準としての性格をもち、教師に対して一方的な一定の理論や観念を生徒に教え込むことを強制したものではなく、合理的基準として是認できること。

■家永教科書訴訟（平成5（1993）年3月最判）

本件では、主要争点となった教師の教育の自由、教育内容への国家的介入、教育行政機関の規制の範囲について概要次の通り判示した。

- 憲法26条は子どもに対する教育内容の決定権者は直接規定していないこと。
- 教師は、高校・中学校・小学校の普通教育の授業などの具体的内容、方法にある程度の自由裁量が認められるとの意味において一定の教育の自由を有すること。
- それ以外の領域において、国は子ども自身の利益の擁護のため、または子どもの成長のため社会公共の利益と関心に応えるため、必要かつ相当と認める範囲において、子どもに対する教育内容を決定する権能を有すること。
 ただし、教育内容への国家的介入はできるだけ抑制的であることが要請され、例えば誤った知識や一方的な観念を子どもに植え付けるような内容の教育を施すことを強制することは許されない。
- 教育行政機関が法令にもとづき教育の内容および方法に関して許容される目的のために必要かつ合理的と認められる規制を施すことは必ずしも教育基本法（旧）10条に違反しないこと。
 また、教育の機会均等を図るため全国的に教育内容の一定水準を維持する必要性から実施された本件検定は、合理的な範囲を超えるものではなく、自由かつ独立の人格として成長することを妨げる内容を含むものではないこと。

　なお、上記最高裁判決に先立つ下級審判決（杉本判決、東京地判、昭和46（1971）年）では、生存権的基本権（憲法25条）の文化的側面として国民特に子どもについて教育を受ける権利が保障されたこと（憲法26条）、国家に与えられた権能は教育内容への介入を要請するものではなく（基本的には許されない）、教育を育成するための諸条件を整備するものであると判示している。

　こうした最高裁の判決により、教育基本法10条にある教育行政の教育権限をめぐる法律上の解釈論争は司法的に決着したとされた。

立法的解決

　平成18（2006）年、教育行政の今後の安定的・円滑な実施を図るため、こうした司法判断をもふまえ教育基本法が改正された。

　同法16条には、「教育は、不当な支配に服することなく、この法律及び他の法律の定めるところにより行われるべきものであり、（以下略）」（第1項）と規定されたことにより、従来教育法学者の一部で唱えられた「教育条理法」の論

理（※20）に消極的評価を下し、教育権限をめぐる教育行政機関と学校（教師）との永年の法律論争に立法的な解決を図った意義は大きい。

(3)「愛国心」、戦前と戦後の教育的意義の比較

まず歴史的にこの問題を考えてみよう。

戦前、天皇統治の国家を盛んにする臣民道徳の涵養を教育の枢要としたいわゆる「教育勅語体制」において、愛国心は国家主義的教育の中核的価値観をなした。

戦後、新憲法の制定やGHQによる占領政策において極端な国家主義的教育を学校教育から排除するため様々な改革指令が発せられ、日本国政府も教育刷新の中心的課題として各種の対応を行った。

その後公式に"愛国心"に関して議論の契機となったのが、"後期中等教育の拡充整備"（中教審答申、昭和41（1966）年）の別記として付属公表された"期待される人間像"報告である。（※21）

さらに、小学校学習指導要領の改訂（昭和43（1968）年）に始まる中学校（同改訂、44（69）年）、高等学校（同、45（70）年）において"愛国心と公民教育""天皇制と皇国史観""国民の国家に対する奉仕の復活"、さらには"神話"が復活して取り上げられた（学校教育法施行規則・告示）。

これは、上記報告の内容を如実に反映したものと評することができる。

小学校「社会科」の目標では、"われわれの生活や日本の文化、伝統などはすべて歴史的に形成されてきたものであることを理解させ、わが国の歴史や伝統に対する理解と愛情を深め、正しい国民的自覚をもって国家や社会の発展に尽くそうとする態度を育てる"こととされた。

特設道徳でも、"日本人としての自覚をもって国を愛し、国家の発展に尽くす"ことが徳目として挙げられた。

しかし、その後も「日の丸掲揚」にはその歴史的役割や戦前の軍国主義的象徴としての過去のイメージが根強く残り、「愛国心教育」はこうした歴史的評価・価値観に関わるデリケートな問題と捉えられた。

その結果、日の丸掲揚や君が代斉唱を学校行事の儀式でどのように取り扱うかが賛否両論に分かれ、学校現場において強制的実施など取り扱いをめぐり混乱が生じる場合（一部には刑事事件に発展するケース）があった。
　しかし、平成11（1999）年に制定された「国旗及び国歌に関する法律」により国旗＝日の丸の掲揚、国家＝君が代が法定され、その位置づけが明確となった。
　教育基本法においても第2条（教育の目標）において、「伝統と文化を尊重し、それらをはぐくんできた我が国と郷土を愛するとともに、他国を尊重し、国際社会の平和と発展に寄与する態度を養うこと」（第5項）と規定され、戦前を彷彿とさせる狭隘な愛国心を否定した「国際主義」にもとづく新たな理念を定義した。

※20 教育条理法とは慣習法とともに成分法に対する教育法の解釈原理、条理法上の法理を認める。教育という人間の発達を援助する行為という特質に鑑み教育社会の自律的展開に待つ方がよい領域が少なくない（有倉遼吉『教育と法律』、新評論）との考え方により他律的に教育分野を成分法により規制せず、教育という社会現象をその内在的本質原理に従って教育法を解釈する（成分法規を埋める）方が適当とする法論理である。

※21 「期待される人間像」。昭和41年に中央教育審議会は、「後期中等教育の拡充整備について」に関する答申の別記として、「当面する日本人の課題（第1部）」と「日本人にとくに期待されるもの（第2部）」の二つのテーマから構成される「期待される人間像」を提示した。
その第2部の第4章では「正しい愛国心をもつこと」、「象徴に敬愛の念をもつこと」などの記述が盛り込まれ、戦後の民主化教育の流れに逆流するかのような徳目主義的論調がみられ、憲法、教育基本法制に違反するとの批判がなされた。

◎コラム　**国旗・国歌と戦後若者世代のアイデンティティー**

　東南アジア、日本青年の代表メンバー約150名が船上活動および寄港地活動を体験しながら関係国の友好親善と相互理解を図るために実施されている"東南アジア青年の船"事業での出来事（昭和56（1981）年当時）である。
　"カルチャーショー"という各国の文化紹介のための船上活動で日本メンバーが国旗・君が代の扱いをどうするかで夜を徹する大変な議論になった。他の国の青年たちからはそうした様子に不審の念を抱いたことは言うまでもない。国旗、国歌の扱いに躊躇し愛国の心情を素直に吐露できないでいる青年代表の姿を見て、かえって周りの外国青年たちの間に戸惑い感が広がったことを記憶している。
　戦争を知らない戦後世代を代表する日本青年たちにとっても、かつてのアジア侵略の象徴としての日章旗、君が代から生じる贖罪意識、また"国を愛するとはどういうことなのか"との素朴な疑問がなお伏在したのである。
　戦前日本の占領支配下にあったアジアなど諸外国の人々からの信頼、相互理解を得るには、どうしても克服しなければならない大きな課題が、彼らの前に象徴的に顕在化した出来事であったと記憶している。

第3節　発展的学習のための演習テーマと留意点

　第1節で我が国の教育法制度に関する明治以降の歴史を概観し、第2節では歴史の区切りを超えた総合的なテーマを設定し、通史から学ぶ教訓やかつての法制度の今日的意義を部分的に考察した。

　そこで第3節では、発展的な学習テーマ（演習問題）をいくつか設定し、読者の自主的な研究・学習によって教育法制度の理解を深めることが出来るよう、ヒントとなる観点、留意点、考察の方向性を著者の見解を交えながら記述したので参考にして欲しい。

　なお、以下のテーマを考察するには、上記ヒントとなる観点など留意事項のみならず、本シリーズ第2巻「学校の制度と機能」の中で、該当するテーマに当たって基礎的、基本的な学習を進めてもらいたい。

演習（1）我が国近代化における「地方教育行政制度」の特徴と今日的意義

■留意点
　新たな教育制度の自由化論（市場競争原理の導入、規制緩和）との共通項を探してみよう。
■関連する演習項目
☆欧米型公教育制度の導入と幕藩体制下の子弟教育（民衆教育）遺産の統合の秘密は何か。
☆"おらが学校"（意識・精神文化）の伝統的ムラ社会における地方教育行政上の意義と今日の地方分権拡充の動きに果たす役割は何か。

☆立憲(絶対)君主制のもとでの教育勅語体制の基盤となった教育文化(国民思想)は、戦前の地方教育行政にどのように反映していたか。

演習(2)「生涯学習社会」に向けた教育改革と"立身出世主義"の克服の可能性

■留意点
　学校教育制度は、情報化・国際化・高齢化といった社会構造の変貌に対してどのような意義、役割を保有するのか、その場合に伝統的な教育効果思想"立身出世主義"はこれを促進するのか、それとも障害となるのか。
■関連する演習項目
☆教育(学問)＝善とする伝統的国民思想(儒教道徳)の現代社会における普遍的意義は何か。
☆学歴社会の効用(メカニズム)が機能しなくなる経済学、社会学、教育学的視点から見た場合の諸条件は何か。
☆親の高学歴化は、"学歴志向"の傾向に拍車をかけていないか、また、この"学歴志向"の時代的変遷、特徴は何か。

演習(3)教育基本法全面改正の歴史的意義・必然性

■留意点
　我が国の構造、社会の大きな歴史的転換を背景として明治の「学制」発布、戦後の「民主化」は実行されたが、今回の教育基本法などの改正(平成18年)はそれらと比較して明確な歴史的背景を有していたと言えるだろうか。
　そこで、今回の改革の特質・意義・歴史的必然性について過去の2大改革と比較しながら教育的観点の他、政治的、社会的側面をも交えて考察してみよう。
■関連する演習項目
☆中央教育審議会における教育基本法等改正準備の議論(テーマ・第2巻参照)

から、今回の教育改革関連法の制定の歴史的必然性、意義を整理するとどうなるか。
☆戦後の教育改革は、冷戦・日米関係という国際政治と「55年体制」という国内政治状況を軸に進展してきたが、何故この時期に第3の改革と称される重い改革を実行することになったのか。

第2章───子どもの歴史
望ましい発達の環境の再構築

　時は筆者の児童期、昭和30年代にまでタイムスリップ。舞台は人口数千、田畑が辺りに広がるなんの変哲もない田舎町でのこと。

　早朝、枕元の仏壇にかまどで炊きあがったばかりのご飯を備える母の気配で目を覚ます。井戸端の流しで洗面をして朝食を囲むと早くも祖母、父、母、叔母が車座に、そして私の席に慌てて座る。一斉に"いただきます"の挨拶のあと、質素な副食（盛り切り）を大鉢から自分の分だけ取り分け、みそ汁を流し込む。全員無駄口はなくただ黙々と食べている。
　気づくと父は慌ただしく身支度をして出勤、"行って来マース！"せき立てられるように私もランドセルを背負って駆け出して行く。集団登校のため近くの空き地に集合だ。真冬のこと吐く息は白い。当番が近くの山からかき集めた枯れ木、杉や松

葉が燃えている焚き火に我先にと押し合いへし合いして手をかざす。

　やがて、6年生の「部落長」についてわいわいがやがやの登校だ。途中で国道を渡る。信号がないため交通安全の旗を車の直前でも、わざと誇らしげに突き出す。存在感をアピールするかのように。30人ぐらいのガキの一隊が"殿様のお通りだー！"と言わんばかりに横断歩道を渡る。その間車列はじっと我慢。

　着いた校門には誰も立っていない。朝礼、板張りの床に裸足の冬は凍えそうでたまらず指先をこする。トイレも近い。校長の話はまるで聞いていない。校歌を歌ったであろうが今はまったく憶えていない。

　授業のこともほとんど記憶にない。食糧事情は悪かったはずだが給食はなく、昼休みは母が作ったアルマイトの持参弁当。ぺしゃんこな麦の真ん中に通る黒い筋のため全体が灰色がかった麦飯だ。見た目にも貧しい感じが恥ずかしく、お茶配りの当番が回ってこない間に麦だけを先につまみ食い。今だに苦い思い出だ。なかにはこっそり家に食べに帰ったり、欠食の友もいたと聞く。それを思えば贅沢な話だ。

　放課後は運動場で暗くなるまで草野球などで時間を忘れたことも。そうでない日は、家に帰る途中はきまって道草。夏であればクヌギの森が待っている。"ゲンジ（クワガタ）"採りのついでに桃やトマト、秋には柿の実などを失敬して帰ることも。

　冬になると暗いうちから凍てつく田んぼに出かけ畔道で螻蛄（けら）取り。登校前はこれを餌食にヒヨドリ取りの仕掛けづくり（畑地に"パッチン"という呼称のネズミ捕りを埋め込み、見えないよう盛り土をして餌だけを地面から外に出るようにする）にただ夢中。

　かくして遊びのネタにきりはないのだが……。今少し読者にはおつき合いを願いたい。

　空き地に生えた雑草や孟宗竹（もうそうちく）を小刀で切って、"隠れ家"造り。

ごーごーと風が音を立てる日は、ただ黙してそのなかでじっとしているだけなのに不思議な感動を味わう。やがて訪れる空腹だけがそこから抜け出させる唯一の力。

自転車仕立ての紙芝居屋の"おっさん"が近くの神社の空き地にやってくる日には、決まってただ見（どやされながらも性懲りもなく遠くから）を決め込む。春先のウドの栽培期には日光を遮るためにこんもりと土盛りされているのだが、これを崩しては得意がるいたずらにと、親には年中数々の苦情が持ち込まれその都度小言を食らった記憶がこれまた懐かしい。

春には祖母を追いかけ蕨採り、秋には同様キノコ狩り、群生する穴場を巧みに探し当てる祖母の業には脱帽することしきり。これまた器用に祖母が山中のどこからか手折ってきた枝を箸代りにして"日の丸弁当"（ご飯の中に梅干しだけ）を頬張る。実に美味い。

借りた寺院庫うちの畳の大部屋に朗々と響く"読み上げ算"の講師の声、"そろばん塾"は、ガキ仲間の集会所、上達が早い時はもう夢中、毎夜のごとく真夏の蚊帳のなかでも練習帳とにらみっこ。

あせもには良薬と祖母が決まってたらいに流す素麺の湯がき汁。立ち上る香りにうっとりしながら、これを使っての"行水"は夏の風物詩。

まだモノクロの時代、曜日決めで夕刻、近所の家に上がり込みテレビを見せてもらうことも。鉄腕アトム、月光仮面、赤胴鈴の助、鉄人28号、少年ジェット、エイトマン……続々と正義の味方、ヒーローが登場した時代である。プロレスと言えば"力道山"、大相撲と言えば"栃錦・若乃花"だ。

眠い目をすりながら夜なべをする母の手伝い。たいていは携帯ラジオから流れる母好みの"浪曲"を聞きながら、いつしか眠りに……。父の帰りはまず記憶にない。

本章の冒頭にあってたいしてめずしくもない筆者の幼少期（回想録）をわざわざ紹介したが、その訳は単純にノスタルジーからだけとは言い切れない、今日の子どもの成長、発達の環境を取り上げるうえで省略できない理由があるからである。そのことに読者は後で気づかれると思う。

　そもそも歴史をさかのぼるならば、人格教育が家庭と教会に任され、宗教の支配から自由になり知育がその主たる役割となった公の機関としての学校の登場によって、子どもの発達に関わる社会の働きは大きく変わったとされている。
　しかし、やがて近代化、産業社会の進展のなかで宗教や家庭に委ねられたはずのその役割は衰退し、学校も伝統や経験の不足、教科の指導に偏重せざるを得ない実際の役割から、人格の陶冶に力を十分に発揮することはできなかった。
　そして今日、父母や教師から子どもが見えなくなった、若者の心が読めないといった嘆きが聞かれる。しかしこのことは、大人や教師自身が自らの生き方に確信が持てなくなっていることと表裏の関係にある。
　本論では、子どもとは何かとの問いに答えようとした先哲の考え方（子ども観）を出発点に、子どもの実態や発達の環境の今日までの進化について社会学、心理学など広範囲な視点から分析を試みた。
　まず、今日の児童、生徒の問題行動の実情（特徴）とこれに対する国の施策の流れをふまえながら子どもたちの望ましい発達の環境・条件を明らかにしてみたい。このことにより子どもの発達保障の観点から、今後の学校としての教育指導上の課題（あり方）と課題解決の道筋を明らかにすることにつながっていくものと思われる。

第1節　子どもの発達と環境の変化

(1) 子ども観

"子ども"とは何か？　先哲と呼ばれる人たちはこの問いにどう答えてきたのだろうか。

啓蒙思想家J.J.ルソーによる"子どもの発見"

　J.J.ルソーは、その著作『エミール』で、文明の反対概念である自然（人間の幸・不幸を判断する絶対的な基準）のもとでその成長の原理に忠実に伸びていく姿を想定した。そして、18世紀の社会契約思想の体系のもとで、"子ども中心主義的な、発達する権利主体"として子どもを明確に位置づけることを教育指導の原点とした。

　「大人は子どもというものをまるで知らない。（中略）かれらは、子どものなかに、いちずに大人を求めていて、大人になる以前に、子どもがどんなものであるかを考えることを忘れている。人びとよ、人間らしくあれ。それが、あなた方の第一の義務である。（中略）子どもを愛せよ。子どもの遊び、子どものよろこび、子どもの愛すべき本能を助長せよ。あなた方のうちで誰か、

ジャン＝ジャック・ルソー（1712—78）

笑いがつねに口もとにあり、心がつねに平和のなかにあった子どもの時代を時々名残惜しく思ったことのない者があろうか。はかなくも逃れ去ってゆく束の間の楽しみ、乱用しようにもかれらにはそのすべきもない貴い幸福を、なぜ、あなた方は無邪気な子どもたちから奪おうとするのか？」(J.J.ルソー『エミール』永杉喜輔他・訳、玉川大学出版部)
と警告を発している。文明、社会のいたずらな拘束から解放されたなかでの子どもの成長発達のありよう、その原理をしっかりと唱えた。

今日、子どもへの指導にあたって子どもと向かい合うとき、こうした教育哲学的理念は時代を超えていかなる教育指導上の意義を有するのか、普遍的原理たりうるのかを考えてみる必要があろう。

心理学者J. ピアジェの実験科学的手法による子どもの発達原理の解明

時代は教育哲学者の直感的発想、思弁的考究から子どもの成長・発達の観察による実験科学的手法による発達原理の解明へと進化していく。

その代表的存在である近代の心理学者J.ピアジェは、子どもの遊びが実践期・象徴期・ルール期の段階を経て人格と能力の発達に大きく関与していることを実証的に明らかにした。

こうした心理学の科学的根拠に照らしてみた場合、今日の子どもたちは"ごっこ遊び"の衰退に象徴されるように、土いじり、人形洗いなど乳幼児期の感覚運動的な"機能遊び"(実践期)から単純な"模倣遊び"(象徴期)を経て仲間とイメージを共有して遊ぶ"役割遊び"(ルール期)へのステップが踏めなくなっていると言われている。

褒めたり頷いたりの母親の積極的な応答の欠落、ご褒美のない(報われない)ことによる知覚・運動・感情の発達阻害、他の子どもを誘い縦の関係を通じて集団で遊ぶことの衰退、自発性の未発達も懸念されている。

今日の子どもの肉体的な発達年齢が早期化しているだけに、精神的な発達課題を十分達成できる学校の整備を始めとする広い意味での教育環境の充実が重視されなければならない。

こうした"遊び"に典型的にみられる好ましくない実情をふまえ、学校や家庭、地域社会における発達支援要素の創出が強く求められるのである。

(2) 子どもの発達と環境、生活史の変化

　子どもの発達とその環境を考察する場合、個人からだけではなく社会（家族・仲間・学校・地域）との連関で分析する視点が重要であることは言うまでもない。その変化について教育社会学、経済学者などの多様な視点からつとに指摘されるところを整理しておこう。

子どもが大人になる
　子どもは小さな大人ではなく、独自の世界を持つこと、彼（女）自身として尊重されるべきとの考えにたったJ.J.ルソーの卓見を思い起こしながら、改めて"子どもが大人になる"ことの意味を問うてみたい。
　シュトゥルム・ウント・ドラング（疾風怒濤期）には、成長する子どもたちはアイデンティティー＝自己同一性への模索と、見えない"自己の貌（かお）"への苛立ちが、魅力に溢れた大人になる多様なプロセスを構成すると言われる。
　藤田英典は、こうした考え方を基本に次のような興味ある提言を行っている。その貌は"家族集団での貌"、"地域社会での貌"、"政治的な貌"、"経済的な貌"の四つの"貌"を具備することを意味したが、今日では家族・地域社会の従来保有した子どもの成長・発達に関わる要素が減退し、あるいは広義の教育力が弱体化するにつれて、"貌"自体その必要性・意義が薄れてしまっているとしている。
　したがって"子どもが大人になる"ことに必要な空間を新たに作っていく必要があり、新たな生活と心の拠点となる"家郷"（共同体）を構築する必要性が発生している。
　その場合すでに経済的、政治的、文化的多機能性は崩壊しているが、従来の因習的な地域共同体への回帰ではなく、人々の存在と活動を共同体的な広がりのなかで意味づけてくれるもの、個々人の任意性と自発性を重視した様々な活動の場、ネットワークの集合のようなものを構築しなければならないとした。（藤田英典『子ども・学校・社会』より、東京大学出版会）

子どもの発達と社会変化

　子どもたちの生活史の変貌の背景には、大きく捉えるとまず「ムラ社会の崩壊と都市化の進行」があるとされている。この点については、以下の通り主要な項目を設定して考えてみよう。

■産業構造の変貌と発達環境としての遊び場の衰退

　我が国では、戦前1920〜30年代は農業社会が50％以上を占め、生活・生産の場に遊び場が地域共同体の一部として成り立っていた。

　そして、1940年代から戦後にかけて遊び場が野山・原っぱから空地・道路へ、さらに家の中へと次第に変貌した。1950年代（昭和20年代後半）以降の工業化・都市化の進行により、遊び場は生活・生産の場から一部隔離され、働く親の姿が次第に見えなくなっていく時代と重なった。

　このことは、社会学的には先進工業国共通の"父親なき社会"という核家族化に伴う父親の権威の失墜の現象とも重なる。農業社会においては父親から学ぶことで、その権威が嫌が応なく発揮されたが、そうした機会が消失した。一方で"母子一体性"の強まりによって性別役割の確立が妨げられ、地域に根づくべき"仲間集団"も親たちの近隣関係の弱化を反映してうまく形成されなくなった。

　1960年代（昭和30年代後半）になると第3次産業への就業割合の高まる傾向とともにこうした傾向は一層進み、子どもの遊び場は遊びたくても道路は危なく、公園・家の中へ移動し、自由時間をテレビの視聴に費やす、いわゆる「テレビ社会」が平行して進行した。

全国における都市化率の推移

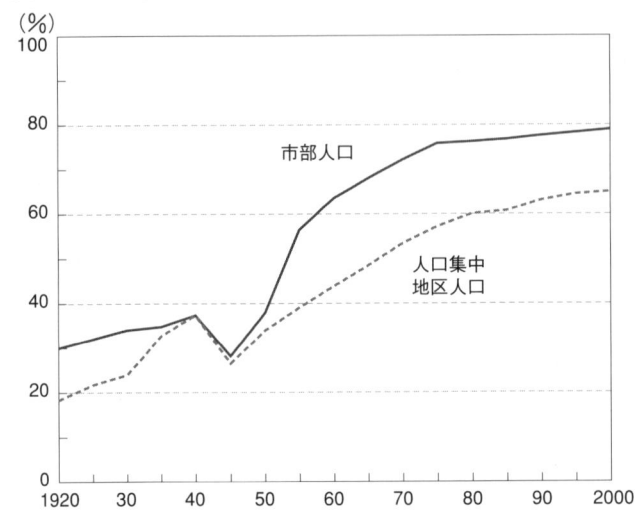

(グラフ: 市部人口、人口集中地区人口、1920年〜2000年、単位%)

※データは総務省統計局「国税調査報告」から。1955年以前の人口集中地区人口は推計値で、大友篤『日本都市人口論』(大明堂)による。

大都市圏の人口と全国人口に占める割合

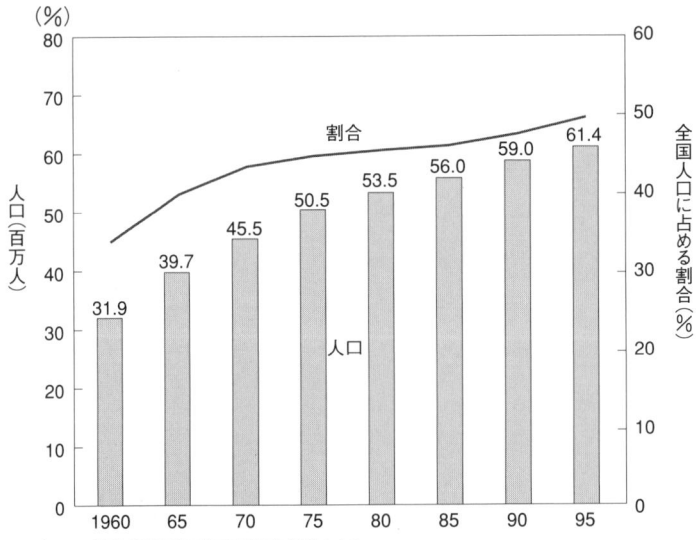

(グラフ: 人口(百万人)と全国人口に占める割合(%)、1960年〜1995年)

人口: 31.9 (1960), 39.7 (65), 45.5 (70), 50.5 (75), 53.5 (80), 56.0 (85), 59.0 (90), 61.4 (95)

※データは総務省統計局「国税調査報告」から。

産業別就業割合

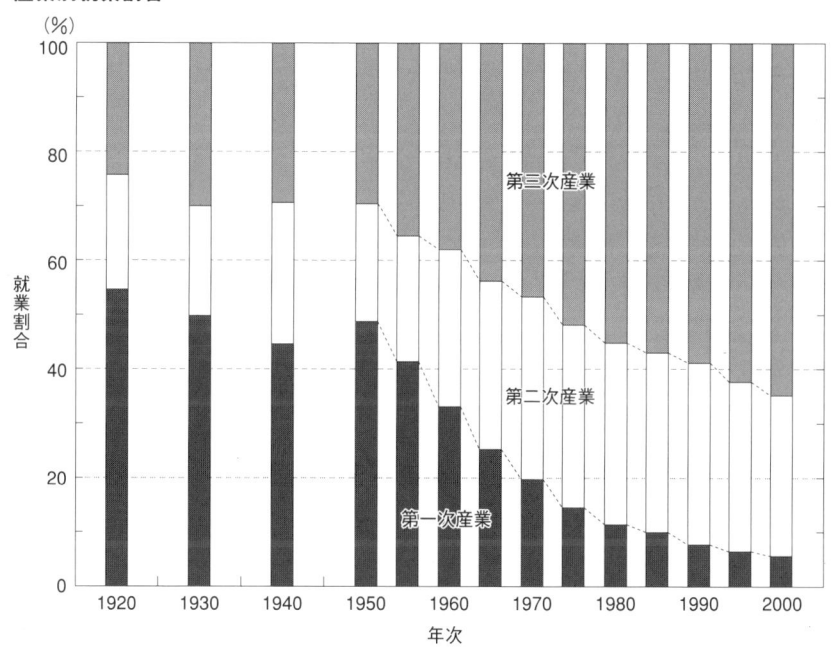

※データは総務省統計局「国税調査報告」から。

■社会構造の流動化による国民意識の構造の変化と発達環境

　昭和30年代以降の高度経済成長期を経て過疎・過密現象、核家族化、産業の都市集中、交通情報網の発達による人口の都市集中と経済圏の広域化が進んだ。都市文化の全国広汎化、新中間層の肥大化は中間層意識を抱く人口比が90％に達するなど社会構造の流動化、多様化が着実に進んでいった。

　また、人間関係の狭隘化、社会的な達成意欲の減退化傾向が一般的にみられるなか、若者世代に父親不在など性差の少ない家庭環境によって、挫折感を伴った素直さ・自信喪失・先行き不安・逃避の心情に裏打ちされた独特の優しさ＝「若者」らしさが生まれた。このことが家庭での充実した私生活への逃避現象へとつながっているとの指摘もある。

　一方、先述したように中間層の増大、多様化のもとでの階層構造の連続性・

均質化が進み、階層特有の文化的志向が希薄化しつつある。そのことは昭和50年に90％を超える高校進学率を達成し、大学進学率も平成5年には40％となるなど高学歴志向の現象を急速に進ませる基盤を成したこともその一つの表れである。

その結果、学校現場での過度な受験競争をあおり、偏差値重視の学習指導など子どもたちの発達に大きな影響をおよぼすようになった。

また、文化伝播の広範化傾向は校内暴力など問題行動の地方伝播・全国化、言葉使いを含む若者文化の地方移動の高速化現象をもたらした顕著な例とされている。（藤田英典、前掲書）

■地域社会の新たな動き

オリンピックで郷土選手がメダルを獲得したとき、応援と同時に悦びを分かち合うこと、高校野球や国内駅伝で郷土選手、チームを応援し感激を共有することは至極自然なことであり、これを顕彰することでその効果が高まることは容易に予測できる。

このように「共同体社会」としての連帯感、一体感を回復させる契機として、例えば"他人の子どもを叱る運動"も、地域社会の暖かい配慮を伝える貴重な事例であろう。

また、共同住宅（マンション等）における共同保育活動、運動会の実施、保育の悩み相談会や週末の父親保育行事の導入、婦人たちの共同活動として学習塾の運営など子育ての共同化など、都市化社会における子どもの発達を共同して支援する取組例が見られる。

さらには大きな団地社会では地方文化と地元文化との融合の試みとして、"盆踊り大会"や"故郷祭り"などの自治的活動の活発化、あるいは連帯感に基盤をもった活動への学校の参画、国籍を超えた人や文化の交流、高齢者と若者が交流して進める様々なボランティア活動など、数々の地域における人々の交流が始まっている。

こうした新たな動きは、複数の世代が交じり合う契機となり、かつて存在した"縦社会"のなかで子どもの発達を促す積極的な価値を有するものと評価でき、新たな芽吹き、挑戦として注目してもよいだろう。

(3) 子どもの生活

　ここで、生活実態や意識について興味深い内容となっているので、引用が少し長くなるが民間調査機関（ベネッセ）が行った調査、分析の結果を参考に紹介してみよう。
　この調査は平成16（2004）年11月から1カ月間全国の小学4年生から高校2年生を対象に毎日の生活や、親や友達との関係、学習の様子など基本的な実態を捉えようとしたものである。
　なお、「遊び」「マスメディア」に関しては独自の考察による。

日常生活
①生活時間
　起床時刻は午前6時までに起きるとする者が、通学に時間がかかる高校生（41.1％）が最も早く、7時30分以降と遅いのが男子中学生（28.2％）で学習塾や予備校に通っている中学生は男女とも遅い（27.4％）。
　就寝時刻は午後10時までに就寝する者が最も多いのは小学生（56.6％）なのに対して12時30分以降と遅いのは高校生（44.1％）と多い。
　また、12時30分以降に就寝する者で学習塾や予備校に通っている者は高校生（81.5％）、同じく家での学習時間が3時間を超える者は高校生（84.8％）で平均就寝時刻よりも遅くなっている。小学生、中学生でも同様の傾向がうかがえる。この結果、睡眠時間は8時間以上と十分な者は小学生（78.8％）なのに対して6時間以内と少ないのが高校生（50.1％、二人に一人）となっており、なかには学習や深夜放送などに時間を費やし4〜5時間程度とさらに睡眠時間の少ない者も相当含まれている可能性がある。
　いわゆる"四当五落"の伝説は依然健在なのであろうか。

起床時刻

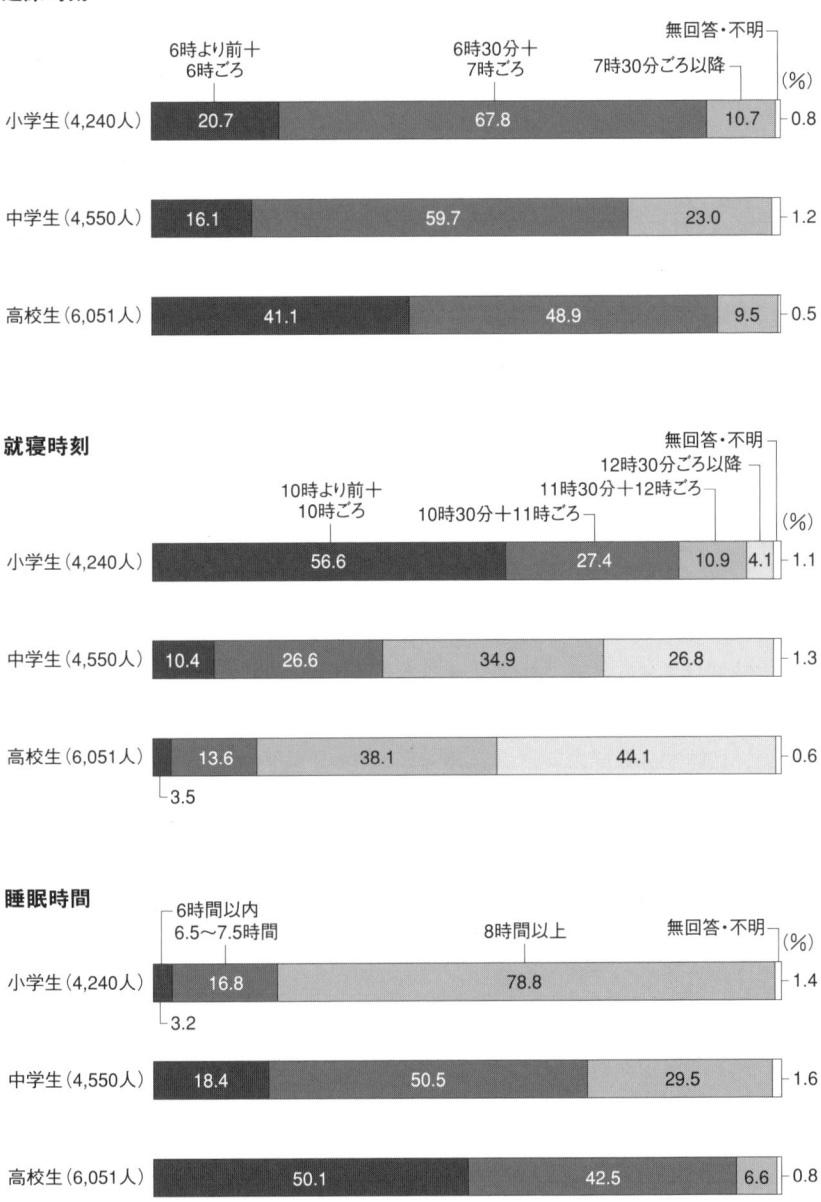

	6時より前＋6時ごろ	6時30分＋7時ごろ	7時30分ごろ以降	無回答・不明 (%)
小学生（4,240人）	20.7	67.8	10.7	0.8
中学生（4,550人）	16.1	59.7	23.0	1.2
高校生（6,051人）	41.1	48.9	9.5	0.5

就寝時刻

	10時より前＋10時ごろ	10時30分＋11時ごろ	11時30分＋12時ごろ	12時30分ごろ以降	無回答・不明 (%)
小学生（4,240人）	56.6	27.4	10.9	4.1	1.1
中学生（4,550人）	10.4	26.6	34.9	26.8	1.3
高校生（6,051人）	3.5	13.6	38.1	44.1	0.6

睡眠時間

	6時間以内	6.5〜7.5時間	8時間以上	無回答・不明 (%)
小学生（4,240人）	3.2	16.8	78.8	1.4
中学生（4,550人）	18.4	50.5	29.5	1.6
高校生（6,051人）	50.1	42.5	6.6	0.8

※起床・就寝時刻から算出。

②DVD，テレビ、テレビゲーム

　近年普及が著しいDVDやテレビの視聴時間はどうなっているだろうか。

　調査結果によると、中学生が最も長く1日当たり平均で2時間15分、3時間以上の長時間視聴者も中学生の28.8%となっている。また、家での学習時間との相関性が見られ、学習時間はほとんど無いと答えた者が中学生で33.4%と最も高く、成績下位層（38.0%）を構成している。

　小学生を中心にテレビゲームで遊ぶ者が増えており、その時間は男子中学生が最も長い（2時間以上34.4%）。

テレビ・ビデオ（DVD）の視聴時間

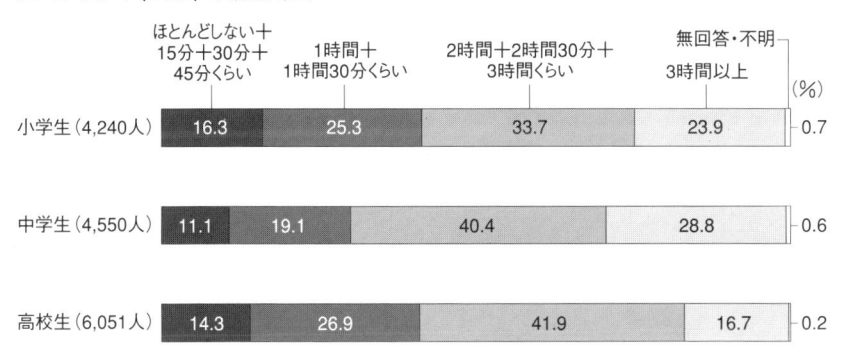

	ほとんどしない＋15分＋30分＋45分くらい	1時間＋1時間30分くらい	2時間＋2時間30分＋3時間くらい	3時間以上	無回答・不明
小学生（4,240人）	16.3	25.3	33.7	23.9	0.7
中学生（4,550人）	11.1	19.1	40.4	28.8	0.6
高校生（6,051人）	14.3	26.9	41.9	16.7	0.2

（%）

③放課後の生活

　小学生は「自分の家」（32.5%）、「友達の家」（22.6%）、「公園や広場」（23.6%）、中高生は小学生と比較して「学校の教室」（9.4%，8.1%）、「ゲームセンターやカラオケ」（8.4%、6.5%）となっている。また、「学校の運動場」は男子が女子よりも多い。

　遊びは小中高校生ともに「マンガや雑誌を読む」「テレビのニュース番組を見る」が時々、良くあると答えている（70～80%）のに対し、「身体を使って遊ぶ」「家の手伝いをする」との答えは学校段階が上がるに連れて減少（70%台から50%前後へ）する傾向にある。「読書」はすべての段階で50%程度となっている。また、これらの行動は成績の上位層ほど高い傾向を示している。

放課後の過ごし方

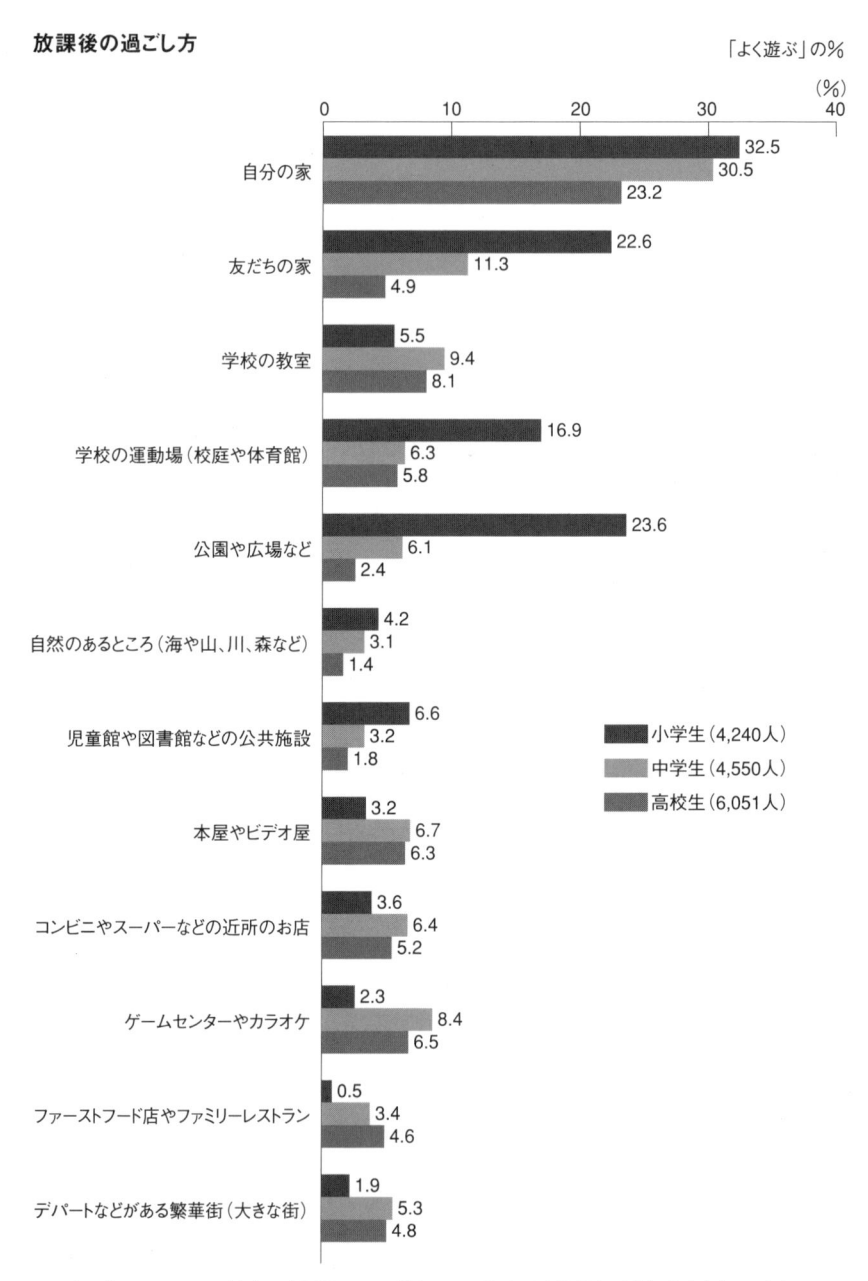

「よく遊ぶ」の％

場所	小学生(4,240人)	中学生(4,550人)	高校生(6,051人)
自分の家	32.5	30.5	23.2
友だちの家	22.6	11.3	4.9
学校の教室	5.5	9.4	8.1
学校の運動場（校庭や体育館）	16.9	6.3	5.8
公園や広場など	23.6	6.1	2.4
自然のあるところ（海や山、川、森など）	4.2	3.1	1.4
児童館や図書館などの公共施設	6.6	3.2	1.8
本屋やビデオ屋	3.2	6.7	6.3
コンビニやスーパーなどの近所のお店	3.6	6.4	5.2
ゲームセンターやカラオケ	2.3	8.4	6.5
ファーストフード店やファミリーレストラン	0.5	3.4	4.6
デパートなどがある繁華街（大きな街）	1.9	5.3	4.8

※以上、データはBenesse教育研究開発センター「第1回子ども生活実態基本調査報告書」（2005年）から。

遊び

■子どもの遊び等に見られる生活の姿と成長・発達のための環境の変化

　昭和40年代以降の高度経済成長から国民生活の安定期にかけて、三種の神器と言われた家庭電化製品をはじめとする耐久消費財の生産、普及が飛躍的に進んだ。

　こうした国民の消費生活の変貌のなかで、テレビの長時間視聴が低年齢化し、核家族化し孤立した家庭での親の養育態度にも相当の変容が生じたと言われ、子どもの生活態度に影響をおよぼしたとされている。

　例えば、夕方になると"ヤンマ（蜻蛉）"が砂利の路上を往復して飛び交う姿がよく見られた。しかし、子どもが友と群れる姿はそうしたヤンマの姿が消えていった時期と重なり、徐々に見られなくなったとも言われている。

　また、マスコミ玩具が目まぐるしく子どもたちの消費意欲を搔き立てる一方で、いわゆる"ごっこ遊び"に興じる子どもたちの姿が、商品玩具の普及と共に路地から急速に消えていった。

　筆者自身体験したことであるが、それこそ高熱を発していても薬効で下がった合間に箸と風呂敷、サングラスで顔を覆い"鞍馬天狗"や"月光仮面"の格好をして戸外でチャンバラ遊びとヒーローにあやかった"仮面ごっこ"に我を忘れ、夜になると決まって再発した高熱にうなされ、親の怒りをかった記憶は鮮明である。

　このような"戸外遊び"の減少は、「よその子どもたちを誘って新しい遊戯を始める」機会の著しい減少を伴い、さらには親や大人の干渉により子どもが自立する機会を制約することになった。

　幼児期から次の段階でのより高次の遊びへと成長する主体的条件の形成が阻害されると、無意識にルールの本来あるべき姿をあみだし、運用の仕方を学ぶことを難しくしている。

　「正義とか平等とか社会人としての必要な観念は、遊技を楽しんでいる間に養われる」（柳田国男）との指摘には説得力がある。子どもが役割の分化と正確な模倣を模索する段階へと成長・発達をしていく環境要因には、それ程重要な意味があったのである。今後もこのことには十分に注目していく必要があろう。

放課後の遊びの移り変わり

男　子

小学生 (低〜高学年)	30歳代	40歳代	50歳代	60歳代	70歳以上
①テレビゲーム	①野球	①野球	①メンコ	①メンコ	①メンコ
②サッカー	②缶けり	②メンコ	②ビー玉	②ビー玉	②野球
③野球	③メンコ	③ソフトボール	③野球	③野球	③かくれんぼ
④自転車	④サッカー	④缶けり	④ソフトボール	④戦争ごっこ	④ビー玉
⑤カード遊び	⑤かくれんぼ	⑤かくれんぼ	⑤チャンバラ	⑤かくれんぼ	⑤陣取り

女　子

小学生 (低〜高学年)	30歳代	40歳代	50歳代	60歳代	70歳以上
①テレビゲーム	①かくれんぼ	①ゴムとび	①缶けり	①お手玉	①お手玉
②一輪車	②缶けり	②かくれんぼ	②かくれんぼ	②なわとび	②なわとび
③お絵かき	③ゴムとび	③缶けり	③なわとび	③かくれんぼ	③かくれんぼ
④バレーボール	④ままごと	④なわとび	④おはじき	④石けり	④まりつき
⑤なわとび	⑤なわとび	⑤鬼ごっこ	⑤ゴムとび	⑤鬼ごっこ	⑤おはじき

※山梨県内の小学校児童およびその父母・祖父母約6千人を対象にした調査より。中村和彦『子どものからだが危ない!』(日本標準)を参考に作成。

学習

■学習の様子と親子関係

　学習時間と親子関係について見ると、学校段階を問わず親との会話が多いグループは、少ないグループよりも学習時間は長く、知的好奇心（わからないことがあるともっと知りたいと思う）が旺盛であり、親に言われなくても自分から進んで勉強するとなっている。

平日の家での学習時間（親との会話量別）

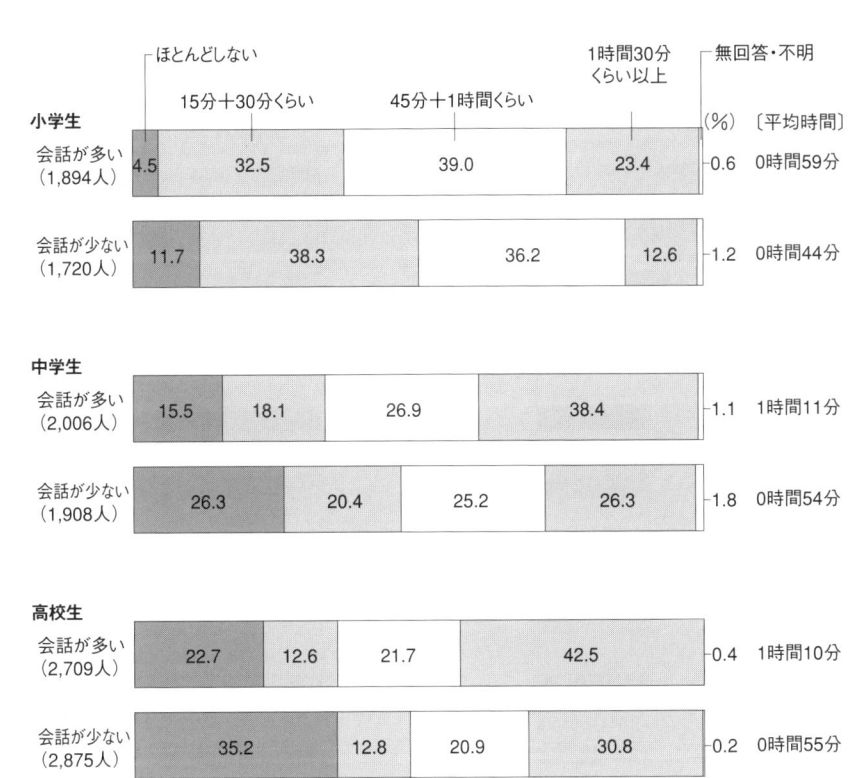

		ほとんどしない	15分＋30分くらい	45分＋1時間くらい	1時間30分くらい以上	無回答・不明 (%)	[平均時間]
小学生	会話が多い (1,894人)	4.5	32.5	39.0	23.4	0.6	0時間59分
	会話が少ない (1,720人)	11.7	38.3	36.2	12.6	1.2	0時間44分
中学生	会話が多い (2,006人)	15.5	18.1	26.9	38.4	1.1	1時間11分
	会話が少ない (1,908人)	26.3	20.4	25.2	26.3	1.8	0時間54分
高校生	会話が多い (2,709人)	22.7	12.6	21.7	42.5	0.4	1時間10分
	会話が少ない (2,875人)	35.2	12.8	20.9	30.8	0.2	0時間55分

※平均時間は「無回答・不明」を除いて算出している。

親との会話

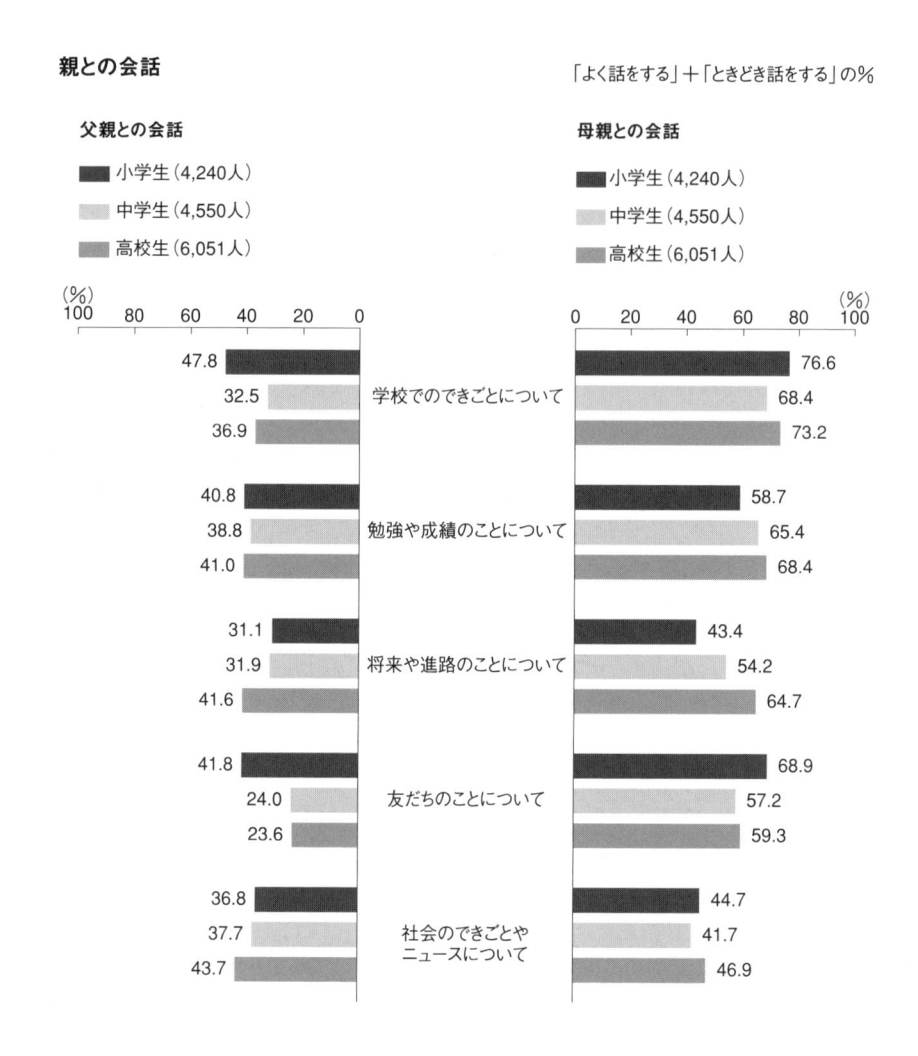

「よく話をする」＋「ときどき話をする」の％

父親との会話
- 小学生（4,240人）
- 中学生（4,550人）
- 高校生（6,051人）

母親との会話
- 小学生（4,240人）
- 中学生（4,550人）
- 高校生（6,051人）

話題	父・小学生	父・中学生	父・高校生	母・小学生	母・中学生	母・高校生
学校でのできごとについて	47.8	32.5	36.9	76.6	68.4	73.2
勉強や成績のことについて	40.8	38.8	41.0	58.7	65.4	68.4
将来や進路のことについて	31.1	31.9	41.6	43.4	54.2	64.7
友だちのことについて	41.8	24.0	23.6	68.9	57.2	59.3
社会のできごとやニュースについて	36.8	37.7	43.7	44.7	41.7	46.9

　なお、同民間調査機関・お茶の水女子大学によるその後の調査（2007年11月〜2008年2月、小学校5年生・保護者対象）によると保護者の読書習慣が定着している場合に子どもの国語の成績が上位層を占める割合が高いとの結果が報告されている。

　保護者の所得や家庭での文化的活動、関心・態度は子どもの学力や学習への

姿勢に影響を与えることが推測される。

次に子どもの日常生活に関わる近年の問題として、文部科学省が平成20年11月に全国の小中高校生を対象に行った"子どもの携帯電話等の利用に関する調査"に注目したい。情報化の進展により大人たちのネット社会が子どもに与える影響が強いと考えられるからである。

調査結果の概要は、次のようになっていた。
①携帯電話の使用頻度と就寝時間（夜11時以降かどうか）など生活面への影響がみられること。
②家庭内での利用に関するルール作りの有無が子どもの利用マナーに影響しており、保護者の子どもの利用経験の認識に関する双方のギャップの存在とも合わせ家庭教育支援が必要であること。
③携帯電話の利用、情報モラル教育は小学校から必要であること。
④フィルタリングは迷惑メールによるトラブル経験を少なくする効果があること。

人間関係
■親子関係

小中高校生を通じて母親との会話が一番多く（70％前後）、父親はその半分程度で特に友人のことについては話さなくなる傾向（男子・中学2年生が最も顕著）にある。しかし、成績の上位層では比較的両親と良く話をしている。

■友人・異性関係

悩みごとの相談できる友達がいないと答えた者（小中学生）が15％程度いるが、数人程度の友人が平均的に存在する（70％以上）。成績上位層には7人以上と答えた者が一番多い。

また、ギャング的な友達志向が見られる中学生期に対して、高校生は異質性を認め自立的な方向を取り始める傾向が見られるとしている。

異性交友は、総じて女子が男子より早熟な傾向があるとも指摘されている。

よく話をしたり遊んだりする友達の数

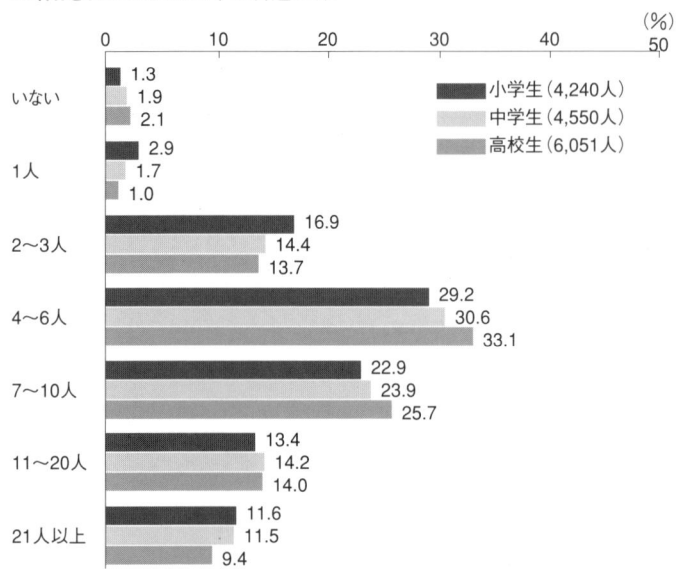

(%)

	小学生(4,240人)	中学生(4,550人)	高校生(6,051人)
いない	1.3	1.9	2.1
1人	2.9	1.7	1.0
2～3人	16.9	14.4	13.7
4～6人	29.2	30.6	33.1
7～10人	22.9	23.9	25.7
11～20人	13.4	14.2	14.0
21人以上	11.6	11.5	9.4

悩みごとを相談できる友達の数

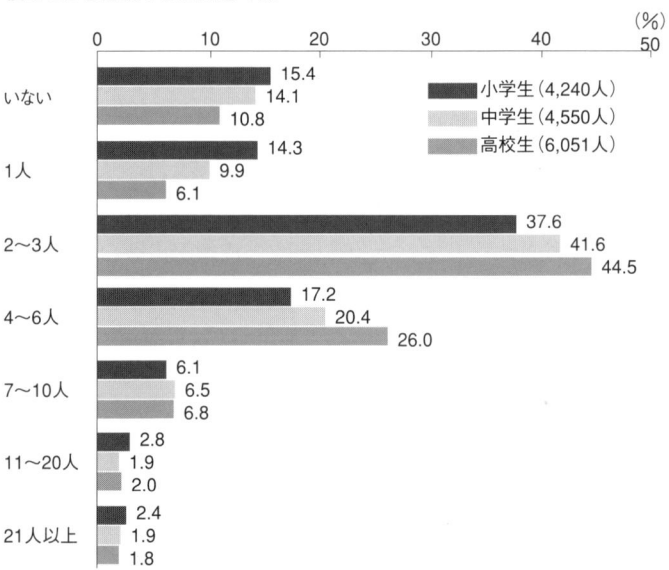

(%)

	小学生(4,240人)	中学生(4,550人)	高校生(6,051人)
いない	15.4	14.1	10.8
1人	14.3	9.9	6.1
2～3人	37.6	41.6	44.5
4～6人	17.2	20.4	26.0
7～10人	6.1	6.5	6.8
11～20人	2.8	1.9	2.0
21人以上	2.4	1.9	1.8

付き合っている異性の有無

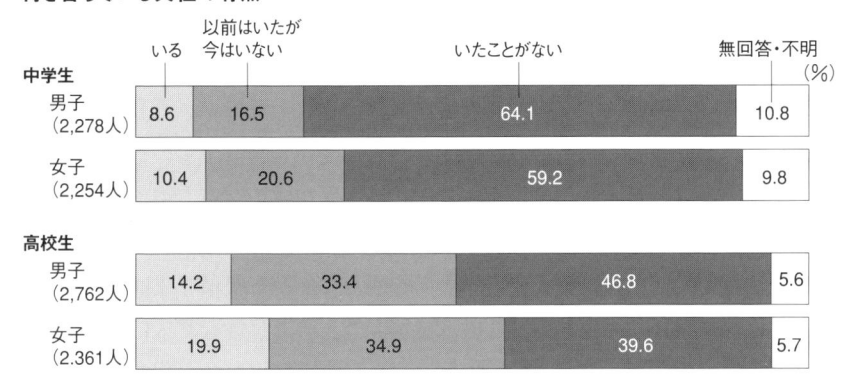

	いる	以前はいたが今はいない	いたことがない	無回答・不明 (%)
中学生 男子 (2,278人)	8.6	16.5	64.1	10.8
女子 (2,254人)	10.4	20.6	59.2	9.8
高校生 男子 (2,762人)	14.2	33.4	46.8	5.6
女子 (2,361人)	19.9	34.9	39.6	5.7

※以上、データはBenesse教育研究開発センター「第1回子ども生活実態基本調査報告書」(2005年)から。

■生活の満足度

　友人・家族・居住地・先生との関係は小中高校生とも60～80％の満足度を示し、自己の成績・性格・社会は学校段階が上がるに連れて20～30％程度まで低下している。

　また、寝不足や個食・孤食化等基本的生活習慣に問題がある者ほど満足度も低い結果となっている。

　なお高校生では、夕食をコンビニ弁当で済ます・一人だけで食べる（35％程度）との事例が多く、受験の影響や性差（ダイエット）、摂食障害の事例も見受けられる。

マスメディア

　テレビ・マンガの映像（マスメディア）の子どもの内面へ影響はどうであったろうか。

　昭和50年代に入ると、テレビによる"子守り"現象など、テレビ視聴の増加が幼児の積極的な遊びの解体や緊密な母親との人間関係を希薄化させ、視聴覚文化が子どもの発達に悪い影響を与えることが懸念され出した。（『岩波講座 子どもの発達と教育』、岩波書店）

　これは、子どもの感覚に対するテレビ・マンガ文化の大きな影響により自主

的な生活の側からのそれらに対する逆作用（マスメディアからヒントを得て、自分たち世界で脚色した"ヒーローごっこ遊び"などの発現）を困難にしてしまい、子どもの生活の抽象化、生活実感の疎外化の進行、さらには子どもの印象づけがパターン化（従属化）されるとの指摘も見られた。

テレビ・マンガからは生活実感を土台に文字文化を理解するのではなく、映像によって作られた感覚で解釈すること、さらに現実の問題を深く掘り下げる力には結びつかなくなっていった。

また、視的生活における人間本来の力を弱めるテレビ映像（先回りした解説付き、代理体験）は面白さの感じ方（感情発達）にも影響をおよぼす（例えば"八時だよ全員集合"にみられる大人と子どもの境界線をなくして、大人びた好みの醸成）など、子どもの内面への直接的影響が強過ぎて、これを跳ね返すだけの力を生じさせ難くした。

子どもの人間的発達を促すテレビ・マンガ文化が子どもの自主的、能動的な生活を立て直すことが求められ、手塚治虫は「子どもの社会のビジョンを確立して児童文化の向上に資することが児童マンガの目的」との指摘は正鵠を射たものだろう。（前掲書）

(4) 子どもの居場所

子どもの「居場所」をめぐる諸問題

南博文、住田正樹は子どもの「居場所」に関する興味ある研究調査を行っている。

子どもの発達を自己実現の場の保障による自己の肯定的概念の形成と考えた場合、これを育む要素として①他者との関係性（自己に対して受容的・共感的・肯定的に評価してくれるかどうか）、②空間性（これを提供する場が個人的な場か、社会的なものかどうか）の二つの環境軸を交差させた「居場所」構造に関する実態調査（福岡市、平成10〜13年）がそれである。

子どもたちの発達の今日的な問題状況と打開への手掛かり、望ましい「居場所」構築への有効な視点を探ろうとした。（住田正樹・南博文編『子どもたち

の「居場所」対人的世界の現在』、九州大学出版会）

　この調査によると上記「居場所」の考え方は、子どもたちの世界に存在する現代社会の問題状況と学校・家庭・地域社会におけるそれぞれの「居場所」と照合しながら、その実態を浮き彫りにしてくれる興味深い内容となっている。

　そこで、その要点を以下の通り引用させてもらおう。

　①家庭にあっては、母親・父親の「不在」、"団らん"の衰退、家庭内暴力、児童虐待等の「居場所」喪失の現象が見られる。

　調査結果によれば、まず調査対象の児童生徒は一番楽しい場所は「家の中」（45％）と答えている。次いで「家や学校の外」（30％余り）、「学校」（19％）（ただし小中学校の学年を追うごとに上昇）であった。

　また、小学生の全学年において家庭生活領域においては「家族との団らん、遊びより会話」に「居場所」を感じる者が大半を占めている。

　これに対して中学生では「友達もしくは自分一人・自室、会話より遊び、さらにはテレビ視聴」に「居場所」を求めるタイプが年齢とともに多く見られるようになっている。

　また、親に対する子どもの肯定的評価は家族コミュニケーションの頻度（団らん型）と相関性が高く、否定的評価は自室に引きこもる型に顕著となっている。

　②学校生活は子どもの「居場所」とどのような関係にあるのだろうか。

　この調査結果からは、「学校生活は楽しいか」という問いと、「成績やクラブ・部活動に対する自信の有無」との相関性が認められたが、「成績に自信がない者」でも60％が「楽しい」と答えており、特に「クラブ・部活動に自信がある者は学校生活が楽しい」と感じ学校生活に積極的な「居場所」を見いだしていることがわかる。

　また「対人関係と学校生活の楽しさとの相関性」については、対教師では「よく話す（話したい）」「自分のことを良く理解している」と答えた者のうち80％以上が「楽しい」と答えているが、「話したいとも思わないし楽しくもない」と答えた者は50％近くいた。さらに、「良く褒められる」子どもの方が「楽しい」と答える割合が高くなっているのは当然だろう。

　友人関係では「満足している」とする割合が、学年が上がるに連れて低下す

る傾向にあるが、学校生活への満足度との相関では成績が多少悪くても、また教師に叱られることが多くても「友人関係が良好であれば＋の関係」にあるとの結果が出ている。

一方、不登校原因に「仲間関係がぎくしゃくしていること」が上げられるのは逆のケースであろう。

筆者自身、中学生時代に一部の生徒から"プロレス"と称して暴力を振るわれ、何回か1時限目の授業開始まで学校裏に隠れていた経験がある。しかし、幸い不登校とならなかったのは部活動が楽しく、また暴力を振るった相手生徒も部活動に同様熱心でプレーを競い合う内に和解し合えたことを覚えている。陽性の仲間関係が一時のぎくしゃくした関係を昇華した例かも知れない。

③地域生活においては、「居場所」は過半数が「友達の家」にあり、「空き地・河原・公園・遊園地」が次いでおり、「何かの遊びをしている」との態様が最も多い。家庭や学校から離れたところで安心して自由に過ごせる放課後もしくは休日（中学生）に子どもの世界が形成されている。

以上からほとんどの子どもはそれぞれの生活領域にそれぞれの「居場所」をもっているが、一番楽しいのは家庭生活領域（46％）、地域（31％）、学校（19％）の順になっていた。

調査結果の分析では、「居場所」の関係性は生活形態、リズムを共通にする同級生、学校のクラスを単位に形成され、学校では「教室」、地域では「同級生の友達の家」とやや狭い領域が見えてくるが、子どもたち自身の価値観、規範や行動様式を指す「子ども文化」がこうした「居場所」（世界）で構築されていくことがわかるとしている。

しかし、学年が上になるに連れて通塾する子どもが増えている今日、子どもの「居場所」を正確に把握するには、上記調査に加えて子どもたちの遊び社会の貧困化を想定し、塾生活領域の実態とともに明らかにされる必要があるだろう。

また上記調査が行った下校時の様子（道草など）は、「直帰型」が極めて多く（15分未満が70％以上）、道草も「コンビニをのぞいたり、植え込みに触ったりする」程度が多く、道草をさせる環境も乏しく散発的なものに終わっていた。

冒頭に記したように筆者の体験では、下校時の道草には随分と季節感や自由

度も際だっていたことを回想する。

(5) 体力・運動能力・持久力と生活習慣

体力等の基礎力・持久力と生活習慣上の問題との関連性についての調査・分析

　平成20年度に文部科学省が実施した全国体力・運動能力、運動習慣等調査の結果からその概要を見てみよう。

　調査は全国の小学5年生、中学2年生を対象に、①実技種目として握力・上体起こし・長座体前屈・反復横とび・20mシャトルラン（小学生、中学生の選択）・持久走（男子1,500m、女子1,000m、中学生の選択）・50m走・立ち幅跳び・ボール投げ（小学生はソフトボール、中学生はハンドボール）、②小学生約78万人、中学生約77万人を対象に行った。

実技調査の結果

　男女とも反復横とび以外の全種目で半数以上の児童生徒が昭和60年度の平均値を下回っている。※（　）内は昭和60年度

■小学生
　①握力　男子17.01kg（18.35kg）、女子16.45kg（16.93kg）
　②50m走　男子9.39秒（9.05秒）、女子9.64秒（9.34秒）
　③反復横とび　男子40.99点（39.46点）、女子38.77点（37.94点）

■中学生
　①握力　男子30.05kg（31.61kg）、女子24.22kg（25.56kg）
　②50m走　男子8.06秒（7.90秒）、女子8.89秒（8.57秒）
　③持久走　男子396.50秒（366.40秒）、女子293.15秒（267.11秒）

運動習慣・生活習慣と体力の関連

■小学生
　①運動時間の二極化は明確ではないが運動時間による体力差は顕著。
　②女子はほとんど運動をしない児童がいる。

③男女とも運動時間と体力の相関性が認められる。
④男女とも体力合計点と肥満度に相関性が認められる。
⑤男女とも朝食の摂食状況・肥満度、運動実施頻度・肥満度の相関性がそれぞれ認められる。
⑥男女とも1日の睡眠時間（6時間境界線）・朝食の摂食状況・肥満度には関連性が認められる。
⑦男子では1日のテレビ（テレビゲームを含む）視聴時間・朝食摂食状況・体力合計点には関連性が認められる。

1週間の総運動時間の分布（小学生）

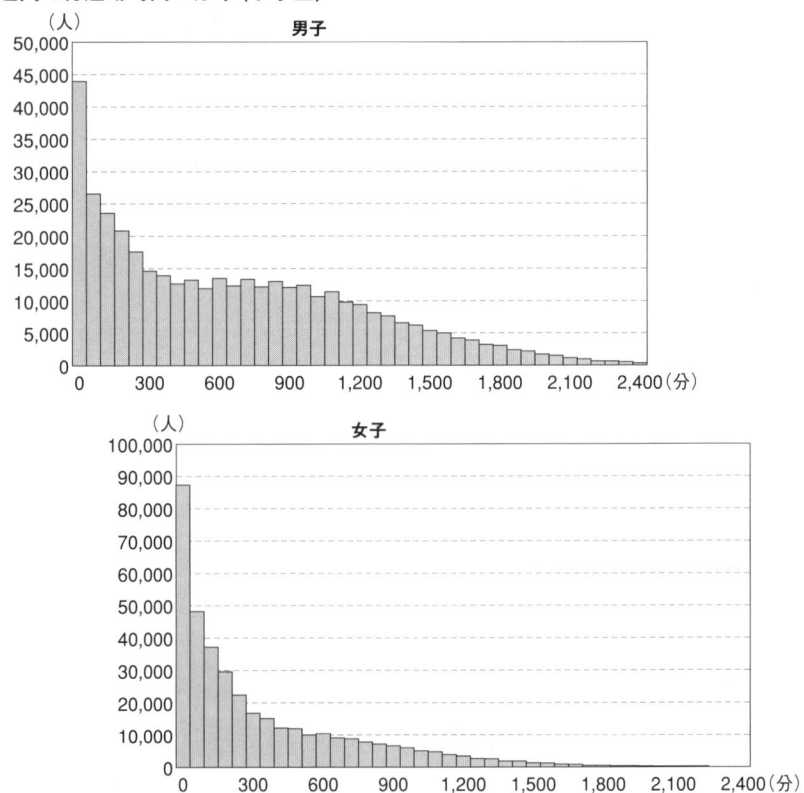

男子

女子

1日の運動時間と体力との関連（小学生）

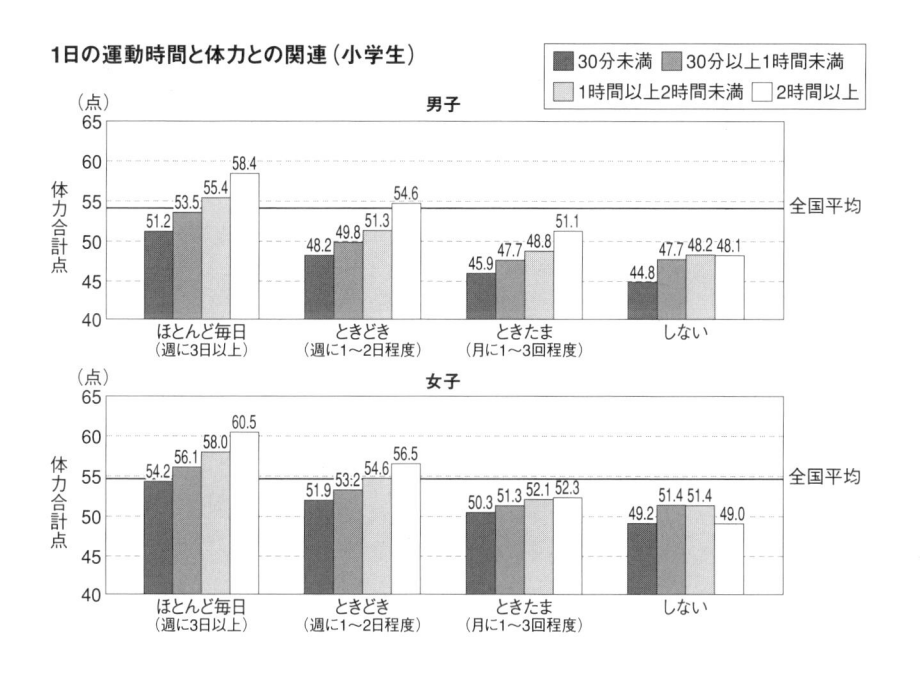

凡例: ■30分未満 ■30分以上1時間未満 □1時間以上2時間未満 □2時間以上

男子 (体力合計点、点)

	30分未満	30分以上1時間未満	1時間以上2時間未満	2時間以上
ほとんど毎日（週に3日以上）	51.2	53.5	55.4	58.4
ときどき（週に1〜2日程度）	48.2	49.8	51.3	54.6
ときたま（月に1〜3回程度）	45.9	47.7	48.8	51.1
しない	44.8	47.7	48.2	48.1

全国平均の線あり

女子 (体力合計点、点)

	30分未満	30分以上1時間未満	1時間以上2時間未満	2時間以上
ほとんど毎日（週に3日以上）	54.2	56.1	58.0	60.5
ときどき（週に1〜2日程度）	51.9	53.2	54.6	56.5
ときたま（月に1〜3回程度）	50.3	51.3	52.1	52.3
しない	49.2	51.4	51.4	49.0

1日のテレビ視聴時間と朝食摂取の有無、体力との関連（小学生）

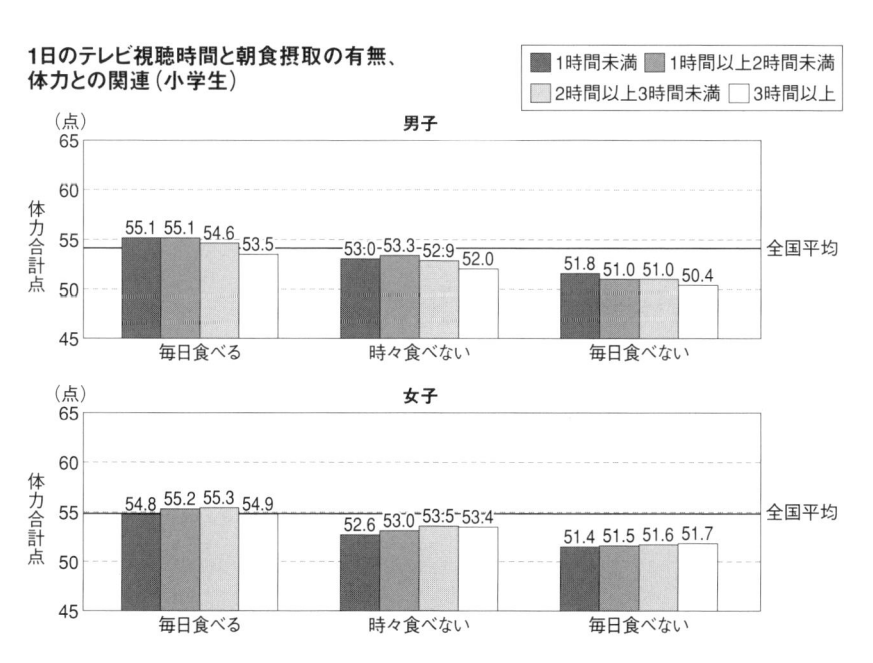

凡例: ■1時間未満 ■1時間以上2時間未満 □2時間以上3時間未満 □3時間以上

男子 (体力合計点、点)

	1時間未満	1時間以上2時間未満	2時間以上3時間未満	3時間以上
毎日食べる	55.1	55.1	54.6	53.5
時々食べない	53.0	53.3	52.9	52.0
毎日食べない	51.8	51.0	51.0	50.4

女子 (体力合計点、点)

	1時間未満	1時間以上2時間未満	2時間以上3時間未満	3時間以上
毎日食べる	54.8	55.2	55.3	54.9
時々食べない	52.6	53.0	53.5	53.4
毎日食べない	51.4	51.5	51.6	51.7

1日の睡眠時間と朝食摂取の有無、1週間の総運動時間との関連（小学生）

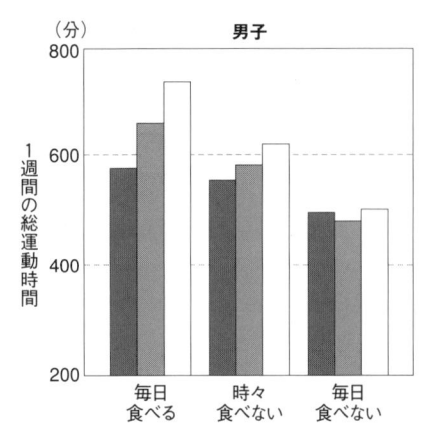

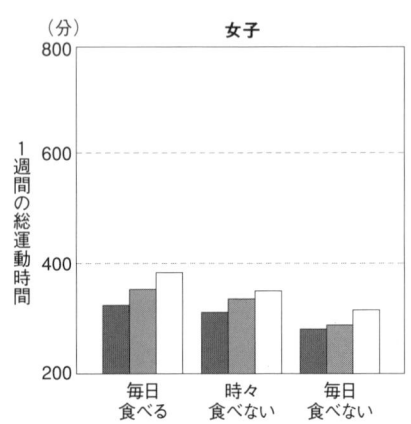

凡例：■6時間未満　■6時間以上8時間未満　□8時間以上

男子（1週間の総運動時間 分）
- 毎日食べる：約580／660／740
- 時々食べない：約560／580／620
- 毎日食べない：約495／480／500

女子（1週間の総運動時間 分）
- 毎日食べる：約320／350／380
- 時々食べない：約310／330／350
- 毎日食べない：約285／290／315

肥満度と体力の関連（小学生）

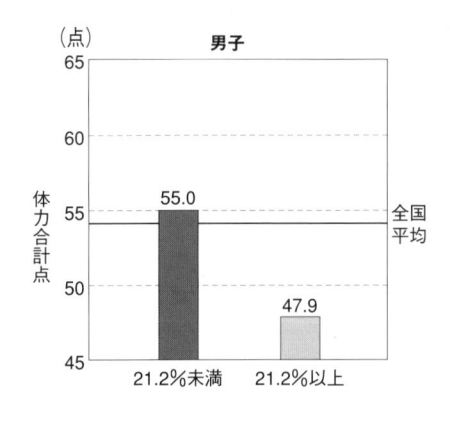

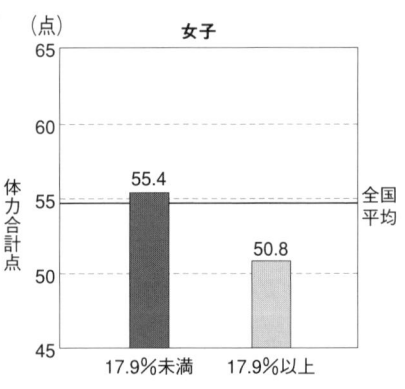

男子（体力合計点）
- 21.2％未満：55.0
- 21.2％以上：47.9
- 全国平均：約54

女子（体力合計点）
- 17.9％未満：55.4
- 17.9％以上：50.8
- 全国平均：約55

※以上、文部科学省『平成20年度　全国体力・運動能力、運動習慣等調査報告書』から。

■中学生
①1週間の総運動時間、体力合計点に明確な二極化が認めれる。女子ではほとんど運動をしない生徒が多数いる。
②男女とも「週3日以上運動・スポーツをする集団」とそれ以外の集団では体力合計点に差がある。
③朝食の摂取状況・運動時間・体力合計点には相関性が認められる。
④男子では、テレビ（テレビゲームを含む）視聴時間が長くなると体力合計点が低くなる傾向がみられた。
⑤男女とも体力合計点と肥満度に相関関係がみられた。

1週間の総運動時間の分布（中学生）

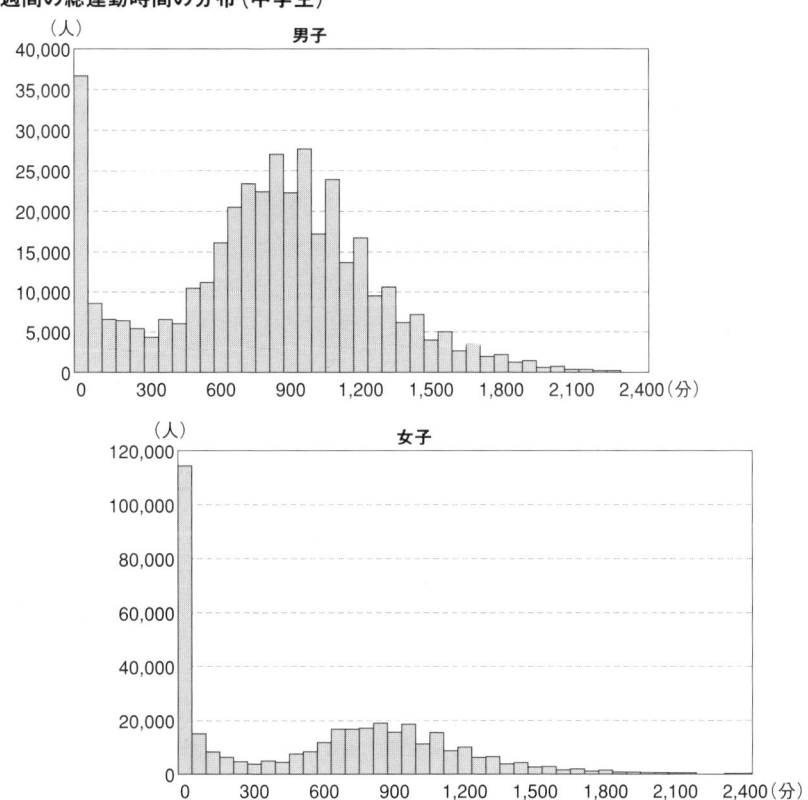

1日の運動時間と体力との関連（中学生）

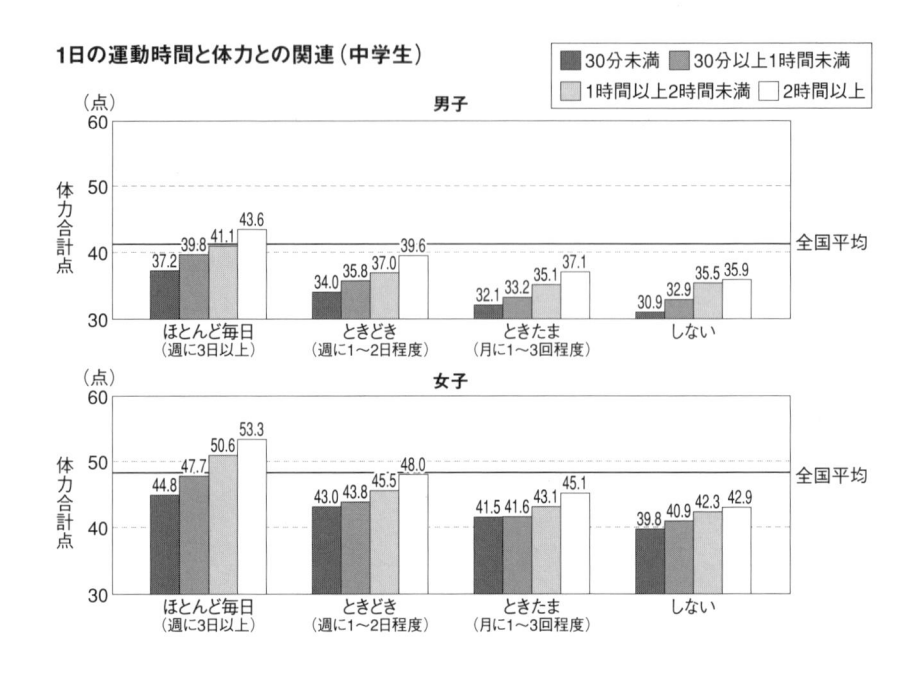

凡例: ■ 30分未満　■ 30分以上1時間未満　■ 1時間以上2時間未満　□ 2時間以上

男子

運動頻度	30分未満	30分以上1時間未満	1時間以上2時間未満	2時間以上
ほとんど毎日（週に3日以上）	37.2	39.8	41.1	43.6
ときどき（週に1～2日程度）	34.0	35.8	37.0	39.6
ときたま（月に1～3回程度）	32.1	33.2	35.1	37.1
しない	30.9	32.9	35.5	35.9

全国平均

女子

運動頻度	30分未満	30分以上1時間未満	1時間以上2時間未満	2時間以上
ほとんど毎日（週に3日以上）	44.8	47.7	50.6	53.3
ときどき（週に1～2日程度）	43.0	43.8	45.5	48.0
ときたま（月に1～3回程度）	41.5	41.6	43.1	45.1
しない	39.8	40.9	42.3	42.9

全国平均

肥満度と体力の関連（中学生）

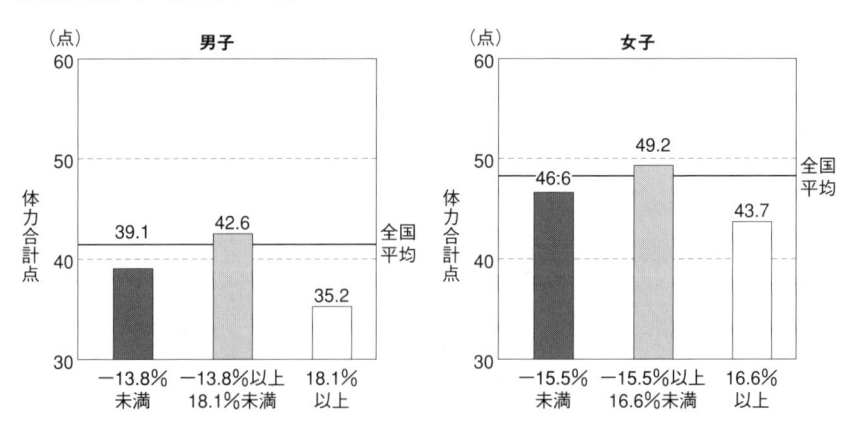

男子

肥満度	体力合計点
−13.8％未満	39.1
−13.8％以上 18.1％未満	42.6
18.1％以上	35.2

全国平均

女子

肥満度	体力合計点
−15.5％未満	46.6
−15.5％以上 16.6％未満	49.2
16.6％以上	43.7

全国平均

※以上、文部科学省『平成20年度　全国体力・運動能力、運動習慣等調査報告書』から。

⑥男女とも1日の睡眠時間・肥満度・朝食の摂食状況に相乗的相関性が認められた。

以上の調査結果から、睡眠時間や朝食摂食といった基本的生活習慣の確立・維持は体力、運動能力の向上にとって重要な要素であることが改めて確認された。

今回の調査により、身長・体重といった体格は毎年向上してきてはいるが、大人社会の夜型生活による睡眠時間の縮小、テレビゲーム機の普及といった優れて今日的なハイメカニズムの商品玩具が子どもの健康増進、体力向上に好ましくない影響、環境効果を与えていることを明らかにしている。

第2節　青少年非行・問題行動と生徒指導（特徴と対応策の変遷）

(1) 問題行動（戦後の傾向と特徴）

戦後の焼け野原にたたずむ多くの浮浪児達は、まずはその食欲を癒すこと、そして明日の生活の糧をどのようにして獲得するかという不安に満ちあふれる姿を象徴するものであった。

これらは、その後の有り余る使い捨て商品、娯楽の手段に心を奪われる物質的には恵まれすぎた今日の青少年の姿にとって代わられた。

核家族化や共働き家庭の増加、家族の役割分担の変化が進むなかで"住む家があっても居場所のない子ども"が増加した。

高校進学率の上昇の下での学歴偏重、偏差値重視、"わからない授業"への

不満を抱え学業不振生徒として学校から疎外される生徒が出現した。さらに社会全体として他人の子どもへの無関心、暴走族などの逸脱行動により自らの存在を認めてもらいたいとの願望の空回りに焦り、地域からも疎外されてしまった若者たち。1970年代は、こうした構造的な問題を内蔵しながら学校における問題行動が社会問題化する時代に符合する。

このように戦後の青少年非行の傾向と主要な問題行動の背景には、家庭・学校・地域社会など子どもたちを取り巻くそれぞれの環境の変貌が複雑に関連しあいながら潜み、推移して来た。

なお、ここでは問題行動の特徴をいくつかの青少年非行のタイプで捉え、戦後から今日までの傾向として整理するに止め、教育病理現象として捉えた場合の学校教育固有の責任と対応策のあり方については後述に委ねることとする。

戦後の青少年の問題行動、非行の傾向と背景

戦後の我が国社会においては、都市化の進行による地縁的な地域社会の教育力の低下、第3次産業への移行を特徴とする産業構造の変貌と雇用労働の一般化により、家庭の生活様式や役割意識に大きな変化が特徴的に見られる。

しつけや絆意識、規範道徳の涵養など家庭の機能が弱体化してきていることも見逃せない。

刑法犯の検挙人員の推移を見ると、青少年非行は昭和26年、39年、58年にそれぞれピークを示した。これらは学齢期児童生徒、高校進学者の数が急増した第1次、第2次ベビーブームの時期にほぼ符合している。

その特徴は、戦後の混乱期における貧困を主たる理由とする窃盗犯や粗暴犯から高度経済成長期を経て、高校進学率が60％を越えた昭和36年以降の中学生を中心に窃盗・傷害、暴力事犯が集団化する傾向を示した。

昭和50年代に入ると受験競争の過熱化、校内暴力・登校拒否（昭和57年には2万人を越える）など学校内での問題行動や家庭内暴力、その他万引き、薬物乱用、無免許運転、集団抗争などの少年非行が急増した。

さらに、昭和60年代以降平成期になると、社会的背景としてはバブル経済の隆盛から崩壊を経験し、テレビゲームの登場、残虐ビデオ問題、ケータイ電話の普及など情報技術の商品化が進み、横浜市における中学生等による浮浪者殺

少年刑法犯の検挙人員および人口比の推移

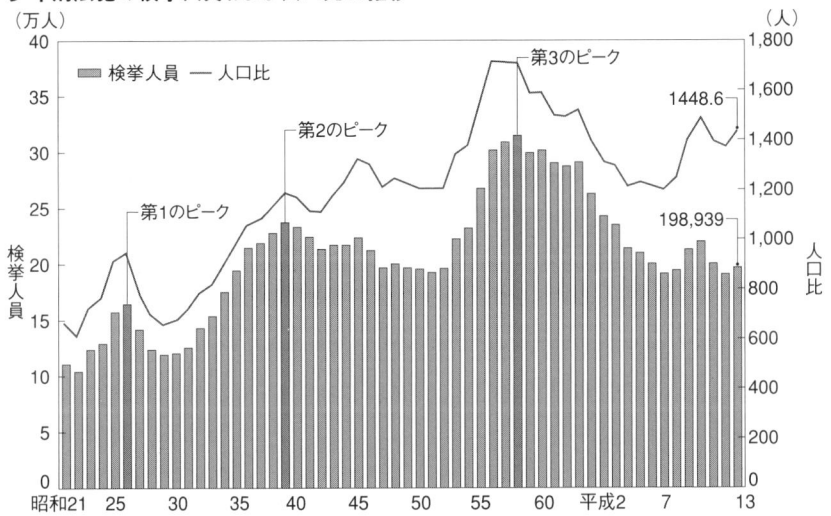

※人口比は10歳以上20歳未満の少年人口10万人あたりの検挙人員の比率。データは警察庁の統計および総務省統計局の人口資料による。法務総合研究所『犯罪白書　平成14年版』から。

理由別長期欠席生徒数の推移（小学校）

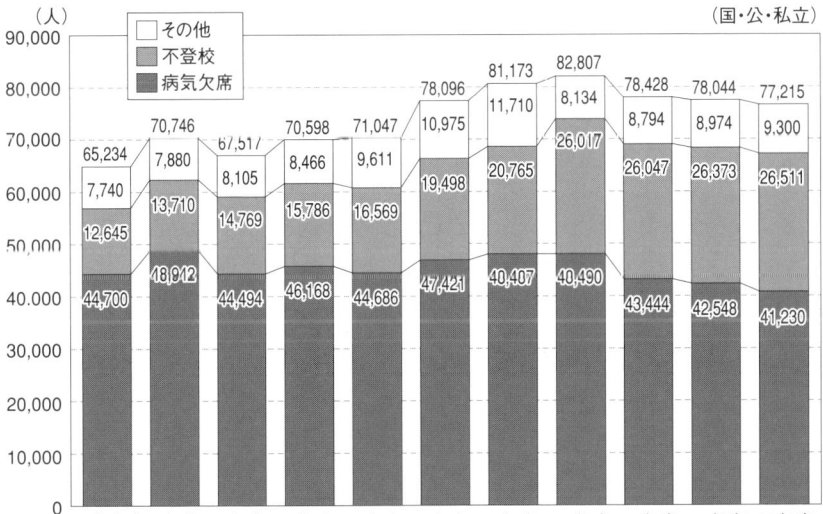

（国・公・私立）

※いずれも対象は30日以上の欠席者。経済的理由は少数のため、図示していない。データは文部科学省『学校基本調査　平成14年度』から

理由別長期欠席生徒数の推移（中学校）

（国・公・私立）

年度	病気欠席	不登校	その他	合計
平成3年度	34,700	54,172	13,577	103,069
4年度	35,786	58,421	13,264	108,375
5年度	33,044	60,039	14,240	108,086
6年度	34,864	61,663	15,232	112,601
7年度	34,137	65,022	16,806	116,778
8年度	35,579	74,853	19,234	130,347
9年度	35,870	84,701	20,992	142,161
10年度	31,272	101,675	11,757	145,184
11年度	27,359	104,180	10,717	142,750
12年度	26,518	107,913	10,723	145,526
13年度	25,248	112,211	10,746	148,547

※いずれも対象は30日以上の欠席者。経済的理由は少数のため、図示していない。データは文部科学省『学校基本調査　平成14年度』から

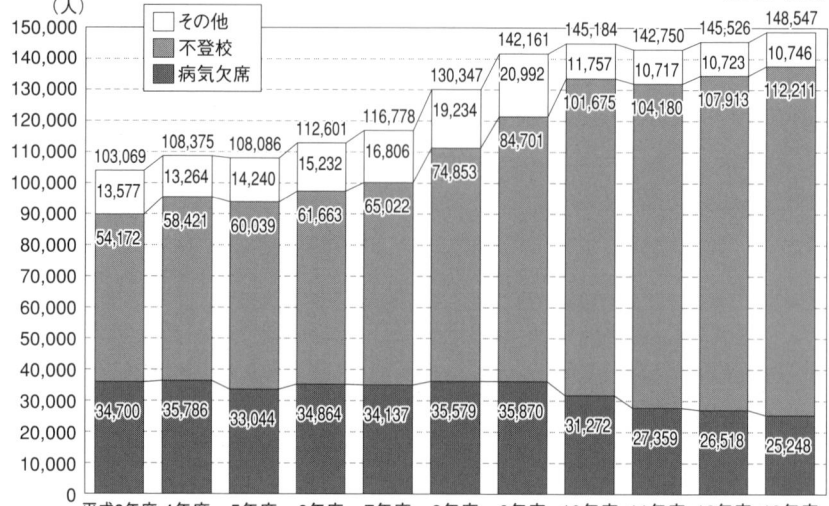

傷事件（昭和58年）や神戸少年事件（平成9年）のように少年非行が凶悪化・粗暴化する傾向が強まった。

　また、いじめ事件や不登校児童生徒が13万人を超え（平成13年）、児童虐待、ひきこもりや出会い系サイトなどの新たな問題が生じている。

（2）生徒指導原理の確立と展開

　戦後の生徒指導の理念は、戦前の画一的教化主義と異なり個々の児童生徒の発達課題を教育科学的論拠を以て効果的に達成することを重視し、そのための諸条件を充足することを目標とした。その理論的根拠の多くは、米国のガイダンス理論にあり、具体化する方法を取った。

換言すれば、学校教育は人間信頼の児童観、人間中心の教育思想の文脈のなかで生徒指導の理念を展開することが試みられてきたと言える。

受容主義による生徒指導の考え方

学習指導が知的能力、技能的習熟を促すものであるのに対して、人格形成に寄与する役割を果たすのが生徒指導である。いわゆる教育指導の二元論という考え方である。

では人格の形成はどのようにして達成されるのか？

たびたび引用される"スプートニック・ショック"後の1960年代から米国では科学主義教育論に代わる人間中心の教育理論（Rogers,C.R.）が台頭した。

我が国ではその影響を受け、正面からこの課題に取り組む指導原理として、「ゆとりあるしかも充実した学校生活」の実現のための教育指導（「教育課程審議会」答申、昭和51年）が注目され、「受容主義的生徒指導の原理」の考え方が導入された。

セラピスト手法の学校教育への導入

ここで、Rogersによって本格的に教育界に導入された米国型生徒指導原理の確立の歴史をさかのぼり、その内容をたどってみよう。

産業資本主義が成熟していった1930年代以降の米国では、いわゆる"丸太小屋からホワイトハウスへ"の立身出世主義、社会的上昇機能優先の考え方、過剰な競争原理が支配的となり、そのための教育という考え方が一般化した。

さらに学校の大規模化が、教師と子どもたちの人間関係の希薄化（非情緒化）を強めたことで、早くも不適応児童生徒の問題が顕在化していた。

こうした背景をふまえ、人間中心・信頼の児童観を基本に生徒指導理論を展開したことで有名な上記Rogersは、①一致、②共感的理解、③受容と無条件による積極的配慮をクライエントの精神療法に際してセラピストに求められる基本的態度とした。（木原孝博『教育学大全集　生徒指導の理論』、第一法規出版）

同時に彼は、子どもは「誰しも拡張し、伸張し、独立し、発達し、成熟したいという衝動」を共有しているという考え（人間信頼の児童観）が基底にある

とした。

　児童生徒の表象的行動に動かされることなく、まずはまるごと受入れ、本人も気づいていないかも知れない心の奥底に潜む成長、発達への衝動の本質に触れること（共感的理解）が重要だと説いたのである。

　また、このことは教科指導にもあてはまり、①問題解決のために自主的・主体的学習意欲（課題意識）が高まり、②こうした課題に直面している学習者の困惑・不安・失意・混乱（感性的認識）をあらわにし、③仲間とともに智恵を出しあって解決に至る集団的・協同的方法による解決を望んでいる場合には、教師が一致・共感的理解・受容的態度を取ることにより効果的な教授＝学習が成り立つとした。

教育課程の展開と生徒指導（ガイダンス理論の導入）

　ガイダンス理論は、元々米国において児童生徒の可能性への信頼を基底とする児童観にもとづき「人生において生起する問題を一人ひとりが解決するのを援助することで、自己指導力を育成することを目的とすることにある」（Jones A.J.、1945）との発想を原点としている。

　米国における新たな生徒指導原理は我が国においてその「ガイダンス」機能に関心が寄せられ、注目の的となって新たな展開を見せた。

　それもそのはず、そもそも米国においてガイダンス機能が注目され、生徒指導の機能として様々な導入が試みられるようになったのは、米国の社会発展に伴う教育病理現象が深厚するという、我が国と共通した歴史的背景があったからである。

　我が国においては、「生徒指導は、人間の尊厳という考え方に基づき、ひとりひとりの生徒を常に自己目的として扱う。それは、それぞれの内在的価値をもった個人の自己実現を助ける過程であり、人間性の最上の発達を目的とするものである」（「生徒指導資料」文部省、昭和40年）との理念が初めて示された。

　この理念は、人間性豊かな児童生徒の育成、「ゆとりあるしかも充実した学校生活」の実現、国民として必要とされる「基礎的・基本的な内容の重視と児童生徒の個性や能力に応じた教育」の実施を骨子とする新たな学校教育の基本的あり方、教育課程の改善の指針（教育課程審議会答申、昭和51年）にも通じ

るものであった。

　したがって、昭和51（1976）年に示された教育課程の展開が成功するか否かは、教科、特別活動、道徳の各領域を児童生徒の自己実現を図る学校生活の充実という目標に向けて、生徒指導の補正的機能（ガイダンス・カウンセリング機能）を駆使し統合的に教授（指導）できるかどうかにかかっていた。

　児童生徒の指導の主眼は教育課程の展開にあり、生徒指導はその基盤としての学習環境の整備（学級づくり、課外活動など）や、脱落する者の救済などの精神的意味での補正的機能を果たすとされたことによる。（飯田芳郎『「児童・生徒の指導」理論』、明治図書）

　また、学校教育は、知的能力の伸張だけではなく、教師と子どもとの人間的ふれあいを通じて、子どもの人格に直接的に働きかけ、特にその情意的側面の形成にかかわらざるを得ないことに着目すれば、生徒指導は学習指導と対等の領域をもつと考えるのが自然であろう。

　したがって、特別教育活動や課外活動などの教科外活動は、格好の生徒指導の場と言えるとされたのである。（前掲書）

◎コラム　**高学年の学習理解度の低下**

　近年のデータで子どもたちの学校に対する思いや授業の理解度を全国の小中学生45万人に尋ねた調査（国教研、平成15年5月）がある。

　その結果を見ると、「学校生活に満足か」という問いに小学生の7割以上、中学生の6～7割が「満足」「どちらかといえば満足」と応えている。

　また、授業の理解度についての問いには、「良くわかる」「だいたいわかる」が合わせて小学校では6割、中学校で4～5割となっている。

　逆に、「わからないことが半々」「わからないことが多い」「ほとんどわからない」の合計が小中学校を通じて学

年が上がるに連れて増える傾向（約20％から徐々に増え中学校で60％近くにまでなる）にある。学年が上がるに連れて学習内容の理解度が低下するいわゆる"七五三教育"に似た現象が見られる。

次に子どもの悩みについて行った調査（厚生労働省、平成13年）でも、勉強や進路に関する悩みが最も多い（不安や悩みありとする答えの7〜8割で学年が上級になるほどその割合が増加する）結果となっている。

このことからも子どもたちの学校生活への不満、勉学や進路に関する不安が上級学年になるにつれ増加し、日常化している姿が見えてくる。

新たな生徒指導理念と不登校児童生徒への対応

不登校の理由は国の調査によれば小学校では「不安など情緒的混乱」「複合」「無気力」など心の悩みが原因となっているケースが目立つのに対して、中学生では小学生同様心の悩みに加えて「あそび・非行」という逸脱行動が背景にあるとされている。（国研教）

また、長期欠席（30日以上）の割合は、小学生ではその態様が「病欠」が最多であるのに対して中学生は「不登校」が一番多いのが特徴である。

かつてこの問題は「登校拒否」と称され、生育歴にも根拠を持つ特定の子どもに生じる病理現象との説明がなされていた。

しかし、昭和60年代に入って問題となる児童生徒の数がさらに増加する傾向を示した。そこで国においては、「何らかの心理的、情緒的、身体的、あるいは社会的な要因・背景により、児童生徒が登校しないあるいはしたくともできない状況にあること（ただし病気や経済的な理由によるものを除く）をいう」もので、「（予防的観点からは）どの子どもにも起こりうるものである」と考えるべきであるとした。いわばコペルニクス的発想の転換を行ったことになる。（昭和57年宣言）

ではこれに対して、学校はどのように取り組んでいくべきなのか。

国の答申、施策に即してその原則を整理すると、①あくまで児童生徒の学校への復帰を目指すこと、②心の成長の助走期にあることを理解して、周りは余裕をもって粘り強く子どもに寄り添い、不登校を克服する過程ではどのように個性を伸張し、成長して行くかという視点を重視すること、④学校生活への適応、自立促進を図ること、⑤学校のみで解決することに固執しないことを上げている。

　教師は成長の過程で苦しんでいるのは誰よりも子ども自身であることを認識し、カウンセリングマインド、受容的態度で子どもに寄り添い、強い信頼関係に支えられつつ保護者とも一緒になって、粘り強く課題を克服して行こうとする姿勢がまず期待される。

　そのためには、学校カウンセラー、養護教諭など専門職と緊密に連携（共通理解）し、特定の担任教師のみならず学校長の統轄のもと学校全体で取り組む態勢が重要であることが確認された。

　このように「不登校」問題を契機として新たな生徒指導の理念・原理が試されることになった意義は大きい。

◎コラム　**積極的な生徒指導**

　生徒指導の成否は、結局のところ教師自身の児童観、学校観、教育哲学にかかっていると言われる。さらに言えば、能力観の変革をも迫るものでなくてはならない。

　河野重男は「一定の能力や学力を前提にして、その能力に応じて均等な教育機会を与えようとする考え方（消極的能力観）」に対して"ゆとりと充実の教育"を課題とする観点から積極的な生徒指導の機能論を展開している。

　そこには、「能力や学力が家庭的条件や社会的・教育的条件に大きく影響されて獲得されるものであることを重視し、むしろ一定の能力や学力を獲得すべき機会、つまり、能力を開発すべき条件の保障として機会均等を図ろ

うとする」積極的・多面的な能力、あるいは個性的能力の発達観が顕著に見てとれるのである。

そして、「学校生活」から落伍者、落ちこぼれを絶対に出さないことを目標とする積極的生徒指導の展開の課題がここにあると指摘している。（河野重男『教育学大全集 現代学校論』、第一法規出版）

（3）生徒指導対策──戦後の制度、対策事業の変遷

戦後の青少年の非行・問題行動の特徴については（1）で概観した。そこで、これをふまえた国の対応策について制度改善を含みその流れ、特徴についてその変遷を見てみよう。

問題行動の原因や態様が主として学校教育活動、学校生活に起因するのかどうかを判断するのは誰かということは、依然として残された問題である。また、教育病理現象として問題解決にあたるべき学校の責任の範囲は、問題行動の原因や態様が複雑であることと相俟って必ずしも明確ではない。

しかし、今日の問題行動の解決は少なからず学校教育の解決すべき課題としてその責任が問われており、教育病理現象と捉えられる厳しい現実において、学校は真正面からこの問題と取り組んでいかなければならない。

そこで、喫緊の対策を必要とする代表的な問題行動として「暴力行為」「いじめ」を取り上げ、同時に生徒指導原理の適用との関連で論じた前節とは区別して、制度上の改善措置を含む総合対策を必要とする課題として「不登校」の問題を再度論じてみよう。

暴力行為（校内暴力）

国は、「学校生活に起因」して起こった暴力行為（校内暴力、公立中高等学校）に関して行ってきたこれまでの調査を平成9年度から対象を変更し、「自校の児童生徒が起こした暴力行為（対教師・生徒間・対人、器物損壊、公立小中高等学校）」について調査している。

近年、発生件数は小中高等学校とも横ばいから漸増、平成18年度で総件数が4万件を越え、その内中学校が2万7千余件（内、生徒間暴力が約1万5千件、次いで器物損壊が約9千件、被害総額1億5千万円）と最も多くなっている。（『生徒指導資料第1集改訂版』国教研生徒指導研究センター、平成21年）

　加害児童生徒に対して学校は、小中学校で「訓告」、高等学校では「自宅学習・謹慎等」が最も多く、関係機関による措置状況は「警察の補導」が最も多く、次いで「家庭裁判所の保護的措置」となっている。
　ではこれまで国はこうした問題についてどのような対応を行ってきたのか、その成果はどうだったのか。

出席停止
　昭和58（1983）年、国は学校における暴力事件や授業妨害、いじめ、不登校の問題行動が教育病理現象として構造的問題化しつつあった状況をふまえ、まず戦前からあった児童生徒の出席停止制度（学校教育法26、40条）の適切な運用によりこれに対処しようとした。
　この制度は本人に対する懲戒（公立学校では懲戒としての退学・停学は禁止されている、同施行規則26条）ではなく、暴力行為や授業妨害などによって学校の秩序を破壊し他の児童生徒の授業など教育活動を阻害する場合にその秩序を回復し、他の児童生徒の義務教育を受ける権利を保障するという観点から設けられていた。
　したがって、この措置は国民の就学義務と関連する重要なものであるので市町村の教育委員会の権限と責任において行われるもの（ただし、学校長に権限を委任することは可能）であり、手続きなど関連規定を整備するとともに、平素から管下の学校や児童生徒の実態を十分に把握しておくことが必要としている。
　また、学校においては問題となる児童生徒には十分な教育的配慮をもって対応するぎりぎりの努力が求められた。停止期間中は保護者の自覚を促し監護義務を果たすよう積極的に働きかけ、著しく長期に渡ることのないよう円滑な復帰の実現に配慮しなければならないとした。そのため家庭訪問や課題学習をさ

せたりして保護者と協力しながら継続的指導を怠らないことが必要との留意点を提示している。（文部省初等中等教育局長通知、昭和58年12月）

しかし、その後も学校における暴力行為の発生件数は増加し、平成12年度調査で過去最高を記録した。そのため、この制度は平成13年の条文の全面改正（法35条）により、「性行不良」「他の児童生徒の教育に妨げがある」の二つの基本的要件、性行不良に関しては「他の児童生徒に傷害、心身の苦痛又は財産上の損失を与える行為」など四つの行為類型を上げて明確化した（第1項）。

また、事前手続きとして「あらかじめ保護者の意見を聴取及び理由及び期間を記載した文書の交付」すること（第2項）、「教育委員会規則の整備」（第3項）、さらに出席停止期間中の「当該児童の学習支援等教育上の必要な措置を講ずる」（第4項）とした。一方で学校長への権限の委任によって安易な命令とならないよう留意することとしている。

当該児童生徒への支援は、すでに昭和58年の通知においても留意点として想定されていたが、規範意識や社会性・目的意識などの涵養、学校や学級の一員としての自覚の保持、学習面での基礎基本の補充、悩みや葛藤を受容する指導姿勢の強調などより一層円滑な復帰を目指す支援、指導を強調した点は注目される。さらに復帰後の指導においても目的意識や勤労など体験的活動の重要性を示したことも同様である。（文部科学省初等中等教育局長通知「出席停止制度の運用のあり方について」、平成13年11月）

これによると、中学生が大半であり、生徒間暴力を理由とするものが最も多く、2週間未満程度の期間となっている。

出席停止の件数は全国で25件に一旦減少した（平成15年度）が、その後増加に転じている（平成18年度は60件）。

出席停止件数の推移

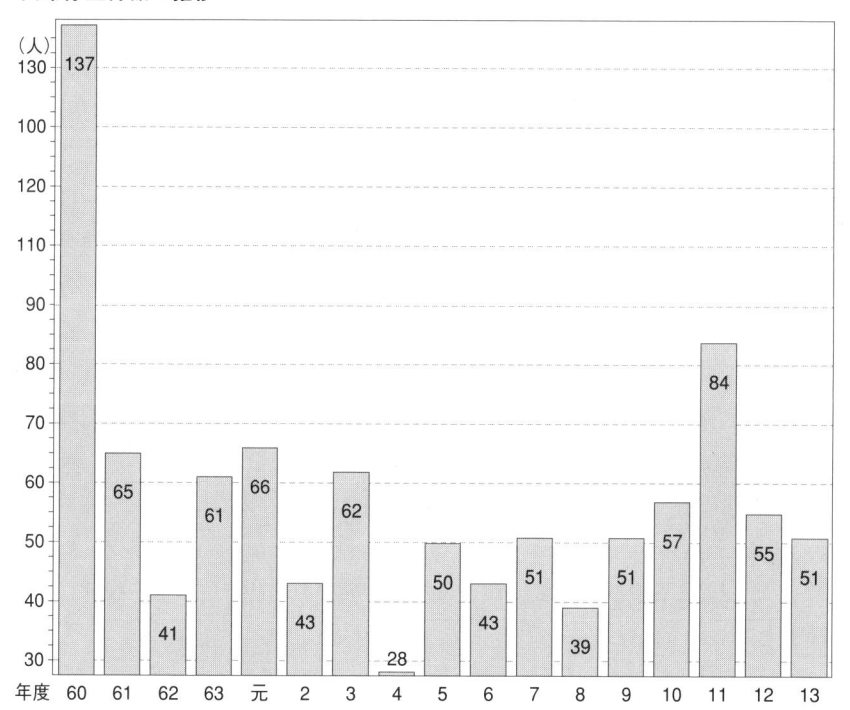

年度	60	61	62	63	元	2	3	4	5	6	7	8	9	10	11	12	13
人数	137	65	41	61	66	43	62	28	50	43	51	39	51	57	84	55	51

※小学校は平成9年度から調査が開始。データは文部科学省『生徒指導上の諸問題の現状と文部科学省の施策について』(平成15年)から。

いじめ

　「いじめ」については、平成18年度から適切な実態把握のため、いじめの定義を「当該児童生徒が、一定の人間関係のある者から、心理的、物理的な攻撃を受けたことにより、精神的な苦痛を感じているもの。なお、起こった場所は学校の内外を問わない」と改めた。

　これにより「発生件数を（学校の）認知件数」と改め、学校の対応や日常的把握のために学校が直接児童生徒に対して行った具体的な方法などの調査項目の追加を行った。

　それは、暴力行為と同様当該問題行動の発生場所を学校内から外の世界にまで広げて把握することにより、それ自体が複雑な原因が複合的に絡み合っていることや、ややもすると学校の問題意識が閉鎖的になるのを回避し、その実態をより的確・公正に把握できると判断したためと考えられる。

　調査結果によると、小中高等学校、特殊教育諸学校の認知（発生）件数は最多の平成7年度の6万件余りから減少し、17年度には2万件余りに減少した。しかし、上記のとおり調査方法の改善に伴い、その数は18年度には一挙に約12万5千件となった。

　学校別では小学校が6万余件、学校数比で約50％と最も多くなっている。

　その態様は、「冷やかしやからかい」が最も多く、「仲間はずれ、集団による無視」が次いでいる。最悪のケースは自殺の原因となる場合である。

　いじめられた場合の相談は「学級担任」が約60％、「保護者や家族」が約30％となっている。

　学校における日常的な取組は「職員会議等を通じて、教職員間での共通理解を図っている」ことが最も多く、「アンケートの実施」（小学校）、「個別面談」（中高等学校）により実態把握に努力していることがうかがえる。

学校指定の変更、区域外就学など国の対応策

　国はいじめ対応の緊急提言（昭和60年6月28日）を行った。政府はこれを受け、いじめにより児童生徒の心身の安全が脅かされるような深刻な悩みをもっているなどの場合は市町村教育委員会が行う学校指定の変更理由（施行令8条）に該当するとする従来の扱いを再確認し、いわば緊急避難的対応を取るよう教

育委員会に通知した。

　その際には、医師や教育相談機関の専門家、関係学校長などの意見をも十分にふまえて運用（区域外就学・施行令9条についても準じた扱い）の適正を期するよう併せて依命通知を行っている（文部省初等中等教育局長通知、昭和60年）。

　その後もいじめ問題は、終息の気配を見せずさらに深刻化し社会問題の様相を呈するようになった。

　そこで政府は事態の改善を図るため、文部科学大臣による"呼びかけ"を始め次のように相次いで教育委員会や学校に指導を強化し、適切な対応を促した。

① 保護者の希望により、関係学校の校長などの関係者の意見等も十分にふまえ上記措置を配慮すること（平成8年通知）、
② 広く保護者に対して通学区域制度の弾力的運用について周知するとともに市町村教育委員会に対し相談体制の充実をはかること（平成9年通知）
③ 市町村教育委員会は就学校の指定に係る通知（施行令5条、同令6条において準用する場合を含む）において、その指定変更について同令8条に規定する保護者の申立（学年途中を含む）ができる旨を示すこととしたこと（同施行規則32条2項改正、平成18年）

不登校

　ここで改めてこの問題を取り上げるのは、既述した生徒指導原理、指導手法に関するものとは別に、制度の改正を始めとした法令および関連する国の措置についても整理しておく必要があるからである。

① 適応指導教室、指導要録上の出席扱い、高校入試の特別措置（文部省初等中等教育局長通知、平成4、9年）

　a. 適応指導教室

　　学校は、義務教育制度を前提に、現に学校外において不登校の児童生徒を対象として設置された公的機関や民間施設（いわゆる「適応指導教室」など）において不登校児童生徒が教育相談、指導を受ける場合、教育委員会と連携しながらその指導内容等から学校への復帰を前提にその自立を促す機関、施設かどうかを判断し、その努力を支援・評価する。

b. 指導要録上の出席扱い

学校長がa.の該当機関、施設に通所または入所が学校への復帰に向けた自立支援を行う上で有効・適切であると認めた場合は、指導要録上「出席」扱いとすることができる。

c. 高校入試の特別措置

結果的に同年齢の生徒に遅れることなく高等学校教育を受ける機会が与えられるよう、受験期にある学年の終わりまでに満15歳に達する不登校の生徒についても「中学校卒業程度認定試験」の受験資格を与える。(学校教育法施行規則改正、平成9年3月)

さらに、高等学校の入学者選抜にあたって調査書以外の選抜資料の活用により、それまで不登校であっても高等学校において学習する意欲・能力のある生徒の評価を適切に行うよう求めた。

その後、
a. 「適応指導教室」のNPO法人等への委託の推進（文部科学省児童生徒課長通知、平成15年7月）、
b. 自宅で教育委員会、学校、学校外の公的機関・民間施設が提供するIT等を活用して学習活動を行った場合の学校長の認定による指導要録上の「出席」扱い（文部科学省初等中等教育局長通知、平成17年7月）、
c. 学校教育法施行規則の規定によらないで教育課程を編成できる場合として文部科学大臣が「指定要項」を定め、個別に学校を指定する措置（文部科学省告示98、99号、平成17年）

と相次いで不登校児童生徒への制度的支援措置が講じられている。

②教育相談の機能の開発と専門職の養成確保等その充実方策

教育相談は、元来労働の種類に応じ就労希望者に助言を与えるため、知能、適性検査を主眼として1900年代に米国で誕生した職業相談（我が国では1920年代以降）が、その後「教育相談」として学校で取り入れられるようになったとされる。

こうした教育相談は、学業上の問題解決や人間形成に関わる学校内での望ましい対人関係の形成、教育指導を通じた児童生徒理解や適性の発見、本人のみならず保護者・教師などに対する指導上の助言を行うことにあり、充実した学校生活の実現に向けた様々な活動の一つと言える。

　教育課程上の位置づけは、特別活動（全体）の指導計画の作成と内容の取り扱いにおいて「教育相談（進路相談を含む）については、生徒の家庭との連絡を密にし、適切に実施できるように配慮する必要がある」（昭和52年、中学校学習指導要領）とされた。また学級指導における生徒理解の計画的実施が同時に示されたことにより、教育相談と学級指導の関係が明確にされたが、学校組織のなかでの役割分担がはっきりしないなどの問題が残された。

　その後、校内暴力、いじめ、不登校問題など児童生徒の学校不適応、逸脱行動が急増するなかで、教師のカウンセリングマインドや児童生徒理解の重要性が改めて指摘され、専門職としての学校カウンセラーの特別配置や養護教諭を中心とした「保健室登校」による心の悩み相談の態勢整備が進められた。

　国は、
a. スクールカウンセラーに相談できる体制の点検・整備
b. スクールカウンセラーの養成の充実（臨床心理士などの「心の専門家」の国家資格創設など高度な専門性の確保）
c. 教員のカウンセリングマインドの育成・発揮（心を開いて相談できる教師）
d. 「心の居場所」としての保健室の役割の重視（養護教諭による健康相談活動の重要性）

をカウンセリング充実策の基本指針として提起した。（中教審答申「新しい時代を拓く心を育てるために」、平成10年6月）

　しかし、現実には相談員は常勤職員の数が減少し、非常勤職員に切り替える傾向がうかがえる。（※1）

※1　小中学生および高校生の教育相談件数は、都道府県・政令指定都市の教育相談機関184カ所での平成18年度調査結果によると、「不登校」に関する電話相談等が4万件を越えて最も多く（全体の24%）、「いじめ」が1.3万に近い数字（同じく7.5%）となっている。

以上述べたように、今や社会問題化したこれらの逸脱行動、学校不適応の原因は一様ではなく、多分に子どもを取り巻く家庭や教育、さらには社会環境の変化のもとで成長・発達課題を十分に達成できないまま自己との葛藤にもがいている姿が容易に想像できる。

子どもたちの健やかな成長の場としての学校には、生徒指導、教育相談の基本である常日頃の教師と児童生徒の心の触れあいを基軸に相互の信頼関係を醸成していくことが重要である。

学校長の指導力のもとで、専門的知識と経験を共有し一丸となった指導体制の確立を図るとともに、学校外の専門的な教育相談機関や保護者との密接な連携を合わせた総合的な取り組みと成果の積み上げを期待したい。

第3節　発展的学習のための演習テーマと留意点

未来を託された子どもたちの成長・発達の今後の重要課題と解決の手がかりとして、本章の発展的学習のため将来的な課題を念頭に次のようなテーマを設け、読者の自主的な学習の素材を提供してみたい。なお、筆者の見解や学習の参考となる資料、留意点をも併記したので合わせて参考としてもらいたい。

演習（1）規範意識の涵養と教育指導のあり方

子どもの発達課題としての「規範意識」は、従来から幾度となく教育指導、生徒指導の場で取り上げられてきたテーマである。このテーマは今日の大人社会が内蔵する倫理観の衰退などとの関連が指摘され、その育成は簡単ではない。

一方、先の教育基本法の改正論議でも教育の価値観にも関わる重要な課題であるとして随所で取り上げられたことに鑑み、まずこの問題について考察してみよう。

「規範意識」の意義、育生の基本原理

　行動規範のあり方の問題は、物質文明の進展、高度経済成長を支えた戦後の教育の根本を見直す議論と根っこの部分でつながっている。世界的にも子どもを取り巻く環境は、様々な問題行動の噴出によって深刻な危機に直面しているとの指摘がある。

　この問題は、子どもたちの心の喪失と真正面から向き合う形で教育基本法や学校教育法改正の議論の大きな柱となった。単にきまりをきちんと守る、道徳的判断力の涵養に尽きるものではなく、大人たちの生活態度や良識、社会の規律の遵守など子どもを取り巻く日本社会の危機的状況と根深いところで隣接する本質論としての性格を有している。

　中教審は、平成16～17年にかけて児童生徒の問題行動が一層深刻化したこの時期に学校内の規律の維持とこれを通じた規範意識の醸成を指摘した。「教育を受ける者が、学校生活を営む上で必要な規律を重んずる」（改正教育基本法第6条）こと、義務教育の目標として「規範意識」を養う（学校教育法第21条）こととされ、法的にもその重要性が新たに明記された。そして国は、道徳教育や生徒指導において規範意識の意義や教育指導上のあり方について対策の基本を以下のように提示している。

　すなわち、「教育基本法や学校教育法の改正の趣旨を踏まえ、今後の生徒指導には、学校生活を営む上で必要な規範意識を育成するとともに、児童生徒一人一人が公共の精神や社会規範との関連において自己実現を図れるよう、社会的自己指導力を身につけさせることが一層大切になってくる」（下線筆者、生徒指導資料第3集「規範意識をはぐくむ生徒指導体制」、国立教育政策研究所）とした。そのため児童生徒の人権尊重を前提に保護者や地域住民、教職員の間で共通理解を図りつつ「毅然とした粘り強い生徒指導の推進」を強調している。

◎コラム　**規範意識への対応策の具体例**（※生徒指導資料第3集より）

(1) 前年度に複数の学年で10〜20人の児童が教師の指示に従わず、授業妨害を行うなどの問題行動が発生したケース：

　①児童を授業に集中させ、授業を成立させるために全教職員が毅然とした態度で授業規律の粘り強い指導とともに、授業の責任は学校にあるとの共通の認識のもとで「わかる授業」の実現に最大限努力したこと

　②家庭でのしつけが不十分な児童が多く関わっており、保護者の意識を学校や児童に向けさせる上で家庭からの支援を得たこと

などが奏功した。

　しかし、全般的に学習指導や生徒指導ともに教師の力不足が依然として見られ、指導力のあるリーダーの育成が急務であるとの課題が残された。

(2) 2年前に中学3年生を中心に頭髪・服装違反、授業妨害、怠学、校内暴力、金品強奪などの問題行動が多発したケース：

　①「学校づくりの基本的な考え方」などの共通理解を全教職員で行い、保護者や教育委員会との連携を基軸とする生徒指導体制を確立したこと

　②問題行動を繰り返す生徒とその保護者に「生活改善勧告」を行い、勧告を受けた生徒は学級担任と話し合い「生活改善目標」を決めて自己点検を継続したこと

　③勧告後も問題行動を繰り返す生徒に教育委員会は

「出席停止」を措置し、当該生徒・保護者への家庭訪問を毎日朝夕2回行い指導にあたった。その結果、相互の信頼関係が深まった
④落ち着きを取り戻した当該生徒たちは保護者同席のもとで校内暴力など問題行動の謝罪を行い、誓約書の提出、弁償を行ったこと

で、本人の深い反省と学校の指導に対する保護者の理解を得た。

(3) 学校のホームページ(HP)に酷似したHPに生徒や教職員の顔写真が無断で掲載され、誹謗中傷の言葉も書き込まれた。一旦削除したが再度掲載されたケース:
①生徒に対しては、HP等への情報の発信は責任をもって行わなければならない、無責任な情報発信は人を傷つけ法に触れること、人間関係のトラブルの原因にもなり直接の対話が大切であること、マナーを守って情報機器を適切に活用するよう指導したこと
②保護者に対しては携帯電話による電子掲示板への書き込みについて注意喚起の文書を配布し、ICT担当者がNPO法人の協力を得てインターネットの活用について講習会を実施し、情報モラル教育という近年の新たな規範意識の涵養に対処したこと

問題行動の多様化、複雑化と柔軟な対応

携帯電話・ネット犯罪などICTの普及と高度化は、子どもたちの生活感覚そのものに従来とは異なる形で悪影響をおよぼす時代となっている。

そのため、必要とされる規範意識の育成のあり方もそうした変化に柔軟に対応できるよう様々な工夫と、子どもたちの生活環境や実態を注意深く観察し、

それに応じたルールづくりを行っていくことが大切である。

はじめに記述した「社会的自己実現」の持つ意義は、本来の生徒指導の基本原理を敷衍して導き出された新たな理念として見逃すことはできない重要な事項であり、教師たちの創意ある実践的活動により具体化されていくことが期待される。

また、社会一般の規範の有り様は、大人社会のいわば"姿見"として子どもたちに常に投影されていることにも十分留意しなければならない。教師自身に要求される厳しい規範性が、常に子どもたちから問われていることを忘れてはならないだろう。

関連演習テーマ

規範意識の涵養と道徳、特別活動の領域を通じた指導のあり方について論述せよ。(第2巻参照)

演習（2）国際化、多民族化のもとでの子どもの人権と学校教育

我が国社会、国民の精神に本物の国際感覚、国際常識（グローバルスタンダード）が根づくことができるかどうかは、次世代を担う世代に対して行われるこれらに関する教育のあり方、内容、方法にかかっている。

そのことは、人権（自然権、社会権）としての教育を国籍を除外してすべての子どもにどのように保障するかという今日的な課題解決と密接に関連している。

①外国人子弟（児童生徒）の教育指導

戦前から日本に滞在する朝鮮・韓国系外国人（オールドカマー）とは別に、戦後特に1990年の改正「入国管理法」の施行以来増加している南米等出身の日系人（ニューカマー）の子弟の国内での就学問題が顕在化した。こうした子弟には、国公私立学校、いわゆる外国人学校（各種学校、バカロレア等国際認承を受けているインターナショナルスクール、私塾その他の教育施設）など様々な教育の機会が存在する。

公立学校に就学する外国人生徒数の推移

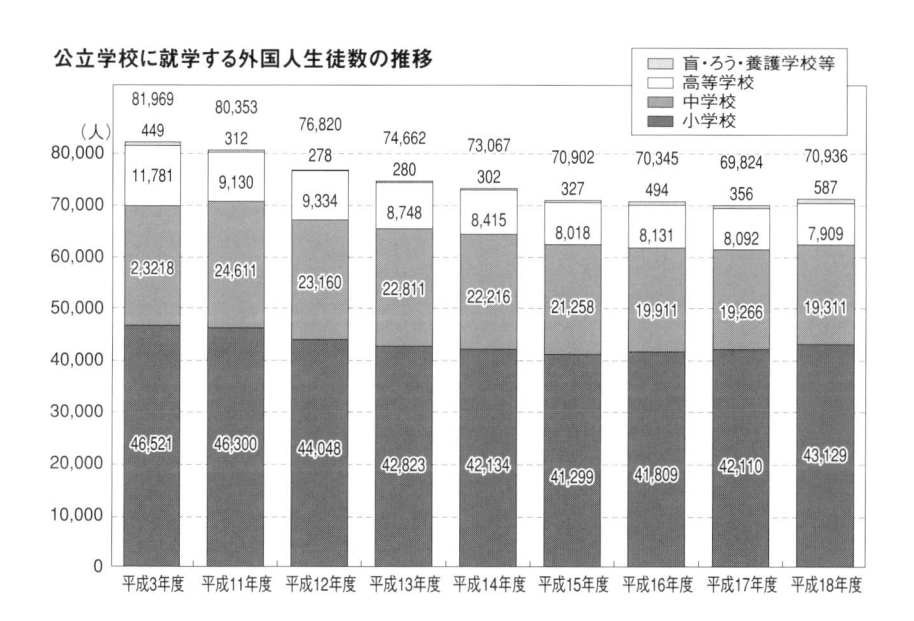

凡例:
- 盲・ろう・養護学校等
- 高等学校
- 中学校
- 小学校

年度	合計	盲・ろう・養護学校等	高等学校	中学校	小学校
平成3年度	81,969	449	11,781	23,218	46,521
平成11年度	80,353	312	9,130	24,611	46,300
平成12年度	76,820	278	9,334	23,160	44,048
平成13年度	74,662	280	8,748	22,811	42,823
平成14年度	73,067	302	8,415	22,216	42,134
平成15年度	70,902	327	8,018	21,258	41,299
平成16年度	70,345	494	8,131	19,911	41,809
平成17年度	69,824	356	8,092	19,266	42,110
平成18年度	70,936	587	7,909	19,311	43,129

母語(=第1言語)別外国人生徒数の推移

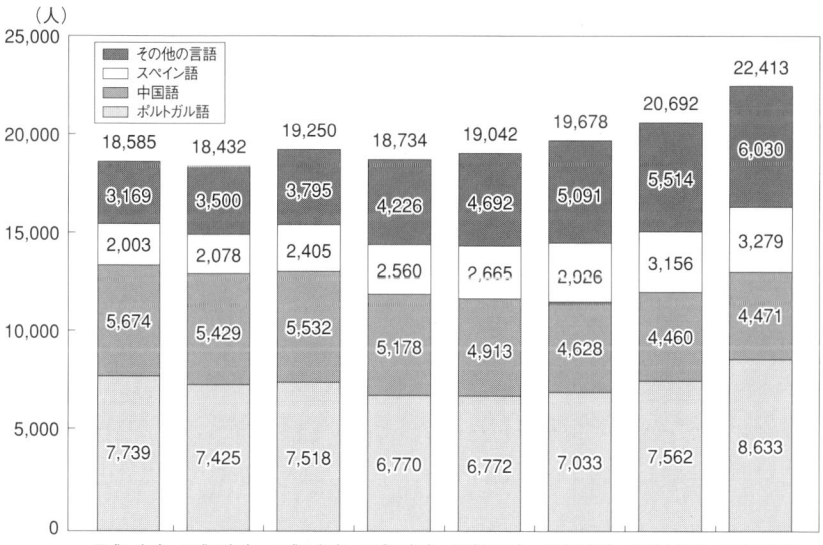

凡例:
- その他の言語
- スペイン語
- 中国語
- ポルトガル語

年度	合計	その他の言語	スペイン語	中国語	ポルトガル語
平成11年度	18,585	3,169	2,003	5,674	7,739
平成12年度	18,432	3,500	2,078	5,429	7,425
平成13年度	19,250	3,795	2,405	5,532	7,518
平成14年度	18,734	4,226	2,560	5,178	6,770
平成15年度	19,042	4,692	2,665	4,913	6,772
平成16年度	19,678	5,091	2,926	4,628	7,033
平成17年度	20,692	5,514	3,156	4,460	7,562
平成18年度	22,413	6,030	3,279	4,471	8,633

※データは文部科学省『学校基本調査』から。

特に、近年増加傾向にあるブラジル等日系人労働者の子弟の不就学や日本における学校教育に十分に適応し学習効果を高めていくための日本語指導の充実が求められている。こうした教育指導上の課題を中心に、「児童の権利条約」の批准国として広く教育機会の実質的な保障に関する国際的な責務を達成することが重要な課題となっている。

　先に改訂された学習指導要領は、「国際化の進展に伴い、学校現場では帰国児童や外国人児童の受け入れが多くなっている。（中略）これらの児童の受け入れに当たっては、一人一人の実態（在留国、在留期間、年齢、外国での就学形態や教育内容・方法、さらには家庭の教育方針など）を的確に把握、当該児童が自信や誇りをもって学校生活において自己実現を図ることができるように配慮することが大切である。」（※（　）内は著者加筆）とした。そして読み書きなどの日本語能力の不十分さや個々人に応じたきめ細かな教科指導の必要性を唱えている。また、「本人に対するきめ細かな指導とともに、他の児童についても帰国した児童などの長所や特性を認め、広い視野をもって異文化を理解し共に生きていこうとする姿勢を育てるよう配慮することが大切である」とし、相互の啓発を通じて国際理解を深め、国際社会に生きる人間としての望ましい能力や態度を育てることの積極的な教育的意義を強調している。

②外国人子弟の民族教育と公教育制度のあり方

　子どもたちの教育の場において、外国人子弟とともに学ぶ環境はより一層身近なものとなっていくであろう。

　したがって、本格的な国際化の波がこうした形で子どもたちの生活環境に押し寄せていることを考慮すれば、困難は予想されるがこれにふさわしい我が国の教育制度のあり方について今後においても真剣に考えなければならない課題と言えるだろう。

　①で述べたとおり、国が示した教育指導上の国際理解の考え方には、日本国民との共生を実現することに向けて、一定の方向性を示していることは確かである。

　一方、学習内容・方法における学習指導要領の法的拘束力、外国籍の教師の国公立学校における任用に際しての「当然の法理」の考え方のもとで、外国人

の民族的誇りやアイデンティティーをどこまでどのように尊重し保障されるのかといった制度論上の整理が残されている。その場合に国際公約である「児童の権利」条約の国内法上の実質適用においてなお課題が残されているとして一部の地域、運動関係者から問題提起がなされることもある。

一方諸外国に目を転じれば、欧米諸国における移民の受入れ、中央アジアにおけるイスラム社会との共存を国家の重大事項としているロシアやトルコからの移民者を多く受け入れているドイツ、アフリカ諸国からの同様の事例を持つイギリスやフランスなどでは、G8などの国際協議の場を通じてこうした問題が早くから検討されている。

もっとも我が国においては、本格的な移民問題を間近に抱える厳しい社会状況にはないが、「国際人権規約」や「子どもの権利条約」等をふまえ、先のインドシナ難民受け入れや大陸からの残留孤児の帰国者、近年の入国管理法令の改正や労働力不足解消のための産業界の要請を受けて増加傾向にある日系人労働者の子弟等の教育問題を契機に、ラテンアメリカなどからのニューカマーとの共存、共生をいかに実現していくかが問われるようになっている。

我が国の過去の植民地支配や歴史的経緯のある在日韓国・朝鮮人や中国・台湾人の市民的権利に関する歴史認識を明確にし、これを保障する法制度整備に課せられた課題は大きいとされている。

国内の公教育制度のなかで「民族教育」を尊重しどのように保障していくかは、こうした問題の一環として解決されるべきものとの主張もみられる。その解決は単なる教育政策の次元を超えたより大きな大局的観点から検討されるべき政治的課題と言えるだろう。

そこで、より現実的には学校における他の民族の言語や文化についての学習テーマ、国際理解教育の実践的な教育活動上の課題と捉え、創意ある教育活動の具体的成果を一つひとつ積み上げていくことにより、解決への糸口・手掛かりを探る方向で、学校現場の努力と役割に注目すべきではなかろうか。

◎コラム　**外国人児童生徒への教育支援施策**

　文部科学省における「帰国・外国人児童生徒受入促進事業」における国際理解教育実践への補助事業を通じた対応策がある。

①外国人児童生徒等に対して日本語指導を行う教員の配置
日本語指導等に対応した教員定数の特例加算によって、公立小中学校に勤務する教員の給与の1/3を国庫で負担する。

②日本語指導者等に対する講習会の実地
教員や校長・教頭および教育主事などの管理職を対象に、日本語指導法などを主な内容とした実践的な講習会年1回、4日間を実施する。

③就学ガイドブックの作成・配布
日本の教育制度や就学の手続きなどについてまとめた冊子を7言語で作成し、教育委員会に配布する。

④帰国・外国人児童生徒受入促進事業
平成19年度より、受入態勢の包括的な整備を行う地域の支援体制モデルのあり方や、不就学の外国人の子どもに対する就学促進に関する調査研究を実施する。

⑤JSLカリキュラム実践支援事業
平成19年度より、日本語指導において、その初期段階から教科学習につながるよう支援する「学校教育におけるJSL（第2言語としての日本語）カリキュラムの普及・促進のため、カリキュラムを活用した実践事例の収集と普及、ワークショップを実施する。

◎コラム　**国際学級、私学の教育理念と国際社会人材養成への挑戦**

　国際化時代を迎え、視点を変えて将来を期待される世界に通用する人材教育に着手している新たな動き、具体例を別途紹介しておきたい。これは、学校教育法1条校としての制度的枠内で私学の建学の精神を生かし、積極的に対応しようとするものである。筆者が所属する玉川大学と併設された玉川学園「国際学級」がそれであり、中高等学校レベルでの実践的教育指導、研究開発が展開されている。

　当該学級では学園の理念、学習指導要領にのっとり国際的視野にもとづく多文化理解教育を推進するため2009年に国際バカロレア（IB）認定を受け、国際的視野にもとづいた多文化理解力を持ち、世界市民として世界平和に貢献できる人材育成を目指すものである。

玉川学園の国際学級の授業風景

127

第3章―――がんばれ人間教師！
プロを支える諸条件の改善と教員養成

　"教育は人なり"とあるように、教育論のあるところ教師論ありと言われるほどに、教師とは何か？の問いに対する答えは様々であろう。
　教育学者唐澤富太郎は、著書のなかで戦後の民主主義教育の黎明期にあって「教師がいかにして自己の主体性と人間性への自覚のもとに新しい教師像を打ち出し、自己の確信のもとに進むべきであるか」との問いかけを行っている。(唐澤富太郎『教師の歴史』、創文社)
　この問題提起には、今日にも通じる職業人＝人間教師としてのあるべき姿への追究の姿勢が、端的に示されていて注目に値する。
　唐澤は、教師群像の特徴を過去に遡り歴史的背景をふまえながら丹念に掘り起こし示唆に富んだ内容を綴っている。そして、筆者は本章のテーマである"教師とは何か？"との問に答えう

る手掛かりをそこに見いだすことができた。
　したがって読者には、まず我が国の近代以降の教師の姿に目を向け、その歴史群像をたどることから本章のページを開いてほしい。

第1節　教師群像、その"ひととなり"の特徴と歴史的背景

(1) 近代教育の発展に寄与した教師群像の特徴、生活史

　封建的幕藩体制から急速な近代化の歴史をたどった我が国において、「教師は資本主義以前の前近代的な天職としての観念的教師像と、近代資本主義の発展に伴う社会機構の変貌による教師観との両者の矛盾のまっただ中におかれなければならなかった」（前掲書）とある。
　本論では教師のよって立つ学校教育のこうした時代的変遷のもとでその姿はどのように変容したかを教師対子どもの関係を主軸に、生活史等をも交え多面的考察により順次明らかにしたい。
　このことは、現代の教師のあり方を見つめ直し今後の歩むべき道について考える場合、また、これを支える教育行政に携わる職員に何が求められるのかを明らかにしていく上で、少なからざる示唆を与えてくれるだろう。

　近代公教育における教師が私塾や家庭教師とは基本的に異なる点は、彼（女）らには①必要とされる専門的能力を実証すること（資格）、②相応の処遇（生活、社会的評価）が期待できる「公の身分」を保有する者であることにある。

我が国ではすでに江戸期より本格的な近代公教育の萌芽的教育システムが藩校や寺子屋などという形態での準備段階にあったことから、公教育における教師の原型に近いものが早くも形成されつつあったと言える。

これらを各時代の社会的背景や公教育制度の進展のもとでいくつかのタイプに分けることが可能であるが、理解しやすいよう八つに分類して略述してみよう。

寺子屋教師

彼らは、江戸期における民衆教育の萌芽であった寺子屋において僧侶、武士など社会の有識者が世の尊敬を得る形で推挙され、"弟子7尺去って師の影を踏む可からず"（「童子教」）の教えに象徴される権威ある"師"として存在した。師は貧困な生活を顧みず、教授法や設備は貧しいものであったが、家族愛的な雰囲気で行う個人教授が一般的であった。

一方、欧州においては当時、産業革命期以降の工場生産を支えた過酷な労働から児童を解放することが公教育上の大きな問題となっていたが、日本には未だそうした急速な工業化の波が押し寄せる教育環境にはなく、依然農業を主体とする産業構造のもとでなら、こうした穏やかな教師像も存在し得たことは容易に想像できる。

士族教師

明治政府は武士の身分を廃止し士族としたが、明治前期の教員にはこうした士族が多く、その気風は武士道、儒教道徳に代表される精神文化を継承していた。

しかし、彼らは師範学校卒業を誇りとしたものの必ずしも教師を志すものではなく、一時的な腰掛けと考え、溌剌とした生気に溢れ、青雲の志、栄達の道、立身出世を夢見、大望を抱いていたことを特徴とする。

そのため、畢竟政治的な言動に惹かれる者が多く、自由民権運動に走る者もあってこうした運動は天皇制絶対主義を揺るがしかねないとの政府の判断から、教員の政治活動を禁止した。（「教員心得」、明治14（1881）年）

師範タイプ教師

初代文部大臣、森有礼による「師範学校令」（明治19年）は、知識科学よりも人物養成を優先した。兵隊式体操を教育課程に取り入れて国家主義的精神を吹き込んだ。全寮制による軍隊式の教育・訓練を行いその強化を図ろうとした。

しかし彼が主唱した"順良・信愛・威重"の精神はこうした意図にもかかわらず形式化し、組織的な国家主義の教育や準軍隊的な師範教育によって、その形だけがいわゆる"師範タイプ"といういささか揶揄を込めて語られ、どちらかというと好感を以て迎えられない戦前の教師像（タイプ）への形成につながったとされている。

東京女子高等師範学校で学ぶ女性たち（明治10年）　お茶の水女子大学所蔵

農民教師

明治期後半から大正期にかけて、それまでの士族を中心とする生気溂刺たるエリート志望者に代わって、産業構造の変化のもとで余剰労働力となった離農子弟の師範学校志望者が増加した。給費制の他に私費制も加わり社会的評価にも低下傾向が見られた。それでも兵役免除は依然として魅力の一つであったことに変わりはない。

職業人化教師

従来の聖職者観が崩壊し、今風に言えば"サラリーマン教師"が大正期（1910年代）以降急速に増えた。俸給のことは口にせず、その職の崇高さを自負し、清貧に甘んじてその一生を教育に捧げてきた教師たちは、第1次大戦か

ら戦後にいたる過程で経済不況による生活難を痛感していた。

やがて好況期に入ると一層多くの者は工業界、商業会に進路を定めたため、多くの教師は時代に取り残されたかのように自らの経済的地位の低さを慨嘆し、その職への自信すら喪失するありさまであった。

しかし、そうした時代の最中にあっても女子訓導"小野さつき"（宮城県仙台市）殉職の全国報道（東京朝日新聞）は、民衆の心を強く打ち聖職者としての教師像を改めて呼び覚ますものがあった。（p.147コラム参照）

抵抗の教師

大正期の好況と物価高騰時代にも変わらぬ低い俸給、その反動で到来した昭和の大不況、農村の疲弊により教師の生活窮乏は、大正10（1921）年の世界大恐慌を挟み1920年代末期以降、極限に近い状態に立ち至った。俸給の減、遅配、不払いが増加し追い打ちを掛けるように町村増税が重なり、多数の教員が退職のやむなきに追いやられる始末であった。

一方、ソ連という社会主義国家の誕生や、大正デモクラシーの影響のもと、我が国最初の教員組合"啓明会"が小学校教員により結成され、生活の安定、地位の向上、思想の自由独立をスローガンに活動を開始した。

昭和に入ると、教員のいわば経済恐慌に加え、農漁村小学校の欠食児童の激増などその陰惨さはさらに進み、組合は単なる教育運動に止まらず共産主義的な労働運動の一環として問題解決に取り組む性格を帯び始めた。

弾圧・統制、戦時体制下の教師

大陸侵攻政策のもとで昭和6（1931）年、満州事変が勃発した。以後国家全体が戦時色を深めながら教育もその例外ではなく、それまでの教育労働運動への弾圧が強化されていった。いわゆる"赤化教師"の排斥である。

また、この当時の師範学校では軍事教練に非常な力が注がれるようになり、入隊経験が導入されていた。これら訓練を受け成績優秀な短期現役教員には除隊後も"軍服を脱いでも心の軍服は脱ぐな"との言葉が象徴するように、"背広の軍人"の意気をもって、教育精神に軍人魂を貫徹するよう図ったとされている。

しかし、そうした動きにもかかわらず、様々な社会組織や社会の不合理に疑問を懐き、下層民・貧困児童への同情とともに彼らへの教育効果の不振を嘆き、あるいは教育を自らの生きる道と重ね合わせながらも無力感にさいなまれそのまま教職を去った者（壺井栄『二十四の瞳』主人公の大石先生）など様々であった。

さらに判断停止をせまられ戦時教育の最先端に立って教え子を戦地に送った教師、あるいは疎開学童とともに戦争という嵐の通り過ぎゆくことをひたすら願った教師、はたまたその根本的改革へと思いを募らせていった多くの教師もいたことを忘れてはならないだろう。

戦後教師

終戦直後の教師は軍の圧力から解放され、占領軍の軍国主義的教育環境の一掃のもと、空襲のない自由な生活を回復した。しかし、教師の経済生活は困窮を極め、結婚などを理由とした女子教員を中心とする離職者は後を絶たず、終戦直後において教員数は大きく減少した。

戦後の人間教師としての大転換を促す出来事は、"教師は労働者であり、団結できる"ことが公然と宣言できたことである。そして、昭和21（1946）年には「日本教職員組合（日教組）」が結成された。

日教組は、その倫理綱領で明治以降前近代的な儒教倫理に縛られ、天皇主権国家の精神的教導として多くの教え子を戦地に赴かせ、あたら有為なる若き人材を失わしめたその過ち・汚名は、教師も人間であり青少年とともに日本社会の民主化の課題に応え、特に"二度と教え子に武器を取らせない"とのスローガンのもと、平和教育へ・意専心その身をささげることで雪がねばならないとの精神を強調した。

以後今日に至るまで、戦後の民主主義社会の構築に向けた教育の世界は我が国の復興、発展とともに歩み、大きな役割を担う教師はその後の紆余曲折の波に洗われながらその後の変遷をたどることになる。

（2）戦後教師、"教育の再生・民主化"への挑戦と教育行財政

　戦後の民主主義教育の進展において教師が果たした役割には大きいものがあった。そのための職務の専門性とこれにふさわしい処遇は、そうした役割を支える重要な要素であることは言うまでもない。そこでそうした職務の専門性をどのように考え、これを支援していくための行財政制度の整備のあり方について考えてみる必要がある。

教師の職務、その専門性についての教育学的考察
　教師のあり方は、学校が社会によってその機能が制度化されている限り、その社会に支配的である学校教育観により規定されるが、同時に不易な教育の本質、教師と被教育者＝子どもとの教育的人間関係の考察を加えることにより明らかとなる。
　その場合、教育の人間化、学校の人間化、教師の人間化とは何かという本源的な問題の解明が必要であり、これらのことが実現されることによって始めて子どもが人間として成長発達することが約束される、との観点から考察されるべきであろう。
　戦前においても教師と子どもとの間に通い合う教育愛、密な人間的関係は不易な要素として存在し得た。
　しかし、人間が本来有する"人間になる"権利は国家主義教育のもとで十分には開花せず、むしろ国家のためにその命すら惜しまないとの抑圧的精神主義が教育原理として跋扈した。
　これとは根本的に異なり、戦後の教育は一貫して"人間が人間になる"営みを第一義とする方向を明確にした。
　かくして戦後の教育は「個人の尊厳を重んじ、真理と平和を希求する人間の育成を期すとともに、普遍的にしてしかも個性豊かな文化の創造をめざす」（旧教育基本法前文）こととしたのである。
　ここで強調されるべきは、国家主義的、画一的教育とは決別し、教育の目標は主権在民、平和主義の新憲法思想のもとで普遍的にして個性豊かな文化を創

造する日本国民の育成にあるとされたことである。

教育的人間関係
　教師は、子どもの独自の性格、行動、生活環境、生育歴などの個性を理解し、自らが個性的存在であることを念頭に人間の普遍性、一般性を科学的に理解する専門職として、その成長発達を促すことを使命としている。
　そうした教師と子どもとの教育的人間関係は、教師が一人ひとりの子どもが他にかけがのない命（個性）を生きていることを認識（共感）し、"個人の尊厳"を教育的価値として子どもと向き合い、子どもと共に成長するところに成り立つ。

自主性、創造性の育成
　旧教育基本法は、自主的精神（1条、教育の目的）・自発的精神（2条、教育の方針）の涵養をうたっていた。戦前と比較して主権在民を基本とする民主主義国家を作り上げていく上で不可欠の"自律した人間"の育成を目指すことをはっきりと宣言していたのである。この点では、今回全面改正された教育基本法にも基本的な考え方は踏襲されている。
　教師と子どもとが向き合う教育的関係においても、子どもの自主的判断にもとづき教育的意図に沿った行為をとることができるようになること、期待できることが重要である。
　そのためには、積み重なる子どもとの人間的信愛の関係構築に向けた一人ひとりの教師の日常活動が欠かせない。

教職の専門性
　ILO、ユネスコの「教員の地位に関する勧告」（1966年）には、「教職は専門職とみなされるべきである」と記されている。
　これは教育活動が自主的、創造的に行われ、一人ひとりの子どもの個性、能力に応じた多様な指導が求められており、これが成功するには教育活動における教師の専門的自立性が最大限尊重されるべきであるとの精神を国際的に確認したものである。

また、学校の特質からその専門性として、
①法令にもとづき意図的、計画的に実施される公教育にふさわしい教育課程の編成、教材の開発・活用が教師の価値意識にもとづき全人的な生徒との関わりをもって実施できる力（計画性）、
②私的な教育とは異なり教育的意義を有する「学級」という集団を指導できる能力、子どもの成長・発達公平無私に促す態度（集団性）、
③これらの力、態度の根拠となる科学的知識、認識力（科学性）、
が求められる。（岩下新太郎『教育学大全集　現代の教師』、第一法規）

また、教育社会学者の視点からは、「教師に期待される役割（力）の涵養は、プロ意識に裏づけられ、子どもを取り巻く環境変化に応えられる開かれた学級づくりの力、信頼回復と学校教育を開かれたものにして行こうとする方向性を明確にする」ことが求められるとの点を強調している。

教職の役割（責任）の戦後の変遷

ここで戦後における教職の役割（責任）をいくつかの時代区分を設けてその特徴をたどってみよう。

①戦後から昭和40年代までは、「学校と社会の境界が曖昧で、教師の仕事時間が明確に区切られていなかった」との指摘がある。（油布佐和子編『教師の現在・教師の未来』、教育出版）

いわゆる宿日直勤務が学校の管理上一般的な業務とされ、地域社会における子どもの生活実態をも視野に入れて教師が広く関わりを持っていたことからも、このことは明らかである。

②昭和50年代以降になると、教師の責任を学校内における活動に限定した管理、監督とする傾向が強くなった。これは、様々な学校事故をめぐる民事訴訟の判決結果によるところが大きい。判例によれば教師の責任は学校内に限定して休み時間や放課後の事故（微細な子どもの活動事故を含む）についても学校の教育管理の責任の範囲内にあたるとの判断が示される傾向が見られ、次第に教師の管理・監督とその責任の明確化が進んだ結果とも言えるとしている。（前掲書）

③平成に入ると、家庭や地域社会の教育力の低下が深更し、しつけや生活習

慣の確立、規範意識の涵養など本来は家庭の教育に期待されるべきものが学校に振り向けられるようになり責任の範囲の明確化に対する一種の揺り戻しの傾向がみられた。

一方"ゆとり教育"への取り組みの不十分さと国民的理解の不足とが絡み合い、いわゆる学力の低下の問題が学校教育に対する保護者の不安を募らせた。

さらに、地方分権化や国の規制緩和の動きが強まり、学校教育活動・運営に保護者や地域の関係者の関与、学校側の説明責任の重視が叫ばれるようになった。保護者等の不安の解消と合わせて教師の対外的な対応が、これまで以上に重要な役割として注目されていると言えるだろう。

教師の専門性、その身分・処遇に関する法制上の考察

次に学校経営の観点から専門職としての教師の職務および教師組織の役割、機能について述べてみよう。

1) 経営組織体としての学校の特質と法制度上の「教師の専門職」の位置づけ

教師の専門性はすでに記したように、人間についての深い理解と洞察、子どもと発達についての専門的識見に裏づけられるものであり、そのため教師は絶えずその専門的知識と技能の向上を目指して研鑽に努めるべき立場にある。

①校長の法令上の職務と実際

昭和29（1954）年の教職員免許法改正前には米国のように教育長、指導主事のほかに「校長免許状」があり、本来は学校の統括管理責任者（Executive Professional Leadership）としての職務と専門的指導助言者（Teacher of teachers）としての職務から成るものであった。一方、現行の一般的規定としては「校長は、校務をつかさどり、所属職員を監督する」（学校教育法28条3項）とあるが、抽象的で様々な解釈があり、必ずしも明確でない。

しかし、他の関係法令で多岐に渡る学校管理上の職務がその権限と責任について具体的に規定されている。さらに、地方自治体の条例や教育委員会規則に根拠を有する職務に関する具体的な規定が存在する。そこでこれらを総合した職務を「校務」として規定したものと解すれば、実質的には所属学校の全業務の処理にかかる総括的な責任と権限を有するものと解釈できるだろう。

一方、その職務の実態については、国立教育研究所が昭和34（1959）年に行った調査によると、都会地の学校長には学校の定員や人事に関する会議や社会教育活動に割かれる時間が多く、教員や児童生徒の指導に関わる時間が制約され、不満を持っているとの実態が報告されている。この傾向はその後も変わっていない。

　②教員の法令上の職務と権限

　一般教員の法令上の職務はどうなっているのだろうか。「教諭は児童の教育をつかさどる」（学校教育法28条6項、中学校・高等学校では小学校の同規定を準用）とあり、法規的には「教育をつかさどる」ことになる。

　しかし、校長と同じように内容はあまりに抽象的である。むしろ教科指導や生徒指導のうち教員としての専門性を不可欠とし、他の職種、団体・機関の本来的な仕事ではないものは何かを勤務実態に即して明らかにした上で〝教員の職務は何か〟に答えるほうが妥当といえる。

　その場合、地域社会や学校関係の諸団体等が学校に何を期待しているのか、教職員の数、校長の学校経営方針はどうなっているのかなどを総合的に勘案して検討する必要がある。

　近年、学校教育の機能は管理運営の近代化・情報化による高度化が進んでいる。また、児童生徒を取り巻く社会環境の変貌のもとで家庭や地域社会の教育課題を取り込み、全体として肥大化する傾向にある。それに各種指定統計関係事務や就学関係事務等の増加がこうした傾向に拍車を掛けている。

　しかし、これに見合う事務職員の配置が十分でないことや町村の教育委員会を中心に職員構成が脆弱となっているなど、全体として教員にかかる校務の負担は多様化し量的にも重くのしかかっている。

　また、教師の教育活動を正規の時間内に限定して捉えることは教育活動の持つ性格上考えられないことである。このため副校長や教頭などを中心に時間外勤務が恒常化し、同時に生徒指導に要する教員の学校外での超過勤務の増加の実態が報告されている。

　このため、教員について言えば専門的職務である教育活動に直結する教材研究や各種研修活動のための時間確保、効率的実施が大きな課題になっている。

　これらの問題へのこれまでの対応としては、教育職員の職務と勤務実態の特

殊性にもとづき早くに手当てされた「公立の義務教育諸学校等の教育職員の給与等に関する特別措置法」(昭和46 (1971) 年) による超過勤務問題の解決策や、「学校教育の水準の維持向上のための義務教育書学校の教育職員の人材確保に関する特別措置法」(昭和49年) による計画的な給与改善が措置されている。

さらに近年学校教育の運営の効率化、態勢の強化を行うため前記したように「副校長」、「主幹」などの法定職の新設や各種主任制度の拡充、学校管理事務の学校への権限委譲、不要な仕事の廃止など校務の見直しによる合理化を推進する動きがある。

③その他の職 (教頭、主任、事務職員)

校務の適正な処理のため、校長、管理職を補佐し、一般教員に対する指導助言、連絡調整にあたるため、教頭職が昭和49年、主任は昭和50年にそれぞれ法制化され、円滑な校務運営の確保が期待された。

しかし、これらの措置は現場教師から単に経営管理的側面を強調することで学校運営の管理体制の強化につながるとの反発が出されることもあった。したがって、学校教育活動が子どもたちの人間形成と関わる機能を果たす上で専門科学的に実施されるべきであるとの教育の特質から、専門性に基礎を置く指導助言的機能として意義あるものとの理由づけがまずなされるべきである。

いずれの職にも専門的学識・人格・経験を基礎として、その職にふさわしい"内実"を備えること、"具体的な校務の改善結果"がきちんと示されなくてはならない。

2) 教員の専門職性に着目した身分(服務)と処遇に関する法制度上の位置づけ

①教育公務員については職務の特殊性を考慮して、一般の公務員とは異なり採用・昇任、条件付き任用、政治的行為、研修、兼職兼業に関して特例(教育公務員特例法)が定められている。

競争試験と異なる選考採用・昇任、通常6カ月が1年間という長期の条件付き任用期間の設定、国家公務員と同様の政治活動の制限(人事院規則)、自主研修を含む自主的・計画的な研修活動の重視と保障、教育に関する他の事業への従事制限の緩和などがそれである。

戦後は、法律に定める学校の教員は「全体の奉仕者」としての性格を有すること、職責遂行への努力（職務専念の義務）がうたわれ、「そのためには、教員の身分は、尊重され、その待遇の適正が、期せられなければならない。」（旧教育基本法6条2項後段）とされた。
　これらは、教職という人間形成に関わる崇高な専門的職務にふさわしい身分保障と処遇が制度的に達成されるべきことを明らかにするための定めであった。
　②教員の処遇については、戦後復興の厳しい財政状況が続いたため一挙には進まなかった。また、同様に厳しい経済状況や戦前戦中の自由主義思想に対する弾圧からの解放という政治状況により、極端な左傾化が強まった戦後の労働運動史の初めにあって、処遇問題は昭和20年代後半から官民総掛かりによる解決を目ざして政治問題化するところとなった。
　その後ILO、ユネスコの「教員の地位に関する勧告」（昭和41（1966）年）やOECD調査団の国内査察結果など国際機関による外部からの圧力が加わるようになった。
　さらに人事院勧告の完全実施を求めて争議行為を含む日教組等官公労働者の組合要求活動や国内世論の動向と重なり、優秀な教師人材の確保と合わせこれ以上の学校現場の混乱を回避するためには、まず国において給与水準、手当て等の相当程度の制度的な改善措置が必要との判断に至ることとなった。

戦後の教職員団体による国との教育権論争、労働運動をめぐる動き
　教員は戦後間もなく教育労働者としての地位向上、権利獲得のための労働団体を結成したが、1960年代になるとなかでも日本教職員組合は80%を越える組織率をもって国や地方自治体と集団交渉を行う大きな組織に成長していた。
　特に労働三権の回復を目指す運動は、教師という専門職能団体の活発な研究活動と両輪で国の労働政策のみならず教育政策にも世界に類を見ない大きな発言力を持っていくことになる。
　いわゆる"勤評""学テ"あるいは"家永教科書検定"に関わる3大訴訟が、こうした動きと呼応するかのように提起され、教師の教育権の独立の主張等と絡み合いながら争われた。

その結果、教育学、教育行政学などの講学者のみならず多くの国民的関心を集めることとなった。

法制上はいうまでもなく国、公立学校の教員は国家公務員法、地方公務員法、および教育公務員特例法のもとにあるが、勤労者としての権利については「全体の奉仕者」（地方公務員法30条）の制約のもと、人事院・人事委員会・公平委員会制度（同51条他）や職員団体に関する規定（同52条他）が適用され、労働基本権制約の代償措置のもとでその権利の適正な行使が保障されている。

日教組の組織加盟率は1960年代初期に80％を越えたがその後逓減し、1985年には50％を割り、2008年には25％を下回った。

教職員団体全体の加入率の推移

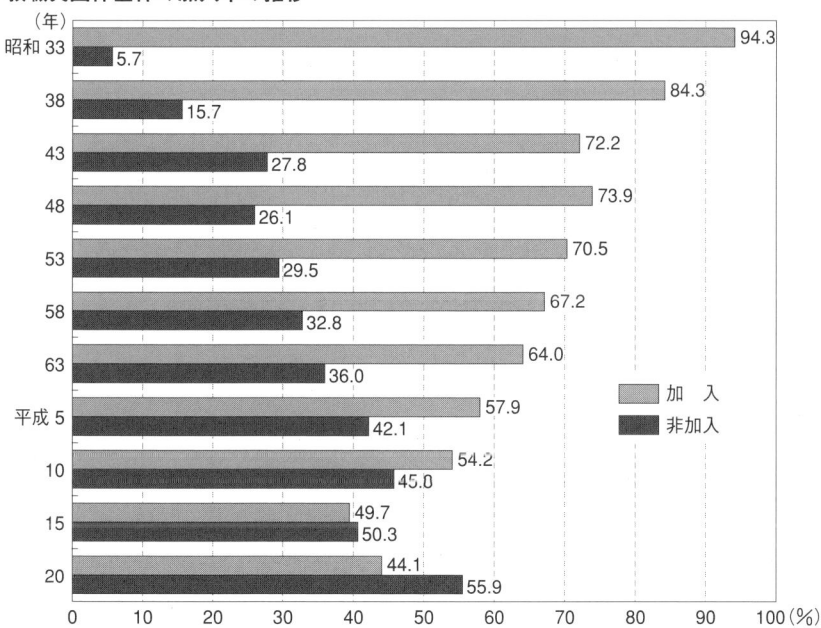

（年）	加入	非加入
昭和33	94.3	5.7
38	84.3	15.7
43	72.2	27.8
48	73.9	26.1
53	70.5	29.5
58	67.2	32.8
63	64.0	36.0
平成5	57.9	42.1
10	54.2	45.0
15	49.7	50.3
20	44.1	55.9

◎コラム　**教育政策のオピニオンリーダーとしての日教組**

　総じて日本の国民が戦後の教育政策に多様な関心を寄せたのは、文部省と日教組の確執があったとの指摘がある。これは、『」ジャパン・アズ・ナンバーワン』(エズラ・ボーゲ)の教育に関する部分の著作者カミングズ教授(元ハーバード大学教授)が唱えたものである。(Education and Equity in Japan)
　先にあげた教科書裁判や教育権論争に注目したアジアの近代化、日本研究の権威者による卓見というべきか。

第2節　教師が果した歴史的・精神文化的役割、専門性の涵養と行財政支援

　第1節では我が国社会の近代化および戦後の民主化に貢献した新しい学校教育制度のもとで教師の歴史的群像をその専門性やこれを支える行財政支援の推移とともに多面的・概括的にみてきた。
　本節ではこれらに関していくつかの総合的なテーマを設定し、前節での概括的理解をもとに教育学・教育行政学的観点から内容をさらに深く考察してみたい。
　なお、以下の記述は考察と同時に筆者による問題提起をも含んでいることに留意しながら読み進んで貰いたい。

(1) 理想的教師像、歴史的・精神文化的変節と不易なもの

　明治以降今日までの教師像が理想と語る精神的遺産、不易なものとは何か、換言すれば今日の教師に糧となる精神文化、倫理観から見た場合のこれら"財産"の今日的意義について考えてみよう。

寺子屋教師から師範タイプ教師へ

　江戸期において長くかつ広範に用いられた教科書「実語教」には、"師君は日月の如し"と教え諭したが、古来東洋の精神文化では教えることに権威を持たせ尊厳を保つことを重視した。

　教師は総じて貧しくとも社会的地位は高く、世の人々からは尊敬を得、人気のある師匠のもとで家族的雰囲気に囲まれながら、"1対1の個人教授"をこうというのが一般的であった。寺子の親は"たとえ打ち殺され候とも道の為ならば苦しからず"との考え方で師匠に子弟の教育を託し、厳しい体罰をも認めていた。

　こうした"寺子屋教師"の社会的地位は明治前期にも引き継がれ、教師の体調、私事都合で自学自習させ、何時とはなしに生徒は帰宅しているといった具合で、その自由さは想像以上のものであったとされている。

　しかし、近代の公教育の原型となる「学制」(明治5 (1882) 年) の具体化のためには、従来の個別教授から一斉教授へ、手習いから近代的な教科指導、自然発生的ではなく組織計画的な教育の実施、師匠の資格の規定など大きく転換する必要があり、明治政府は欧米式の師範学校制度の導入へと動かざるを得なかった。

　こうして導入された東京師範学校における明治6～11年の小学師範科卒業生240名の中士族が164名、中等師範科には同じく12名中10名と記録されているように、当時の師範学校には教官はもちろん生徒も士族が大半を占めた。

　しかし、彼らは必ずしも教師の道を志す者のみならず、政治家、高級官吏、軍人などをも志願するなど天下の志士を気取った。いかにもはつらつとし生気に溢れた気性を特徴とし、地方の最高学府としての師範学校卒業を誇りとして

いた。

初代文部大臣の森有礼は、師範学校令（明治19（1886）年）を公布した。その第1条で"順良、信愛、威重ノ徳性ヲ涵養スルコトヲ努ムヘシ"と森の師範教育に対する根本精神をうたった。

前節でも紹介したが実に窮屈で厳格、形式的な軍隊規律に見まがうほどの締め付けは、時として師範学校生の教官らへの反抗、騒動に発展することもあった。こうした師範学校を卒業した教師が、着実・真面目・親切な反面内向的、裏表のある偽善者的、仮面を被った聖人、卑屈・融通の利かないタイプ、すなわち"師範タイプ教師"と世の批判を受けたことは先述した通りである。

その背景には、上級生の下級生に対する厳しい制裁、校長、舎監らへのへつらいなど軍隊生活の縮図に似た環境が醸成されていたことが上げられる。

江戸期以来の社会の上層に尊敬の念を以て据えられ自負心高く、天職・聖職観を抱いてひたすら教育愛にその心身を献じた教師像は、いつしか社会から批判を浴び揶揄される存在へと大きく変貌していた。

エリート師範から農民・プロレタリア教師へ

明治後半から大正期にかけて、師範学校の社会的地位は師範学校への上記批判に加え中等学校、専門学校の普及とともにさらに低下し、従来の給費制のみの奨学金制度は私費制も一部に導入されるなどその地位の社会的評価の低下傾向に一層の拍車を掛けることとなった。

また産業構造の変化により、農村から都市に流出する人口が増加し離農する者が増えた。その結果、農村出身者（特に次男、三男）から都会地において教師を目指し師範学校に入学する者が急増した。兵役免除も魅力の一つであった。

士族出身者は中等学校を経てさらに高等教育を目指し、代わって農民出身者が師範学校を修了して教職に就くようになった。

第1次大戦後の一時の好況期に世の中が沸き、物質本位の風潮のもと師範学校への有為なる志願者自体が減少し、総じて師範教育は行き詰まり感を濃厚にしていくのである。

しかし、長野師範を卒業し上諏訪町の高等小学校等において生徒とともにあ

師範学校入学者父兄の職業

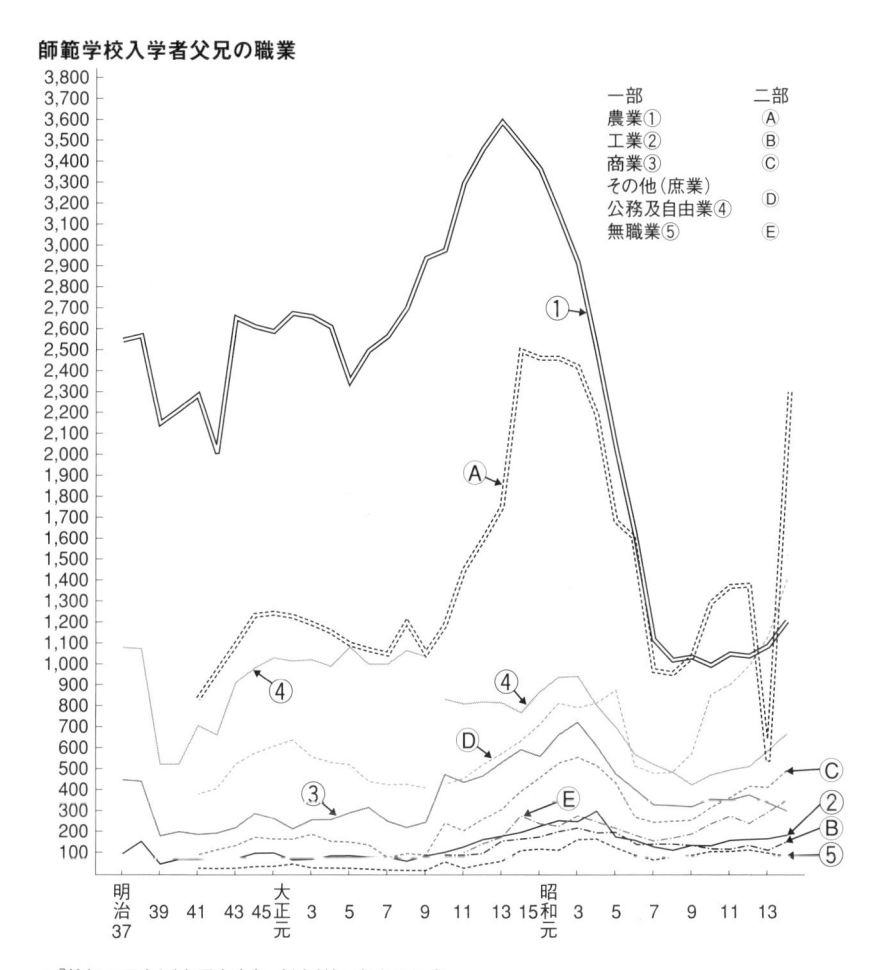

	一部	二部
農業①		Ⓐ
工業②		Ⓑ
商業③		Ⓒ
その他（庶業）		Ⓓ
公務及自由業④		
無職業⑤		Ⓔ

※『教師の歴史』（唐澤富太郎、創文社）を参考に作成。

り全生活を捧げた"伊藤長七"といった一部の先駆的教師の存在や、献身的な教育愛にその身を投じた女子訓導の殉職に共感を持って接した当時の国民心情に注目したい。

　大正10（1921）年の世界恐慌、14年の農業恐慌など一連の資本主義経済の構造的危機は1930年代に入って市町村教育予算の削減、学級整理、教員の首切り、俸給不払いといった教育恐慌へと連なった。大正8年の第1次大戦後の不況期に

大正デモクラシーの影響のもと、生活の安定、地位の向上、思想の独立をスローガンとして教員組合の嚆矢となる小学校教員による「啓明会」が組織された。

その後、昭和5（1930）年に、青年教師を中心にプロレタリア運動の傘下に入った「日本教育労働者組合」が設立された。さらにこうした労働運動に熱心に参加した教師は、修身や国定教科書を利用して左翼的な教育運動を展開した。

昭和6年の満州事変以後5・15事件、国際連盟脱退、2・26事件、日華事変と相次ぐ軍国主義、戦時体制への道を歩んだ政治情勢は、官僚・警察・軍隊の圧力が増大し、議会勢力は力を失っていくなか、いわゆる"赤化教師"排斥のための思想、政治活動弾圧を強化する方向へと進んだ。

多くのこうした教師が検挙され、免職、休職の憂き目をみた結果「極度の神経過敏、無口・陰鬱な教師、触らぬ神に祟りなしの譬えの如く、ひたすら恩給までの寿命を唯一の楽しみとして生きていくほかなし」（前掲書）との考え方が一般化した。

しかし、戦時色の濃厚な教育現場でも子どもの命と成長を願い懸命に努力した教師、良心を貫いた教師がいたことも忘れてはならない。300万人を超える未曾有の犠牲者を出した大戦は、広島・長崎の原爆投下を以て終戦となった。

教師群像の2類型、"不易なもの"

さて明治期以降の近代教育の確立から戦後に至る学校教育において、教師の群像はどのように特徴づけられるのであろうか。この点で唐澤は、教師の出身階層、精神文化を基底に当時の学校教育に課せられた課題の達成のために尽くした生々しい教師の生活史から、「天職的精神的教師観」と「教育労働者的教師観」の二つの類型が行き来していたと説いている。（前掲書）

筆者はこうした両極的な教師観を統合する新たな理想的教師像、換言すれば不易な理想を具備した日本型教師とも呼べる特徴を、今日の教育界でも見つけることができると考える。

もっとも、"過去には教師像があったが、現代では教師像なんてものはない"といういわば"教師像の喪失"が語られるところに本質的な今日の問題が隠されているとの指摘も無視できない。

教育が本来かけがえのない独自性を持った子どもたちを相手に、創造的営み

を最大限援助する行為であることをしっかりと確認してみる必要がある。このことで教師は、子どもたちの精神文化的に解放された自主的精神を最大限に尊重し、人間の発達と成長のために教師自らの知的・芸術的成果物の練り直しや新たな文化価値を子どもたちとともに創造する教育的営みが可能となると考えられる。

　今日の教育課題の達成に向けて自信を回復し、その実像とあるべき姿を改めて見比べながら、理想の実現に向けて努力する姿勢が鮮明となれば、教師像喪失論を克服する道は現実のものとなるのではなかろうか。

◎コラム　**小野さつき訓導のこと**

　仙台市宮村小学校訓導の小野さつきは、1922年に宮城県女子師範を優等な成績で卒業し同校に奉職した。同年7月生徒50余名を引率して野外写生に出掛けたが、川縁にいた3人の生徒が水に落ちて流された。彼女は衣服のまま飛び込み二人は助けたが、残る1名を助けようとしながらついに力尽きて愛児を抱いたまま水底深く没した。小野訓導は日頃下宿の娘には懇切看病に徹し、深い感謝を得ていたところ、この娘が彼女の死を聞いて発狂し、"先生に逢わせてください"と毎日泣き続け、まるで訓導を前にして語るがごとく独り談笑するなど、周りの者の涙をさそった。また、死んだ子の親がその場に駆けつけ冷たくなった我が子をちらりと見ただけで、"先生！すみません、すみません"と走りより、訓導の屍に抱きついて泣き崩れたときには、居並ぶ人々一同声を揃えて泣いた程であったという。

　このことが一度紙上に報じられるや全国の教師をはじめ、国民に大きな感動を呼んだ。一千の女教師は泣き、東京では殉職の講演がもたれ、葬儀にあっては村民は仕

事を休み、弔旗を掲げ、会葬者1万人におよび、葬列は止まるところを知らず、その後"白さつき"という美談が作られ"琵琶歌"にまでなるなどその影響は極めて大であったと言われている。(前掲書)

◎コラム　**薄給を忍び、教え子に捧ぐ**

　某小学校訓導の場合は過去三カ年間一銭の昇級もなく、薄給を忍びながら、自分の教え子には多数の欠食児童がいたため、薄給の一部をさいてパンを与え、教え子の窮状を思う気持ちから社会組織の研究をはじめたところ、同志と連絡を取ったと検挙された、とある。(前掲書)

◎コラム　**吉岡先生のこと**

　昭和9 (1934) 年9月に大阪を襲った室戸台風により倒壊した木造校舎の下敷きになりつつも、6人の教え子を脇、胸に抱えて離さず奇跡的に幼い命を救い、自らは殉職した大阪府吹田市豊津尋常小学校教師吉岡藤子先生のことも記録しておかなくてはならない。

　吉岡先生は山口県の生まれであったが、早くに父を亡くし母や妹ら多くの家族を助けるために京都の紡績工場の女工として働いた。工場には夜間の学校があり熱心に学習する姿をみた先生は、彼女に教師になるよう勧めた。決心した彼女は、岡山県の準教員養成所（4年制）をたったの1年で修了、教員免許状を得た。一旦山口県の小学校

に勤めたが結婚・出産で退職、その後夫が死亡したことで大阪に出て紡績工場に再就職し、女工に国語や算数、音楽、裁縫を教えた。そして最後の赴任校となった豊津小学校の訓導に着任することになったのである。

　当時を知る人によると、様子は次のようなものであったという。

　吉岡先生は老朽木造の校舎にある教室を使用する学級を担任していた。午前8時ころから猛烈な風雨に煽られ、教室はきしみ悲鳴を上げていた。やがてみしみしと大きく建物が揺れ、すぐに講堂へ避難するよう指示が出されたが、先生は最後まで教室に踏みとどまり教え子の非難を確認しようとしていたその時、大きく崩れおちる校舎とともに逃げ遅れた数名の女子児童を無我夢中で脇・胸に抱えてそのまま校舎の下敷きになったとのことである。

　瓦礫の下で冷たくなった吉岡先生、しかし、「先生の下でかすり傷程度で助かった子どもを引き離すのに消防隊員は骨が折れたほどに、先生のひしと抱きしめたその力を何と形容したら良いのでしょうか」とは遺族の証言である。

　これが、享年27歳の若き女教師の最期であった。

　ちなみに、この台風により大阪だけで教職員18人、児童生徒676人の犠牲者を出す大きな惨事となったと記録されている。

◎コラム　**学童疎開記から**

　子供らは夕方東京の父母を恋うて、寺の本堂の階段に踞ってものをも言わないでじっと涙ぐんでいた。（中略）

たまりかねて裏山に登った。思い切って"お母さん"と呼ばせた。皆大声で、東京の父母の許にも届けと、"お母さん、お母さん"と泣きながら呼んでいた。私はたまらない気持ちで眼を押さえた」（東京都品川区旗台国民学校生活記録、静岡市、1944年）

学童疎開先で野外授業を受ける児童たち。毎日新聞社

（2）教職の「専門性」の実際と発揮のための条件整備

期待される教師の専門性と職務の実際を比べながら、専門性を十分発揮できるよう支援する教育行政上の諸条件とは何であろうか。

教職の特質としての「専門性」

教師の専門性、職務の専門的諸相については第1節で概要を記述したが、本節では改めて教育科学的視点から専門性の性格と職務の実際について触れ、行政上どのような支援措置を講ずべきかとの観点から総合的に検討してみたい。

このことについて岩下が『現代の教師』において興味深い分析を独自の立場

から行っていることは既述したが、再度これを参考にしながら考察してみよう。
■計画性
　岩下は公教育制度のもとでの学校教育は、法令にもとづき意図的・計画的に実施されるものであり、その専門性にまず「計画性」を上げている。
　教育の専門家である教師は自らの人間観、教育観、社会観にもとづく価値意識に支えられ生徒との全人格的な関わりをもって教育目標を追求しなくてはならない。
　そのため教育内容は、科学的知識の体系や芸術・技術的活動を学習領域とし、生徒の年齢段階に応じた心身の発達段階、心理特性や地域の状況に応じた生活体験・社会意識の特徴を考慮しなければならない。その上で教育課程の編成、教材の開発・活用と組み合わせて意図的、計画的に具体化される必要がある。教師の専門性はそのことによりさらに養われるとした。
■集団性
　次に上げられるのは「集団性」である。教師には集団を教育する専門的知識、技能が要求される。教師にとって被教育者は児童生徒の集団であり、親が行う私的な個人教授、自然の愛情による養育・保護とは異なることに特徴がある。
　また、教師の職務は、個々の児童生徒に対する教科指導だけではなく、子どもの主体的活動の発展と共同生活の場としての教育的意義を有する「学級」という集団において、構成員である子どもたちに対するリーダーとしての指導力が求められる。
　"依怙贔屓"のない一人ひとりの子どもの成長・発達を促すよう公平無私の態度で集団を指導できなくてはならない。
　さらに学校には職員会議、進路指導・生徒指導等各種主任会議など教育、事務管理、渉外担当の分掌組織があるが、学校全体としての共通の教育目標の実現に向けて相互の話し合い、実践の交流が大切であることは言うまでもない。
　こうした「専門職員」による指導を中心とする学校運営は「教師集団の自主性・自立性（broad range of autonomy、M.リーバーマン）」の確保が要諦とされ、同時に集団としての信頼を得るだけの内実を備えることが求められる。各種の教育研究機関・団体における研究活動を通じて専門性が磨かれ、あるいは国、地方の教育政策、教育行政にその意見、活動の成果がより一層反映され

ることによって内実に現実性が加えられると言える。そのための制度整備が望まれるとした。

■科学性

最後に上げた要素は「科学性」である。

岩下はCampbell,R.Fの考えを引用し、学校教育の特質は、批判的思考によって一般大衆を啓蒙することが学校教育の最大の機能であるとした。さらに、観念的意味の思考ではなく、むしろ児童・生徒が日常生活に即して反省し、思考する態度を形成することを重視した。その結果、日常生活の常識（common sense）を基礎としながらもそれぞれの教科の学習を媒介としてこうした常識を批判し、克服することにより良識（bon sense）の世界を拓くことに意義があると規定している。

そして、教育目標、教育内容としての教育課程、教材体系の決定などに備えられるべき学校教育の計画性や学級指導のリーダー、教職員組織内の研究・実践交流に伴う集団性の基底には、いずれも知識体系、芸術・体育・技術の体験的組み合わせ、発達・臨床心理学、教育評価に関する科学的根拠、科学的認識が存在するはずだとしたのである。

そこで学校教育の中核に教科指導を置き、知的・科学的認識を基本に、科学的概念の授与とそれによる知的陶冶を強調している。

一方、人間形成に不可欠な訓育は従来家庭や地域社会の教育機能に負っていたが、今日ではその機能低下により学校の役割としてこれを補完するよう求める傾向が強まっている。

しかし、学校が行う訓育は教授を主とする知的活動を補完する実践的活動として行うものである。したがって、主観的、個人的な訓育を行うべき家庭とは異なり、活動はあくまで客観的、相対的性格を持った科学的根拠にもとづき教育的意義のある「訓育」に限定されねばならないとしている。

法制上の教師の職務（専門性）と実際

■学校長

学校長の職務の学校教育法上の定めが抽象的なものとなっていることは既述した。

しかし、関連法により①教科書需要数の報告等学校教育の運営、②高等学校入学許可、卒業証書授与等児童生徒の管理、③所属職員の進退に関する意見具申や勤務場所を離れての教員研修の許可等教職員の管理、④学校施設の目的外使用の同意等学校施設の管理、⑤出席停止等学校保健、⑥指定統計調査の調査票の作成などその他に関する事項が規定されている。

　さらに、地方教育行政法33条にもとづく「学校管理規則」や「公立学校校長処務規定」が地方公共団体の条例、教育委員会規則、その他の規則・訓令により、具体的な職務を明示している。

　その他、校務分掌により他の教職員の補助により遂行されるもの（児童生徒および教職員の健康診断、保健指導、学校教育法第12条）や、特に法令に定めが無くPTAの会合や社会教育活動などで学校を代表して行うものがある。

　しかし、何が学校長の中核的職務なのか必ずしも法的に明らかではない。

　第1節でも記したところではあるが、昭和34年に国立教育研究所が行った調査結果によると、学校長の職務の実態は、勤務時間内に学校を離れて行われる定員・予算獲得や人的管理、物的管理業務のための"つきあい"的活動、出張、会合が勤務時間全体の3分の1におよんでいることが明らかになっている。

　また、勤務時間外に行われる社会教育活動などにより教師や児童生徒の指導により多くの時間を割きたいと願っているにもかかわらず実現していないことに不満を持っていることも報告されている。

　その原因としては、教育行財政制度、教育委員会の態勢整備が不十分であることが指摘されていた。さらに、都会地の校長が管理的業務に関わる度合いが強いのに対して、地方の学校長は指導助言に時間をかけていることや、分校を持つ学校ほど「学校事務」に追われている傾向にあることが上げられており、当時から改善が必要とされていたのである。

■その他の教職員の勤務実態

　教育活動の充実のため学校事務の近代化（合理化、高度化）は、学校の管理運営上避けて通れない今日的な課題である。

　文部科学省は、平成18（2006）年7〜12月にかけて全国の公立小中学校を抽出して校長、教頭、教諭らを対象に勤務の実態調査を委託実施した。その結果、次のようなことが明らかになった。

◎勤務日1日当たりの平均残業時間および持ち帰り時間量
- 小学校の教員は通常の勤務日の平均残業時間が1時間40分を越えており、うち授業準備が最も長く（20～30分）、夏期休暇前には成績処理に割く時間が最も長く（28分）この二つの業務が恒常的に残業の中心となっている。家に持ち帰って行う時間も平均が35分を越え、その内訳は授業準備、成績処理が大半を占めている。
- 中学校については、2時間10～20分程度の残業時間、内訳は授業準備、部活動・クラブ活動、成績処理（長期休暇前がピーク）が主たるもので、合計1時間前後となっている。小学校よりは30分程度長い。家に持ち帰り処理する時間は、授業準備と成績処理が中心で平均が10～15分程度となっている。
- 職階別に見た場合、通常勤務日の平均労働時間（持ち帰り分を除く）は小・中学校ともに副校長・教頭が最も長く（ともに12時間程度）、校長・教諭らはほぼ同じ（ともに10時間余り）となっている（通常勤務日の残業時間については、副校長・教頭が小中ともに3時間10～20分）。

内訳は、小学校では管理職の学校経営、会議・打ち合せ、事務・報告書作成などの「学校運営業務」が7～9時間を占め、外部対応が1時間程度となっているが、副校長・教頭の学校運営業務の時間量が校長よりも多いのが特徴である。これに対して教諭等は授業・生徒指導の他、部活動や授業準備・成績処理・学級経営などの間接的なものも含め教育指導時間が最も長く（9時間余り）、中学校の場合はその比率がさらに高く9割程度を占めている。
- 休日勤務については、小学校では自宅勤務が夏期休暇前で平均2時間（成績処理に1時間30分）を超え一番長く、それ以外は1時間20分程度で、授業準備・成績処理に大半が充てられている。中学校では小学校とは異なり学校で行う残業時間が長く（平均1時間30分程度）、部活動・クラブ活動に最も多く充てている（1時間余り）のが特徴である。

以上の結果を昭和41年度の調査（当時は土曜日も勤務日であったことを考慮して）比較すると、小学校の教員で平均残業時間が2時間20分（この調査では1

時間40分程度）と短く、教頭で2時間30分（同じく3時間余り）と長くなっており、「学校運営」にかかる業務量の増加傾向がうかがえる。

また、これとは別に近年の情報化の進展に伴うパソコン、ICTによる処理業務（会議資料の作成や情報収集）の増加や、個人情報保護など従来に増して教育管理業務の質的向上が求めれるケースの多様化、肥大化により、教育指導とは直接の関係のない関連業務に忙殺されるようになっている。

■学校の全体組織としての経営・管理力の強化

新教育基本法の施行に伴い学校教育法が一部改正され、平成20年から施行されている。

そのなかで、校長を支え学校経営を重層的に処理し、管理職と教員との意思疎通の円滑化を促進するとともに、ベテラン教員の豊かな経験、力量を引き出すことにより教員の指導力向上を現場で支え学校全体としての経営、管理力を強化する新たな職が設けられた。副校長、主幹教諭、指導教諭、栄養教諭の設置である。学校組織のいわゆる「鍋ブタ型」から「円錐型・ピラミッド型」への移行である。

専門性に見合う処遇改善

先に記した「人材確保法」（昭和49年）には、学校教育の水準確保と合わせてそうした専門適職の適正な処遇（一般の公務員に比して優遇した給与上の措置）が明記された。その後、3回にわたり教員給与の計画的な改善（「義務教手当」、「主任手当て」などの新設を含む）が加えられた。

もともと地方公務員である教員の給与については、国立学校に準じて措置され（教育公務員特例法25条の5）、全国的に一定の水準確保が図られた。また、県費負担教職員は市町村職員の身分を保有しているが、給与については勤務時間、休暇同様都道府県の条例で定められることになっており、国庫補助（2分の1、現行3分の1に削減）のもとで広域的な水準確保が期されている。

教育活動の特殊性から常態化していた超過勤務の問題については、国家公務員については政令で超過勤務を命じうる場合を限定した。それは、修学旅行など学校行事、教職員会議、非常災害などやむを得ない緊急業務に教師は正規の勤務時間内だけでは対応できない状況にあることなど教育業務の特殊性を考慮

して、予め一律で給料の4％を本俸として手当てする給与に関する特例措置（給特法制定、昭和46年）である。

なお、第1節で記したようにこれらの処遇改善は、戦後の教職員組合の労働運動のスローガンとされ、教育権をめぐる国との教育訴訟と政治的に複雑に絡み合いながら展開された結果である。

（3） 戦前の師範学校制度と今日の教員養成のあり方

かつての「師範学校」制度における教員養成の教育レベル、入学生の選抜（出身）や教科課程および指導体制、学生への処遇等の制度・実態については「法制史（第1章）」で触れたが、もう一度その内容を明らかにし、戦後の教員養成大学等のそれと比較しながらその歴史的意義を概観してみよう。

なお、戦後の教員養成制度については第3節（発展学習）のテーマとしてさらに突っ込んだ総合的な考察を行うので参照してもらいたい。

入学資格（出身）と選抜

明治期における初等教員養成のための地方の「公立師範学校」の入学資格は、高等小学校卒業が主流であり（※1）、その教育レベルは中等学校に相当した。学資給費の優遇措置（後には私費制も導入されたが給費が原則、さらに「徴兵免除」の特典があった）も魅力であった。地方長官の推薦によるものが中心となり、総じて農村社会にあって経済的に恵まれないものの、学力優秀でかつ「教師」としての誇り、気概を蔵したいわば「地方エリート」の登竜門としての性格を持った。

入学者の選抜は筆答・口頭試問と身体検査により実施されたが、出身学校長の調査書を重視し、人物考査においては思想傾向・常識・素行・性向を詳細に考査し、全般的学力の検査を行った。

なお、中等学校教員を養成した「高等師範学校、女子教頭師範学校（国立のみ）」への入学には、師範学校または中学校の卒業資格を要し、これらは高等教育機関に準ずる教育レベルを保持していた。

一方、戦後の制度では、あらゆる種類の教師養成は後期中等教育である高等学校卒業を入学資格とする大学において一定の修業年限を修了し（基礎資格）、所定の最低単位以上を修得することを要件として免許状を授与することとされた。

　しかしながら、その後大学進学率が上昇し近年においてはユニバーサル化する傾向のもとで学生の学力（特に一般教養力）の低下、適性・進路の多様化が顕著になり、こうした「開放制」の原則が、教員養成課程に学ぶ学生の質の確保を難しくさせる結果となっている。

　さらに、教師になることの積極的意義を見出すことへの疑問や関心、教師としての使命感の相対的低下により、戦後の教員養成制度が期待通りの実を結んでいるかどうか疑わしいとの指摘もあり、質の低下傾向に拍車をかけている。

　また、大学の経営上の観点から学生確保の競争激化が進み、推薦制度の拡大や入学試験科目の限定など、受験生に負担のかからない方法で選抜、入学許可を行うことになってしまう。

　例えば一般教養レベルにおいて必要とされる所定の学習を十分にはこなせないまま、学生にとって負担過重、未消化のまま進級する学習実態が見られ、結果的に全般的な一般教養力の低下につながる傾向がみられる。

　その結果、免許状授与の基礎資格となる単位履修の認定を甘くせざるを得ない、換言すれば免許取得者の質の確保への懸念へとつながり、教員免許制度の根幹にかかわる構造上の問題となると放置しては置けないだろう。

　なお、戦前の給費制・指定服務義務制は廃止になり、新たに措置された育英奨学資金の貸与を受けた場合で学部卒業後教職に一定期間就いた場合の返還免除の特例が近年まであったが、現在は廃止されている。

※1　大正14（1925）年以降では、男子の場合「高等小学校2年制」卒業（修了）者が85％と主流を占めた。

教員養成カリキュラム

　戦前の師範学校制度は、厳しい生活規律のもとでの全寮制や愛国的思想・信条の涵養を基調とする閉鎖的教育指導が行われたことにより、"偏屈"、"偽善的態度"に象徴される師範タイプを特徴とする教師が育成された。

　幾度かの師範学校規程の改訂を経た後、昭和6（1931）年当時の初等学校教員養成を対象とする5年制師範学校の教授カリキュラムは、基本科目（第1〜3学年）と増課科目（第4〜5学年）から構成された。旧制中学校と比較した一覧表を見ると、その特徴としては①修身を始め高等小学校からの接続も考慮して全教科の基礎を徹底して教えること（中学校を上回る授業時数）、②第5学年の教育実習にあてる時間数は8〜10週間としたこと、が挙げられる。

本科第1部（男子）の各学科科目および毎週教授時数

	明治40年の規程						大正14年の改正					
	予備科	本科第1部（男子）				合計	本科第1部（男子）					計
		1年	2年	3年	4年		1年	2年	3年	4年	5年	
修　　　身	2	2	1	1	1	7	1	1	2	2	2	8
教　　　育			2	4	3 ×9	9 ×9			2	3	5	10
国語及漢文	10	6	4	3	2	25	6	6	4	5	5	26
英　　　語		3	3	3	2	11	5	3	3	3	3	17
歴　　　史		2	2	2		6	2	2	3	3	2	4 } 8
地　　　理		2	2	1		5	2	2				4
数　　　学	6	4	4	2	2	18	4	4	4	3	3	18
博　　　物		3	2	1		6	2	2	2	1		7
物理及化学			2	3	4	9			3	3	3	12
法制及経済					2	2				2	2	4
習　　　字	3	2	1	1		7	2	1	1			4
図　　　面	2 }	3 }	3 }	3 }	3	2 } 12	3 }	3 }	2 }	2 }	2 }	12
手　　　工												
音　　　楽	2	2	2	2	1	9	2	2	1	1	1	7
体　　　操	6	5	5	5	2	24	5	5	5	4	4	23
農業又は商業			2	2	3	6			2	2	2	6
計	31	34	34	34	34		34	34	34	34	34	
	×印　教育実習						（註）教育実習ハ第五学年ニ於テ八週及至十週専ラウヲ課ス					

師範学校本科第1部(男子)と中学校の各学科目および毎週教授時数

		第1学年	第2学年	第3学年	第4学年	第5学年	計
基本科目	修　　　身	1(1)	1(1)	2(1)	2(1)	2(1)	8(5)
	公　民　科				2(2)	2(2)	4(4)
	教　　　育			2	4	5	11 —
	国語及漢文	6(7)	6(6)	5(6)	4(4)	4(4)	25(27)
	歴　　　史／地　　　理	4(3)	4(3)	4(3)	2(3)	2(3)	16(15)
	英　　　語	4(5)	4(5)	4(6)			12(16)
	数　　　学	4(3)	4(3)	3(3)	2	2	14(11)
	理　　　科	4(2)	5(3)	4(3)	3(4)	2(4)	18(16)
	実　　　業	1	1	2	2	2	8 —
	図　　　画／手工(作業科)	3 (1)(2)	3 (1)(2)	2 (1)(1)	2 (1)	2 (1)	12 (3)(7)
	音　　　楽	2(1)	2(1)	1(1)	1	1	7(3)
	体　　　操	5(5)	5(5)	5(5)	4(5)	4(5)	23(25)
	基本科目総時数	34(30)	34(30)	34(32)	28(20)	28(20)	
増課科目	国語及漢文				2–4　　(1–3)	2–4　　(1–3)	
	歴　　　史				2–4	2–4	
	地　　　理				2–4	2–4	
	英語(外国語)				2–4　Ⅰ(1–4)　　Ⅱ(4–7)	2–4　Ⅰ(2–5)　　Ⅱ(4–7)	
	数　　　学				2–4　Ⅰ(2–4)　　Ⅱ(2–5)	2–4　Ⅰ(2–4)　　Ⅱ(2–5)	
	理科｛博　　物／物理及化学				2–4　Ⅰ(1–4)／2–4　Ⅱ(1–2)	2–4　Ⅰ(1–4)／2–4　Ⅱ(1–2)	
	実　　　業				2–4　Ⅰ(3–5)	2–4　Ⅰ(3–6)	
	図　　　画				2–4　　(1–2)	2–4　　(1–2)	
	手　　　工				2–4	2–4	
	音　　　楽				2–4　　(1–2)	2–4　　(1–2)	
	増課科目ニ充ツヘキ総時数				6　Ⅰ(11–15)　Ⅱ(10–12)	6　Ⅰ(11–15)　Ⅱ(10–12)	
	合　　　計	34(30)	34(30)	34(30)	34　Ⅰ(31–35)　　Ⅱ(30–32)	34　Ⅰ(31–35)　　Ⅱ(30–32)	

※データは師範学校規定中改正第25条第1号表(文部省令第1号、昭和6年)、中学校令施行規則第3条甲号表(文部省令第2号、昭和6年)から。表の( )内は中学校の学科目および授業時数、Ⅰは第1種、Ⅱは第2種を示す。

教科用図書は、戦前の師範学校では国の検定教科書を使用した。
　一方、師範教育の総本山と称された高等師範学校の教授内容は、師範学校または中学校卒業を入学資格としたことからさらに高次の内容を具備した。(※2)
　さらにこれらは「諸科学ノ専門研究ハ年々進歩セルヲ以て教員タルモノハ又此進歩ニ後レサランコトヲモ期セサル可カラス」として困難な中等学校教員に必要な学力を養うこととしたが、時代の進展に即応できるよう学科の再編が繰り返されることになる。(※3)
　師範学校では教職に関する専門科目として「心理学・教育学校管理法」などが教授されたが、今日の教職に関する専門科目の履修と比較して内容的に見劣りするものといえる。
　しかし、中等学校教員の養成を担った高等師範学校では、この点で高次の内容を教授することとした様子がうかがえる。
　また、実践的な教授体験である教育実習は、戦後の2〜4週間と比較して長期間（附属学校での実習と合わせて10週間以上）にわたるものであったことは、実践的な教科の教授法を修得することが可能となった他、教師を志す崇高な決意を引き出す上で直接的な効果があったと思われる。

　ここで戦後の教員養成カリキュラムの内容との比較を試みてみよう。
　戦後社会は、経済、文化の発展とともに子どもたちに戦前に比べて遙かに高度化し、多様化した学習内容を課している。また子どもたちの興味関心・能

※2　明治27年（1894年）の「高等師範学校規程」によれば、学校は文科・理科に二分され、文科では倫理・教育学・国語漢文・英語・歴史地理・哲学・経済学・体操を必修、選択科目として独語または英語を履修させた。一方理科では、倫理・教育学・国語・英語・数学・物理・化学・地学・植物・動物・生理・農業・手工・図画・体操を必修、独語または英語を選択とした。

※3　特に本科修了後の上級課程であった「研究科」（明治31（1899）年）では、教育演習を必修とした他倫理学・教育学・教育制度・行政法・社会学・哲学・美学・実験心理学・学校衛生・専科教育・児童研究などから4科目以上を選択履修させた。

力・適性にあったきめ細かな指導が必要とされる今日において、教師として備えるべき専門教科に関する知識、教職に関する専門的知識と技能の向上は不可欠である。

また教師としての高い使命感も教職を志す者にとって重要な資質としてしっかりと養われることが、以前にも増して期待されている。

したがって、戦後の教員養成課程のカリキュラムにおける履修単位が、最低の基準として設定されていることは、免許状の乱発との批判を招いている現状と合わせ考慮すれば、戦前の師範学校のそれと比較して課題が残ると言わざるを得ない。

特に受け入れ学校の負担を考慮した場合の教育実習の非効率性、使命感の涵養には余りに中途半端な実習期間の長さなど問題は多い。

教育指導体制等

戦前の師範学校における指導の特徴として、訓育方法および寄宿舎制があげられる。しかもその内容・方法は、我が国が国家主義・軍国主義的傾向を強めるなかで次第に指導体制も軍隊式雰囲気を濃厚にするようになった。

例えば昭和初期の記録によれば、制服制帽による集合・整列・点呼・国旗掲揚・訓話・兵式体操、週番制の導入など「朝会」が軍隊形式となり、学校の行事として日本文化・日本精神の高揚のための神社参拝や講演会が開かれていたことがわかる。

女子師範教育については、いわゆる"良妻賢母型"を典型とする女子教育の根本思想の訓育を専らとする指導体制が敷かれていた。

昭和24年教育職員免許法による教員免許状の種類と所要資格

免許状の種類	所要資格	基礎資格	大学に於ける最低修得単位数			
			一般教養科目	専門科目		
				教科に関するもの	教職に関するもの	特殊教育に関するもの
小学校又は幼稚園の教諭	一級普通免許状	学士の称号を有すること。	36	24	25	
	二級普通免許状	大学に2年以上在学し、62単位（内2単位は、体育とする）以上を修得すること。	18	12	20	
	仮免許状	大学に1年以上在学し、31単位（内1単位は、体育とする）以上を修得すること。	15		15	
中学校教諭	一級普通免許状	学士の称号を有すること。	36	甲 30 乙 18	20	
	二級普通免許状	大学に2年以上在学し、62単位（内2単位は、体育とする）以上を修得すること。	18	甲 15 乙 10	15	
	仮免許状	大学に1年以上在学し、31単位（内1単位は、体育とする）以上を修得すること。	15		15	
高等学校教諭	二級普通免許状	学士の称号を有すること。	36	甲 30 乙 18	20	
	仮免許状	大学に2年以上在学し、62単位（内2単位は、体育とする）以上を修得すること。	18	甲 15 乙 10	15	
盲学校ろう学校又は養護学校教諭	一級普通免許状	教諭の普通免許状を有すること。				20
	二級普通免許状	右に同じ。				10

現行の教育職員免許法による教員免許状の種類と所要資格

第一欄	第二欄	第三欄			
免許状の種類 / 所要資格	基礎資格	大学において修得することを必要とする最低単位数			
		教科に関する科目	教職に関する科目	教科又は教職に関する科目	特別支援教育に関する科目
幼稚園教諭 専修免許状	修士の学位を有すること。	6	35	34	
幼稚園教諭 一種免許状	学士の学位を有すること。	6	35	10	
幼稚園教諭 二種免許状	短期大学士の学位を有すること。	4	27		
小学校教諭 専修免許状	修士の学位を有すること。	8	41	34	
小学校教諭 一種免許状	学士の学位を有すること。	8	41	10	
小学校教諭 二種免許状	短期大学士の学位を有すること。	4	31	2	
中学校教諭 専修免許状	修士の学位を有すること。	20	31	32	
中学校教諭 一種免許状	学士の学位を有すること。	20	31	8	
中学校教諭 二種免許状	短期大学士の学位を有すること。	10	12	4	
高等学校教諭 専修免許状	修士の学位を有すること。	20	23	40	
高等学校教諭 一種免許状	学士の学位を有すること。	20	23	16	
特別支援学校教諭 専修免許状	修士の学位を有すること及び小学校、中学校、高等学校又は幼稚園の教諭の普通免許状を有すること。				50
特別支援学校教諭 一種免許状	学士の学位を有すること及び小学校、中学校、高等学校又は幼稚園の教諭の普通免許状を有すること。				26
特別支援学校教諭 二種免許状	小学校、中学校、高等学校又は幼稚園の教諭の普通免許状を有すること。				16

◎コラム　**寄宿舎生活（男子学生）**

　寄宿舎は軍隊的分団組織とし、学生を八個の学生小団に分かち各什長をおき、一小団を二分して学生分団とし各伍長をおき、一分団をさらに分かって三〜五名のグループに編制した。寄宿舎規則には、
　　命令及ヒ示達等ハ決シテ誹議スルヲ容サス直チニ之ヲ服行スヘシ
　　政治時勢ニ関スル議論演説投書す又ハ金銭ヲ賭用スル遊戯其他一般ノ制規ニ触違シ及ヒ静謐ヲ妨害スル等ノ所行ハ都テ之ヲ厳禁トス又書籍図画新聞紙等ハ勿論其他ノ物品ト雖モ学用品トシテ貸与スルカ或ハ許可セシモノニアラサレハ校内ニ於テ携持又ハ購読スルヲ禁ス
など生活紀律を詳細に定めている。
　当時の寄宿舎生活を回想した次のような記事がある。
　　入学すると直に寄宿舎に入った。兵式教練は毎日午後二時間位あって中々厳しいので、最初はしゃがむ事も出来ず、二階の寝室への昇降にも苦しみ、夜中痙攣が起きて寝台から転がり落ちる者があった。舎内は兵宮組織で舎監を助ける人は大抵兵式担当の教官であった。一室は十人以下で各人に幅三尺の上下三段に仕切った棚が与へられ、制服、襦袢、袴下等を正しく折畳んで収め、棚の下に背嚢、劔帯、靴等を順序正しく吊した。朝起きるから寝るまで、皆喇叭で時間が知らされ、人員検査は朝と夕とあった。

※東京文理大学（現在の筑波大学の母体）創立60年史より。

これに対して戦後の制度は、閉鎖的な教育指導体制の解体から始まった。すなわち、戦前のような教員養成を目的とする特定の学校は設けず、新制大学の一環としてどの大学でも養成できることとなった（開放制の導入）。男女別学体制も廃止された。

昭和24（1949）年に制定された「教育職員免許法」により、一般大学では「教職課程」を設け、一般教養科目・専門教科科目・教職専門科目（児童生徒理解、教科別・学校種別の専門的知識技能に関する科目）の履修を義務づけた。

これらの学習は、学校教育法（同施行規則、大学設置基準）という一般法令にもとづき教員養成系大学・学部および課程認定を受けた一般大学の教員により一般的教授法を通じて必要とされる専門科学的知識の教授、技能の養成がなされた。

戦前の閉鎖的教育指導体制のもとでの軍国主義的・超国家主義的指導方法は完全に否定され、代わって教育科学、学術的知見を重視した指導体制に移行した。

もとより特殊な訓育、修練機能を果たした全寮制（学寮体制）も解体された。

◎コラム　**終戦時の寮生活を振り返って（女子学生）**

　大東亜戦争に配色が濃くなってきた昭和十九年の四月、「お国の為に役立つ立派な小国民を育てる教師になるのだ」という信念を持ち希望に満ちて師範学校に入学しました。当時師範学校は軍国主義教育の見本のような学校だったと思います。全寮制で二十四時間、寮の規則で行動する毎日でした。一室八人みんな上級生ばかりで厳しく、小学校の時の先生より恐い存在でした。夏でも冬でも六時起床、冬ならば氷を割ってのお掃除。食事は豆粕御飯、ふかしいも、きゅうりの浮いた味噌汁くらい。入浴は町の銭湯へ出かけました。寮の浴室は終戦後も含め

て一度も使えませんでした。燃料がなかったのです。夕食後は黙学の時間。そして消燈前の終礼は、舎監の先生が全部の部屋を廻られる間正座をして一日の反省でした。

こうした日課の他には毎月大詔奉戴日には暁天参拝（桃山御陵、桓武天皇陵、乃木神社などへ全員隊列を組んで参拝する）がありました。また寮の下肥を万帖敷の農場まで運ぶ作業もありました。少女らしい事と言えば校庭で四つ葉のクローバーなど探して詩集にはさんでみたりしたことくらいでしょうか。

楽しみは月一回許された外泊です。交通事情も悪く門限も厳しく大変でしたが何より嬉しい事でした。

学校の方は顕微鏡が各自で扱えるとか、ピアノも自由に弾いて良いとか小学校とは全く違っていてわくわくしました。又同室の上級生の方達のすごい勉強振りを見て勉強は学校ですれば足りると思っていたやり方を改めねばならない事も解って来ました。

しかし戦局は厳しく一年の秋には小椋池の干拓地へ稲刈りに動員され、二年生になったら大久保にあった国際航空の工場へ動員されました。その内空襲警報は毎日の事となり、工場も爆撃を受け。学校の寮さえ機銃掃射を受けたりしました。

いろいろつらい恐しいことがありましたが安全な田舎へ帰りたいとは思いませんでした。みんなが同じ苦労をしていたからでしょうか。

戦争には破れましたが、教え子を、我が子を戦場に送らなくても良い時代に生きられてありがたいことだと思っています。

（京都市／N・Yさん）

第3節　発展的学習のための演習テーマと留意点

　これまでの第1、2節で記述してきた内容をふまえて、教師論に関する読者の関心と理解を深め自主的な学習の素材となるよう、いくつかの今日的課題を発展学習のテーマとして設定した。

　なお、学習の方向性を探る上で筆者の見解、問題意識を同時に既述したので発展的な学習の手掛かり、留意点として参考にして欲しい。

演習テーマ（1）「学校観の革新」と期待される「教師力」

　欧米先進国に追いつくために明治維新以来国家主導により導入され築き上げられてきた「近代学校」は、100年余りでその目的を達した。

　しかしその一方で、我が国独特の知識吸収、立身出世志向・学歴偏重の学校観を基底とする学校中心の教育観の様々な弊害が指摘され、これまで幾度となく見直しの議論がなされてきた。

　生涯学習の考え方のもとでの学校教育の相対化、役割の明確化がその一つである。平成8、9年の中央教育審議会の答申では、
① 国際化・情報化・科学技術の発展による変化の激しい先行き不透明な時代の到来に対応でき不易な価値観を大切にすること、
② ゆとりのなかで生きる力を育むため個性を尊重すること、
③ 一人ひとりの能力・適性に応じた教育を志向すること、
が強調されている。

　さらに子どもの心の問題や基本的生活習慣の確立に第一義的役割、責任を分担すべき家庭の教育力を強調するとともに、学校教育の役割の見直しのガイド

ラインが示された。(同答申、平成10年)

これら一連の指針は、今日、将来の我が国の学校の機能、役割に対する抜本的考え方の「革新」を指し示すものである。

では、こうした新たな指針、学校観を基底とする学校教育を担う期待される教師の力は、どのような要件を備えるべきであろうか。

まず教師には、人間形成に関わる教育の特質から「人格者」であること、すなわち相手から学び、子どもとともに学ぶ態度、子どもの思いに共感できること、人間的魅力と深い愛情を以て接するといった人格の要素が期待され、個性・自主性を持った子どもたちとの教育的人間関係が巧みに構築できる力が求められる。

また、「学校教育では真理の探求や創造的知育が重要であり、いわゆる"良くこなされた学問・知識"を身に着けていることが専門的学識者である教師に期待され、教育内容の科学的論理と子どもの認識の発達との統一体としての教材体系の形成能力、子どもの行動、ことに個性の発展と共同社会生活の統一としての子どもの社会的行動の科学的知識と指導技術が不可欠である。社会や人間存在に対する深い理解が要求される」(岩下新太郎『教育学大全集　現代の教師』、第1法規)。

こうした資質、教養は教師に求められる学問的、教育技術的要素であり、今日に通じる普遍的なものと考えて良いだろう。

さらに、子どもたちの耐性の弱化、学校生活への適応力の低下などにより学校に持ち込まれる様々な問題行動に適切に対応できるような知識と技術、カウンセリングマインドなど生徒指導原理の理解とその活用能力が求められる。

また、子どもたちとのコミュニケーション技術はもちろん、地域社会との関わりや、特に学校の教育活動に関する対外的な説明責任や地域関係者、保護者の学校運営への参画が一層進んでいくであろう将来のことをも念頭に、こうした学校外のステークホルダー(関係者)との接触・調整能力を養うことが新たに重要視されている。

そのためには行動科学、社会科学、人文科学(比較文化論を含む)などの広汎な専門的知識に対する関心と理解、積極的な修得が必要であろう。

◎コラム　**期待される教師像**

各都道府県の教育委員会が示す「求める教員像」から。
(平成20年度文部科学省調査より抜粋)
■北海道
　将来の北海道を担っていくのは子どもたちであり、その子どもたちに「確かな学力」を始めとする「生きる力」を育んでいくことは、極めて重要な課題です。教員を目指す皆さんには、教員は学校教育の直接の担い手であり、その活動は子どもたちの育成に大きな影響をおよぼすものであることを十分に認識し、教育の専門家として、子どもたちへの深い愛情と使命感、豊かな人間性、高い指導力などが求められていると考えます。

■秋田県
「児童生徒に夢をはぐくみ，ふるさと秋田の未来をたくましく切り開いていく児童生徒を育成する教職員」
①教育者としての使命感を持っている人
②人間の成長・発達について深い理解がある人
③幼児・児童・生徒に対する教育的愛情を持っている人
④教科等に関する専門的知識、広く豊かな教養がある人
⑤得意分野を持つ個性豊かな人
そしてこれらを基盤とした実践的指導力を有する人

■福島県
①子どもに学ぶことの楽しさを伝えることのできる豊かな識見と専門性を持った教員
②あらゆる実践の場で、子どもたちの目線に立ち、子どもたちをしっかり受け止め、力強く支援できる教員

■茨城県
①教育者としての資質能力に優れた、人間性豊かな教師
②使命感に燃え、やる気と情熱を持って教育にあたることができる活力に満ちた教師
③広い教養を身に付け、子どもとともに積極的に教育活動のできる指導力のある教師
④子どもが好きで、子どもとともに考え、子どもの気持ちを理解できる教師
⑤心身ともに健康で、明るく積極的な教師

■神奈川県
①子どもが好きで、教育への熱い思いを持っている人
②創意工夫を凝らし、わかりやすくたのしい授業を展開できる人
③子どもたちの個性を大切にし，子どもの心のなかに入っていける人
④社会の変化や様々な教育課題に積極的に対応できる人

■新潟県
①子どもに対する深い愛情を持ち、子どもの心をよく分かろうとする温かみのある先生
②教育者としての情熱・使命感を持ち、一人ひとりの子どもと真剣に向き合うことのできる先生
③教科に関する専門的な知識や技能を有し、子どもたちに楽しくよく分かる授業をしようとする先生
④健康で、明るく、得意なものを持ち、子どもたちの学校生活を楽しくしてくれる活力のある先生
⑤豊かな人間性と幅広い教養を身に付け、保護者、職員、地域の方々と円滑な人間関係が築ける先生

■富山県
①子どもが大好きな人
②溢れる情熱と慈しみの心を持った人
③常に自らひたむきに学び続ける人
④周りに声に耳を傾け、素直に反省する人
⑤困難にへこたれず、果敢にチャレンジする人

■長野県
①教育に対する情熱や使命感をもっている
②豊かな人間性と広い視野をもっている
③幅広い教養と教科の専門的な知識・技術をもっている
④創造性、積極性および行動力をもっている
⑤将来性をもっている

■静岡県
教育者としての使命感、人間の成長・発達についての深い理解、児童・生徒に対する教育的愛情、教科等に関する専門的知識、広く豊かな教養、これらを基盤とした実践的指導力を持つ教師

■愛知県
①豊かな専門的知識と技能を備えた人
②児童・生徒に愛情を持ち、教育に情熱と使命感を持つ人
③広い教養を持ち、円満で調和のとれた人
④実行力に富み、活力・体力のある人
⑤明るく、心身ともに健康な人
⑥穏健、中正な良識のある人

■京都府
①心身ともに健康で、豊かな人間性を育むことのできる先生
②専門的力量を有し、基礎・基本の徹底ができる先生
③実践力があり、多様な経験を持ち社会の変化に対応できる先生
④責任感が強く、熱意を持って個性を生かす教育を推進できる先生
⑤組織的・計画的に、学力の充実・向上を図ることのできる先生

■兵庫県
①自然や社会に直接ふれる体験や活動から、子どもたちが学び、自ら考えることを大切にする先生
②指導法の工夫改善など「新学習システム]のITCの活用に積極的に取り組む、チャレンジ精神旺盛な先生
③教職員としての使命感と高い倫理観を持ち、職場ではもちろんのこと、保護者や地域の人々と豊かな人間関係を築き、共に助け合い、協力し合って、子どもたちの健全育成に努める先生

■和歌山県
①和歌山らしい「学び」を創造する人
　・和歌山の人、自然、地域、文化を愛し、教育に生かす人
②子どもとともに未来を切りひらく人
　・豊かな人間性と社会性をもち、学習指導に高い専門性を有する人

■島根県
（教職員として求められる基本的な資質・能力）
①豊かな人間性と教職に対する使命感
②子どもの心身の発達と心の動きに対する理解と対応
③職務にかかわる専門的知識・技能および態度

■高知県
子どもたちが本当に好きで、慈しみ育みたいという情熱のもとに、多様な子どもたちを受け止め、ともに喜び、悩み、考えていくことのできる資質を有する人物

■長崎県
①心豊かで明るく子どもとともに遊びともに学ぼうとする人（小学校）
②授業や部活動で生徒と一緒に汗を流す情熱を持った人（中学校）
③教科に関する専門性が高く課外活動にも熱心に取り組み明るく社会性に富む人（高等学校）
④子どもに対する純粋な愛情を持ちともに学びともに成長することを喜びとする人（特別支援学校）
⑤子どもに対して深い愛情をそそぎ健やかな成長を支えることに喜びを感じる人（養護教諭）

■熊本県
「認め、ほめ、励まし、伸ばす」くまもとの教職員

■沖縄県
①人間性豊かで、教育者としての使命感と児童生徒への深い愛情のある教員
②教科等の専門的知識・技能を有し、実践的指導力のあ

　　　　　　　る教員
　　　　　③豊かな体験と幅広教養を身に付けようとする姿勢と向
　　　　　　　上心があり、常に学び続ける教員
　　　　　④沖縄県の自然、歴史、文化に誇りを持ち、国際化・情
　　　　　　　報化に対応できる教員

演習テーマ（2）「教師力」の涵養にふさわしい免許制度の改善、研修の拡充など今後の教員養成政策のあり方

　教師には高い職業倫理観や使命感・責任保持・自律性、科学的・専門的知識と技能に裏づけられた能力が求められることについては繰り返すまでもない。
　同じ専門職としての医師、法律家、僧侶とは違った職業能力を前提に、こうした職務の特質にふさわしい社会的評価と適正な処遇の確保が図られねばならない。（「教員の地位に関する勧告」ILO、ユネスコ、「人材確保法」（昭和49年）
　また、昭和63年の教育職員免許法の改正により教職の免許資格としての専門性は、免許の基礎資格（短期大学・学部、大学院修士課程の卒業別）と免許基準である最低の修得単位数とその内容の程度を基準に定められている。
　基礎資格を大学院修士課程におく「専修免許」、学部卒におく「一種免許」、短期大学卒におく「二種免許」の3種類が授与され、二種免許保有教員には一種免許取得の努力義務が課せられている（法9条の5）。
　以上が、今日の教師を制度的に捉えた場合の基本的要素である。
　また、「免許更新制」、「教職大学院の設置」など平成18年7月の「中央教育審議会答申」を受け教員の質の向上、「教師力」の強化を図るための様々な改革が始まっており、こうしたことをふまえ、教員の資質能力の改善、強化に向けた我が国の免許制度・教員養成の課題や解決の方向性について、総合的に考察して欲しい。
　その際には、これらの改革を主として担う大学における系統的準備教育（養成教育）や、研修・人事管理改善等現職教育の改善に向けての今後の取り組みが奏功するための留意点についても同時に考える必要があるだろう。

(2)-1　大学における教員養成の実情と課題

　戦後の教員養成制度は、占領軍政策の強い意向をも反映させながら、民主主義的な教師の養成を前面に打ち出した。そのため自主的・自律的精神を保持し、豊かな一般的教養と教育科学に裏づけられた専門的知識・技能を育成する養成課程を導入、整備することとした。

　抜本的改革の理念には、「教育・研究の自主性と自由、高次の学術的専門性と総合性のある大学においてこそ、高い専門的学識と幅広い教養とを具備した、人間性豊かな広い視野をもったすぐれた教師が育成される」という期待がこめられていた。

　それまでの官公立の特定の専門学校である閉鎖的師範学校体系から教員養成系大学・学部のみならず国・公・私立の一般大学においても所定の科目を履修し一定の条件を備えた者には免許状を授与する「開放制」の養成課程に移行したのである。

　このことにより各大学には、「免許法に定める全国的基準に拠りながらも、それぞれの大学の歴史と伝統を生かし、主体的に教員養成に当たる基本的態度をとるよう要請されている」（仲新・監修「学校の歴史第5巻」、第一法規出版）ことを自覚して、新たな教員養成に当たることを基本とした。

　戦後の高等教育における学問研究の自由と高度の学問性の追究を根拠に、高等普通教育を基盤としながら教職の科学的専門性と自由なカリキュラムの開発研究を重視したのである。

■問題点1　免許状の乱発

　上記の通り戦後の教員養成は大きく戦前の師範学校制度から民主化の方向に向けて舵を切ったが、その後の戦後社会の進展のなかで学校教育の役割、教育内容の変貌とともに、次第に「開放制」の形骸化、教員の資質能力の低下という新たな課題が生じ始めた。

　中央教育審議会はそうした状況に対して、昭和33年の「教員養成制度の改善方策」に関する答申において、①「開放制」による免許基準の低下により単なる資格取得だけを目的とする教員養成課程の履修者が増えたことによる所要最低単位の形式的取得、②形骸化した教育実習の名目的実施、③職業意識（実際に教職に就こうとする強い意欲）や使命感の欠如、④教員に必要な学力・指導

力すら十分に育成されないまま免許状を取得する傾向が顕著になっていることを指摘した。一言でいえば"温情的・安易な免許状の授与"の実情に警告を発したのである。そこで、「開放制」に制限を加え、教員養成に関する学科等について国の基準を定めて、一般大学からは小学校教員の養成課程は除外して中学校・高等学校のみとし、またその卒業生には「仮免許」を授与して一定の現場経験を経た上で正規の資格を授与するいわゆる「試補」制度の導入を骨子とする改善方策を提起した。

この方向性はその後も維持され、履修単位の増を始めとする改善策を充足できる目的で大学化された教員養成大学・学部に養成教育の主軸を移行させようとする政策(教員養成大学院設置)につながっていった。

これに対しては、国立の教員養成大学・学部メンバーを中心に支持の意思を表明したのに対して、私立大学を中心に「教員養成」の国による統制強化だとして反対した。

しかし、先述したように課程認定を受けている一般大学において、入学者の一般教養などの学力低下の問題が深更したまま、そうした学生が教員養成課程を履修することが十分に考えられるだけに、入試選抜の方法の改善や入学後において学力不足を克服する自主的取り組みを行い具体的な改善成果を引き出す努力が必要であろう。その成果を以て反論するのでなければ、説得力はないと言える。

■問題点2　一般大学における教科に関する専門科目、教職専門科目(教育実習)の指導方法の改善

専門職としての教員に求められる最も重要なものは、広範な知識、豊かな一般教養であり、これが基礎となって教科に関するより深い専門的知識の習得につながっていかなければならない。

さらにその上に教育科学に裏づけられた教育原理・心理学・教科教育法(教材研究を含む)といった教職専門科目の習得と知識・技能の定着に関する実験的・体験的意義を持つ教育実習により、総合的な教職専門性が育成される。

しかし、これまで一般大学では教科に関する専門科目を所属学部の専門科目により安易に代替(科目読替え)させたり、そもそも難しいとされる全教科担

公立学校教員の受験者数および採用者数（平成19年度）

区分	受験者数	女性（内数）	採用者数	女性（内数）	競争率（倍率）
小学校	53,398	32,211	11,588	7,527	4.6
中学校	60,527	29,215	6,170	3,115	9.8
高等学校	36,445	13,863	2,563	1,010	14.2
特別支援学校	6,215	4,036	1,413	946	4.4
養護教諭	8,362	7,964	840	836	10.0
栄養教諭	304	299	73	73	4.2
計	165,251	87,588	22,647	13,507	7.3

※競争率（倍率）は、受験者数／採用者数。なお、横浜市は受験者数の男女比を公表していないため、受験者数の女性（内数）には横浜市の女性の受験者数は含まれていない。

公立学校教員の受験者および採用者における新卒者数（平成19年度）

区分	受験者 新規学卒者数	新規学卒者率(%)	採用者 新規学卒者数	新規学卒者率(%)	採用率(%)
小学校	12,851 (11,639)	25.9% (24.1%)	3,447 (3,268)	32.8% (29.2%)	26.8% (28.1%)
中学校	16,976 (16,807)	30.1% (30.2%)	1,345 (1,163)	23.6% (25.0%)	7.9% (6.9%)
高等学校	8,954 (9,136)	26.8% (28.0%)	417 (417)	17.9% (17.1%)	4.7% (4.6%)
特別支援学校	1,124 (977)	18.8% (16.8%)	273 (297)	19.8% (20.7%)	24.3% (30.4%)
養護教諭	2,275 (2,257)	29.3% (29.9%)	194 (196)	24.7% (25.0%)	8.5% (8.7%)
栄養教諭	123 —	64.1% —	4 —	13.8% —	3.3% —
計	42,303 (40,816)	27.6% (27.2%)	5,680 (5,341)	27.4% (26.0%)	13.4% (13.1%)

※（　）内は前年度。栄養教諭の人数は含まれていない。大阪府は学歴を把握していないため、その受験者数をのぞいている。以上、データは文部科学省調査より。

任制をとる小学校教員養成課程を設けるケースが近年増加する傾向にあることに疑問が寄せられている。免許状の乱発、質の低下の問題である。

また、従来から教育実習校の受け入れ確保は難題であった。それだけに、先述したように免許取得者が実際に教職に就く以前の問題として、そもそも教員採用試験を受験しないケースが多く見られることから、実習受け入れ校の負担を考えると極めて非効率な内容となっていると言わざるを得ない。

免許資格取得がいわゆる就職の「滑り止め」対策という消極的理由にもとづくものであったり、広く教職に必要とされる知識・技能が国民的教養として間接的に民主主義的な資質を支える戦後の国民思想（女性に対しては戦前の思想「良妻賢母」型精神からの脱却）の涵養に資するという理由が介在した。

しかし、従来から指摘されているように現実の問題として教育実習にかけるコストや労力とを比較した場合の効率性のバランスから見直してみることには一定の理由があると言えるだろう。

改善方策の基本的方向性と若干の具体的提言

教員にとって必要とされる資質・能力は、先述したように幅広く豊かな一般教養に支えられた専門的知識とこれを教授する教職専門性にある。

大学生の教養教育の充実が近年の入学試験制度とも関連しながら知識・教養レベルでの能力低下が顕著になっているだけに、強く求められている教職能力・専門性の涵養の前提としてなど閑視できない点である。

そのため、まずは教科に関する専門科目の履修とこれを効果的に行うための徹底した教養科目の補充学習（高等学校レベルの数理系科目や地理・歴史、国語能力の補習強化を並行して行うなど）といった特別な工夫が必要であろう。

その他一部の大学で採用されている数学、英語等の検定試験の上位クラス合格を必須とする方法も基礎的教養力のチェックとして一定の評価は可能であるが、果たして教師に本来必要とされる知識・技能の教授活動に活用される力の検証につながるかどうかに疑問があり、そうした検定試験そのものの有用性の見極めが必要である。

また、一般大学において卒業後の単なる就職の"滑り止め"として教員資格

を片手間に取ろうとするような者に対しては、教職課程の履修ガイダンスの過程などにおいて厳正に希望学生を精査して対応することが望まれる。

しかし、こうした事前チェックは現実的には困難を伴うが、専門学部の専門教育との調整を経て実習内容を厳しくする方向での改革が必要である。

戦前の師範学校では付属小学校等で3カ月、学外で1カ月程度の教育実習・授業研究を行っていたことを参考に現行の2週間以上を6～8週間程度に延長するなどし、さらに実習評価を厳正に行う方法により学生たちの教職課程の安易な選択を徐々に是正していく（あるいは実習そのものの機会を制限する）方法を検討することとしてはいかがであろうか。

高等教育がユニバーサル化しつつある今日において、大学経営に重要な意味を持つ学生確保の考え方と両立できる範囲内で入学者選抜の方法を工夫しながら教職課程の履修評価を適切に行う努力が一層必要となる時代が到来している。このことは、大学関係者を始めとして誰もが否定できないことであろう。

しかし、①「教養教育の指導体制の強化」に力を注ぐとともに、②各大学が目指す教育目標、例えば私学の場合はその"建学の精神"（根本理念）から導かれる「独自の教師像」を明確にし、実践的教育活動・訓練の場として活用できる初等中等教育部門を有する場合が比較的多い私学のメリットを生かし、優れた教職専門科目の指導者確保と独自の体制を整備して個性と豊かな人間性を備えた情熱あふれる人材を輩出することは十分に可能である。

こうした実績を積み重ねることで、有意な力を備えた真に教員を志望する学生がやがて学舎の門を叩くことになることを信じたいものである。

教員養成カリキュラム、実施体制に関する研究開発

続いて、教員養成に関する内容・方法についての研究開発的側面からその課題を要約しておこう。

戦後間もなくの占領下において文部省は「教育刷新委員会」（昭和21年）を設置し教育改革の基本指針を策定した。その委員の一人であった城戸幡太郎は次のように指摘した。

すなわち、教科教育学・教授学に関する教員養成カリキュラムの研究開発が、「大学の自主性、主体性に関わっているにも拘わらず、大学自身による積極的

な検討、吟味がおろそかにされ、主体的な運用を欠き、規定の形式的運用に終わっていた場合が多く、形骸化の弊害さえ生じている」。

このことは今日においても、大規模一般大学の「教職課程センター」の一部や教職課程の認定を受けている一般大学、学部に当てはまることである。同センターの研究開発的機能の強化とともに、全学的な主導力を備えたコーディネーターとしての脱皮が期待される。

近年実験実習、臨床研究の場の充実、教育実習の意義を再認識し、附属学校、地方教育委員会との包括協定による計画的実践の場の確保など大学の努力の跡が伺える。しかし、今日の学校教育現場の実情に鑑み理論研究による研究態度や論理的思考力に加えて、実証的応用力、実践的問題解決能力の涵養が重要となっていることをふまえて各大学でのより一層の努力が望まれる。

(2)−2　大学における養成教育の高度化、現職教育の拡充（制度の趣旨と運用の実態をふまえて）

中央教育審議会は、平成18年7月「今後の教員養成・免許制度の在り方」に関する養成教育の高度化など改善の基本的方向に関して答申を行った。

このなかで先の平成16年10月に行った①教員養成における専門職大学院のあり方、②教員免許制度（更新制）の導入を始めとする文部科学大臣の諮問に対する内容を含め、教職課程の質的水準の向上や採用、研修・人事管理の改善・充実など教員の資質能力の向上を図るための総合的な方策をまとめている。まずこれらの主要な制度改善方策について、その概要を見ておこう。

答申は基本的な改革の考え方として、①「教職課程の質的水準の向上」のため学部段階で教員として必要な資質能力を「確実」に身につけさせること、②大学院段階でより高度な専門性を備えた「力量ある教員」を養成するため「教職大学院」制度を創設すること、③「養成段階を修了した後」も、教員として必要な資質能力を確実に「保証」するため「教員免許更新制」を導入することを骨子とした。

今後の教員養成・免許のあり方について（答申のポイント）

改革の方向

①大学の教職課程を、教員として必要な資質能力を確実に身に付けさせるものに改革する。
②教員免許状を、教職生活の全体を通じて、教員として必要な資質能力を確実に保証するものに改革する。

改革の具体的方策

1：教職課程の質的水準の向上
― 学部段階で責任を持って教員として必要な資質能力を確実に身に付けさせるための改革 ―

- ◆大学における組織的指導体制の整備
  - 「教職実践演習（仮称）」の新設・必修化（2単位）
    「使命感や責任感、教育的愛情等を持って、教科指導、生徒指導等を実践できる資質能力」を最終的に形成し、確認
  - 教育実習における大学の責任ある対応を法令上、明確化
    大学の教員と実習校の教員が連携して指導能力、適性等に問題のある学生は実習に出さない
  - 「教育指導」の実施を法令上、明確化
    教職課程全体を通じて、学生に対するきめ細かい指導、助言、援助を充実
  - 各大学の「教員養成カリキュラム委員会」の機能の充実・強化
- ◆教職課程に係る事後評価機能や認定審査の充実
  - 是正勧告や認定取消を可能とする仕組みの整備

2：教職大学院制度の創設
― より高度な専門性を備えた力量ある教員を養成し、教職課程改善のモデルとなる「教職大学院」制度の創設 ―

- ◆名称　教職大学院
- ◆目的・機能
  - 実践的な指導力を備えた新人教員の養成
  - 現職教員を対象に、スクールリーダー（中核的・指導的な役割を担う教員）の養成
- ◆教育課程・方法
  - 体系的に開設すべき授業科目の領域（5領域）を定め、すべての領域にわたり授業科目を開設
  - 事例研究、フィールドワーク等
- ◆教員組織　実務家教員4割以上
- ◆修業年限　標準2年
- ◆修了要件　2年以上在学し、45単位以上修得（10単位以上は学校における実習）

3：教員免許更新制を導入
― 養成段階を修了した後も、教員として必要な資質能力を確実に保証する ―

- ◆趣旨
  免許状に有効期限を付し、免許状の取得後も、その時々で求められる教員として必要な資質能力が保持されるよう、定期的に必要な刷新（リニューアル）を図るための制度として、更新制を導入
- ◆免許状の有効期限　10年間
- ◆更新要件
  有効期限内に免許更新講習を受講・修了すること（直近2年間で30時間）
  （講習は、使命感や責任感等をもって指導を実践できる力、その時々で必要な資質能力に刷新（リニューアル）する内容）
- ◆更新の要件を満たさなかった場合、免許状は失効（但し、同様の講習の受講により再授与の申請は可能）
- ◆現職教員にも更新制を適用
  免許状に有効期限は付さないが、10年ごとに同様の講習の受講を義務付け、修了しない場合は免許状は失効

4：その他

- ◆上進制度　勤務実績を適切に評価する方向で改善
- ◆取上げ事由の強化　分限免職処分を受けた者の免許状の取上げを可能とする方向で強化

■学部段階の教職課程の質的改善・充実

このため、答申では五つの方策を提言している。
①教職実践演習（仮称）を新設し必修としたこと。

教職課程の履修を通じて教員として最小限必要な四つの資質能力（ア．使命感・責任感・教育的愛情、イ．社会性・対人関係能力、ウ．幼児児童生徒理解・学級経営、エ．教科・保育内容等の指導力）の「全体を確実に身に付けさせ、これを明示的に確認する」ために新たに4年次後期において履修させる必修科目とした。

実施にあたっては課程認定大学が自主的にその内容を判断して行うことを基本に、学校現場の視点（より実践的能力の育成）を重視し、課程認定大学が有する教科および教職に関する科目の知見を総合的に結集して行うこととした。またその評価にあたっては、教職経験者を含め複数の教員が多面的に行うなどの工夫を求めている。

これまでの"免許状の乱発"という批判に応えて、その具体的な成果をもって課程認定大学の責任ある回答となることを期待する（平成25年度から実施）。
②教育実習の改善・充実

これは、学校現場での教育実践を通じてそれまで学んできた教科指導や教職専門の学習成果を実践的に検証し、教職への適性や進路を自ら考える貴重な機会とされ、その意義は大きい。

答申では、こうした基本的な意義を強調し課程認定大学と実習校との密な連携による円滑、効果的な実施体制を期待している。

しかし、先述したように採用試験を実際に受験する者の数と免許取得希望学生にかける学校現場等の労力・負担との比較において非効率的な実情がある事実に鑑み、現実の実施方法・体制の見直しが必要である。

今回の答申で学生に対する事前・途中指導において、十分な成果が期待できない場合の「実習の中止」をも含めた適切な対応を求めていることは注目される点である。
③「教職指導」の充実

課程認定大学は教員を志望する学生が、教職とは何か、どのような適性が必要かについて理解し、主体的に教職課程の全期間を通じて資質能力を統合・形

成できるよう指導・助言・援助の充実を図るべきである。
　そのため、「各大学が養成する教員像」や「教職課程の到達目標」を明確にして理解させ、履修計画を主体的に策定・実行して確実な成果を出せるよう入学時のガイダンス、履修期間中の助言の充実が必要としている。
　④教員養成カリキュラム委員会の機能の充実・強化
　教職課程の運営や教職指導を全学的に責任を持って行う体制の構築は、研究開発的機能の充実とともに戦後の開放制のもとで特に一般大学(課程認定大学)の当初からの懸案であった。
　そのためには、課程認定大学の責任の一元化と強力なリーダーシップのもとで体系的な教職課程の編成、カリキュラムの開発・改善、教職指導の企画・立案・実施、教育実習における教育委員会との連携協力などあらゆる関連分野において「センター的機能」を果たす機関を構築することが重要とされた。
　単なる連絡調整業務に終始している既存機関の思い切った改組転換と人材確保が急がれる。
　⑤事後評価と認定審査の充実
　課程認定大学の教職課程が法令や審査基準に照らして適切に運営されているかどうかを適切に点検・評価することが重要である。そのため大学からの定期的な報告や課程認定委員会(中教審教員養成部会)による実地視察などにより、教員養成の理念・課程設置の趣旨・指導体制を審査することが必要になっている。
　そして、評価の結果問題が認められた場合の是正勧告、もしくは改善が認められない場合の教職課程の認定の取り消しなどの措置が可能となるよう仕組みの整備を行うことを求めている。
　こうした答申の趣旨をふまえ、以下の制度改正が措置され、実施段階に移行している。

■教職大学院
　高度の専門性が求められる職業的能力を養うために深い学識と卓越した能力を培うことを目的とした「専門職大学院」が大学院の目的として追加された。(学校教育法第99条第2項、平成14年)このことによって大学院は従来の研究者

養成のための研究中心の活動から、高度な専門的職業人を養成する機能を果たすこととなった。

　米国など先進国におけるこうした動き（特に米国の高度経営管理者、公共政策等の分野における実践的高度人材の養成）に呼応し、国際競争力強化をも視野に制度的導入が図られた。

　もちろん我が国固有の問題として初等中等教育における高度人材の養成・確保は、「今後の教員養成・免許制度の在り方について」（中教審答、平成18年）において提起された課題であり、法科大学院についで専門職大学院の教員養成版として具体化された（専門職大学院設置基準第26条、平成20年）。

　学部修了者に対する実践的指導力を持った教員と現職教員を対象とした実践力・応用力を備えた中核的中堅教員の養成を目指している。事例研究やフィールドワーク、ワークショップを重視するなど理論と実践の融合する教育課程を履修（修了は2年以上を原則とするが、現職は1年でも可能）することとし、教員組織には4割以上の実務家教員（学校教育、福祉、医療、民間企業の関係者等）を充てることとするなどの特徴を有している。

　しかし、具体的なカリキュラムの開発や修了者の実際の処遇、校務多忙のまっただ中で現職教員の推薦、適切な指導教員の確保など大学院のみならず教育委員会の対応においても現実の課題が多い。

■教員免許状更新、指導改善研修、教職実践演習など
　上記「中教審答申」（平成18年）を受け、教員の免許状に10年の有効期間と10年ごとの免許状更新講習の受講・修了・認定を義務づけるため教育職員免許法の一部が改正された（平成19、21年度実施）。

　元来、教員免許は禁固以上の刑に処せられたり公立学校の教員で懲戒免職の処分を受けるなど教育職員免許法が定める免許状の失効・取り上げの措置（法第10、11条）が免許管理者によりなされない限り終身の資格であった。その専門的能力は絶えざる研修により向上されるべきものとするのが従来の制度であった。

　しかし、今回の免許更新制度の趣旨は、平成20年4月以降免許を授与された者の有効期限を10年間とし、失効前2年間以内の更新の申請にもとづきその能

力保持の確認と刷新（不適格教員の排除を直接の目的としたものではない）を10年ごとに行い、新たに10年間の期限付き免許を授与するものである。

また、教育公務員特例法により公立学校の教員で「指導改善研修」（法25条の2）（※4）の命令期間中（原則1年以内）の者は受講資格がない。

10年ごとに免許状講習は、すべての受講生が必修内容とする「教育の最新事情に関する事項」（12時間以上）と教員の学校種、免許種によって選択できる「教科指導、生徒指導その他教育内容の内実に関する事項」（18時間以上）の二つの領域から構成される。

なお、こうした新たな制度も校長等管理職による指導助言など日常的な学校現場における支援や研修体制の充実と相即して進められることで一層の実効性が期待できる。

◎コラム　**教師塾**

最近になって教員採用において事実上の予備的採用候補者選定のための訓練機関としての「教師塾」が普及し始めた。あるいは教員養成系大学等教職課程を有する一般大学からの教師採用候補者の推薦依頼の動きが定着しつつある。

団塊世代の大規模退職と新任教員の指導力確保は学校サイドの喫緊の課題になっている今日、こうした行政対応にはある程度の合理的理由があると言えよう。

しかし、教師の実践的指導力優先の考え方が採用条件として優先されることは、長期的視点に立った場合にも果たして適切かどうか、疑問なしとしない。

教職課程の授業を行っていても、教科・科目教授の基礎となる該博かつ専門的な得意領域に旺盛な学習意欲を置き去りにしながら、一方で教材研究、教授法、コミュニケーション力といった指導技術に偏った学生たちの高

い関心度、即戦力への志向が見られる。これも採用側の考え方に影響された結果ではないだろうか。

かつて新任教師には即戦力は求めない、じっくり時間をかけて現場で鍛えていくと胸を張った行政の姿はどこへ行ったのだろうか？

教師養成を担う大学がこうした傾向に安易に迎合せざるをえない実態、事情も同時に介在しているとすれば、問題は構造的になってくるので、教員養成政策の責任をになう国の考え方、対応策も明らかにされるべきであろう。

演習テーマ（3）外国籍の児童生徒の学習権の保障と日本語教師の免許資格、教員採用の今後のあり方

我が国社会の国際化の進展のもとで、学校現場においては難民受け入れ、中国からの帰国者（残留孤児・その家族）受け入れ、さらには近年増加している中南米地域からの日系人労働者の子弟の日本語教育、適応指導など新たな課題が生じている。公教育の今後の課題として、外国籍の児童生徒に対する学習権

※4 指導改善研修：内閣総理大臣の私的諮問機関である「教育再生会議」等におりいる厳しい批判を受け、これまでの地方教育行政法47条の2に規定されてきた資質、能力不足による指導力の劣る現職教員に対する免職、他の職への再任用の規定をより具体化する一環として研修の強化を図る法的措置が取られた。その結果、①（厳しさと同時に不安定身分の回避から）研修期間は1年間を超えないことを原則とし、例外的に2年を超えない範囲での延長、②研修計画策定、研修及び研修後認定の医師等を含む指導専門家や保護者の意見聴取の任命権者への義務付け、③指導力不足の認定手続きなどを教育委員会規則事項とし、研修実施に関する必要事項の政令による定めを規定した。

の保障について「子ども論」でも一部論究した。
　そこで本章では、我が国の教育現場の国際化の進展が今後一層進むことを予想して、こうした新たな挑戦的な視点から、「教員免許制度」の課題を考えてみよう。

①日本語教育を教員免許の教科に加えること

　外国籍の児童生徒にとって、我が国の公教育制度のもとで初等中等教育レベルでの学習効果を十分にあげるためには、日常会話言語ではなく学習思考言語としての日本語力を必要とする。母語による教育機会の保障の問題が片方でありつつも、日本語による初等中等教育の学習は現実的な形態であり、一貫した日本語教育の系統的なメソッドのもとでその力を育成することが必要である。
　国は米国の例を参考にJSL（第2言語としての日本語　小中学校版）教材の開発を行い、その活用を図っている。
　しかし、学校現場での利用は教師の専門的能力の不十分さもあり「総合的学習の時間」における先進的取り組みの具体例は散見されるが総じて低調であり、具体的な成果を上げて行くには国における研修の改善を含めて指導上の課題が多く残されていると言わざるを得ない。（※5）
　そこで「日本語」を現在の教育課程に正式の教科・科目として加え、専門的指導に当たることができる教員を養成して教員免許状に「日本語」の教科・科目に追加する方法が考えられるがいかがであろうか。
　ただし、教員養成課程においても大学の取り組みに目立った動きは見られない。これは、卒業後の日本語教師としての処遇等も不明な状況下では学生の履修需要が確かではないことも理由の一つと思われる。

②日本国籍を有さない国公立学校教員の採用

　学校における学習効果の向上は言うまでもなく、母語能力をきちんと備えながら同時に我が国社会において生活の基本を築き上げていく力である日本語能力の育成を図ることの教育意義は計り知れない。
　そのためにも①で記したような方策が期待されるが、現地言語を解しこれを十分活用できる「バイリンガル日本語教師」の養成と同時に外国籍の免許保有

者の公立学校への採用を可能とする方策を検討すべき時期に来ているのではないだろうか。

その場合に問題となるのが、従来より公権力の行使又は公の意思の形成に参画する公務員である国公立学校の教員となるには日本国籍を必要とされている（法律に明文の規定はないが「当然の法理」による）と解されている点である。

そして、任期を付さない「常勤講師」として任用するようにその扱いが国から指導通知がなされている点を改めて再検討する余地はないのだろうか。

しかし、私立学校の教諭については免許状を保有していれば日本国籍を有しないものも採用できることや、「公立大学における外国人教員の任用の特例法」なども参考に、立法政策上の判断として特例法を制定するなどの選択肢は、十分理由のあることといえるだろう。

欧米諸国の例を引き合いに出すまでもなく、外国籍の児童生徒とともに学習する機会が増え、国際理解、共生マインドをより一層積極的に育んでいくことが教育上価値ありとされる時代が我が国にもすでに訪れている現実を見つめるならば、教育政策上も現実味を帯びてきているのではなかろうか。

関連演習テーマ

(1) 外国籍の学齢期児童生徒に対する日本語教育の教育課程上の位置づけと専門指導のための教員配置を可能とする行財政上の対策は何か。
(2) 教員免許資格を有する教育公務員と私学の教員に関して、採用の可否に差異があるが、学校現場の国際化が進展するなかで、こうした措置は国際標準に照らして妥当といえるだろうか、合理的根拠はあるのだろうか。

※5　近年南米からの日系人子弟が集住する地域の公立学校出では、現地出身の日系人で母国の教員免許取得者を教員として採用し、母語言語に配慮したいわゆる"バイリンガル"による学習指導を行っている例もある。

第4章―――学校の意義(されど学校)と再生の展望

"アフガニスタンでのこと"
　筆者が2005年、紛争最中のアフガニスタン教育復興支援のため日本政府から派遣された彼の地でのことである。
　"輝く女子児童の瞳"。彼女たちの長い列が朝早くから通学路に溢れる。そこには不登校もなく、ただただ学校へ行くこと、食事が提供されること、地雷・爆弾が炸裂しない世界で、みんなとわいわいさわげることで悦びが満ち溢れる。飢えを癒すだけの粗末な給食にも十分満足する。教科書はない。しかし、覚えたばかりの"コーラン"（イスラム教聖典、テキスト）の教えを書き写すために、ひびのできた凍える手にしっかりと握られた鉛筆が赤茶けたノートの上を走る。
　あー、何と平和なひとときか。過ぎゆく刻一刻、子どもたちのその確かな手応えを何と例えようか。
　30年近くにおよんだ内戦と政治的混乱で荒廃し尽くした国土、

一時とはいえ過激なイスラム原理主義を奉じる政治集団「タリバーン」により、大切な教育の機会が剥奪されていたさながら暗黒とも呼べる時代。

そんな時代から解き放たれた女児、女教師たちの、胸躍る息づかいが仮設テントの教室に溢れ、通学途中の力強い彼女たちの足音には復興に向けた歩みの確かさを感じた。

一方、豊かさを誇る平和な国に生まれ育った一見何不自由のない日本の子どもたち。彼（女）たちにとって"学校とは果たして何なのか……？"との素朴な疑問、"こんなにも楽しいはずの世界が何時の間に、何故にほど遠い存在になってしまったのか"、との問い掛けがそんな時を送っていた私の耳に幾度となく聞こえて来たことを思い起こす。

ここで学校とは何か？を改めて問わねばならない。

この問いに対する代表的な答えが二つある。

1. 最初の答えとして、1920年代の米国プラグマティズム哲学者を代表したJ.デューイの考えを紹介しよう。著書のなかでデューイは、

「学校とは、暗記と試験による受動的な学習の場ではなくそのなかで子供たちが興味に溢れて活動的な社会生活を営む小社会であり、同時に現代の社会生活の歴史的進歩を代表する小社会として相互の作用が活発に行われるべきもの。そのために単純化、純粋化、均衡化された特別の環境を学校は備えなければならない。その結果子供はこのような小社会のメンバーとして各自の経験を発達させるならば、大いなる社会の進歩の最も確実な保障となる」（J.デューイ『学校と社会』宮原誠一・訳、岩波文庫）

と開陳し、学校の意義・本質を喝破した。

2. 次に英国における初等教育の改革の基本的方向を打ち出し

た「プラウデン・レポート」（1967年）からも注目すべき答え、考え方が返ってくる。

同レポートによると、「学校を子どもに大人となる準備を行わせる場としてではなく、何よりも子どもが子ども自身となり、子どもとして生きることを学ぶ固有の共同社会として捉えるべき」と明示している。

戦後間もない我が国では、戦前の画一的教授を主体とする教育方法に対する反省から、上記デューイを筆頭に、1920年代以降米国を中心に一世を風びした「経験主義的教育観」にもとづく新教育運動（児童中心主義）が導入され、"地域・郷土学校（Community School）" "コアカリキュラム運動"が全国を駆けめぐった。

その後時代は下り、我が国では中央教育審議会（文部省）が昭和46（1971）年6月に「今後における学校教育の総合的な拡充整備のための基本的施策について」と題して大きな節目となる答申を行った。

その中で、「学校教育は、すべての国民に対して、その一生を通ずる人間形成の基礎として必要なものを共通に修得させるとともに、個人の特性の分化に応じて豊かな個性と社会性の発達を助長する、最も組織的・計画的な教育の制度である。その特質は、ある年齢まで一定の教育計画にもとづく学習を制度的に保障していること、同年齢層の比較的同質的な集団と一定の資格を持つ教員が、学園という特別な社会を形作っていること、勤労の場を離れ、社会の利害関係から直接影響を受けない状態のもとで、原理的・一般的な学習活動に専念できることにある」と学校の特質を簡潔に要約している。

また学校は、歴史的要件であるその時代特有の様々な条件、枠組みのなかで教育活動を展開するが、やがて活動自体に教育原理との矛盾を内包するようになる。したがって、絶えず学校

を取り巻く社会環境の変化に対応しながら学校の教育機能を精査し、学校独自の役割を明らかにしながら、常にその経営のあり方を問い直さねばならない宿命を負っていると言われている。

　我が国の学校の発展史については「教育法制史」（第1章）で概説したのでいささかの重複は避けられないが、"学校とは何か？"との問いに答えるにはやはり学校の発展の歴史的過程から説きおこすことが必要と考える。そこで、世界史にも目を向けながら改めて取り上げることとした。

第1節　近代化と学校および学校運営の進化

（1）西欧社会における近代公教育の要としての学校の誕生と発展

中世までの学校とは

　学校という概念の起源は古くはギリシャ時代にさかのぼる。当時神話は部族の一体感を抱かせる大きな役割を果たしたと言われ、学校は成年式行事においてこうした神話を中心とする精神的伝承の教授をその役割とした。

　また、発明された文字が、現代の学校の原型となる典籍による教授機能を確立したと言われている。

　西欧社会では、国家官僚の養成を官立学校で担った古代中国や日本の例とは異なり、寺院勢力により学校での宗教教育を中心として学芸の花が開いた。

　中世後半期に入り農業主体の経済は徐々に商工業（貨幣）経済に移行して商工都市が台頭するようになると、市政府（自由私学）と教会側（寺院学校）との間で学校を設置する権限が争われ、そのため学校紛争が象徴的出来事として

発生するようになった。

近代における学校とは

18世紀に入ると欧州では"マニュファクチュア（工場制手工業）"が普及し、工場労働者の急増に伴い、「無知蒙昧なる非教育的民衆を教化することを国家安泰の原則とすべし」（アダム・スミス、1776年）との考え方が強まった。

労働者およびその子弟の教育は、社会治安や分業生産という産業構造の変化に適応できる若年労働者の確保のためにも「学校という人為的な機関」により実施されるべきとの性格、歴史的必然性を持ち始めたのである。

心身を蝕むほどの長時間労働を特徴とする農村マニュファクチュアは、人間の知恵と道徳教育のための「自然の場」であった農耕的生産を主とする家庭生活を破壊した。これを救うためにスイスの教育哲学者ペスタロッチは、自著、教育小説『リーンハルトとゲルトルート』（1781年）で人為的な生活教育の場を提供することの意義を唱えた。これは、当時の欧州における急速な産業構造の変化のなかで児童たちを蝕む成長発達の危機からこれを救おうとする教育思潮を特徴づけるものであったと言える。

また、フランス革命期以降に高まりを見せた自由至上主義の思潮を掲げた政治思想家であり、教育改革に貢献したコンドルセは、「すべての市民に対する普通教育の機会均等、無償制、男女共学、世俗化（宗教から独立）」を原則とする公教育＝国民教育の原理（1792年）を主唱した。本格的な近代公教育制度の登場を教育思想面から後押ししたのである。

ヨハン・ハインリッヒ・ペスタロッチ
（1746－1827）

産業革命以降の学校の進化

大陸での動きは以上であるが、英国事情は当時どのようなものであったろうか。

18世紀後半の英国に始まる産業革命は、工場での年少労働者を長時間労働に駆り立て酷使し、心身ともに深刻な状態に陥れた。英国ではそれまでに民間の「日曜学校」、「慈善学校」（1校数十名、一人勤務の教員）が普及していたが、産業革命によって都会地などに雪崩れ込んだ大量の子どもを教場に収容することは不可能であった。

　一方、1学級数百人もの巨大な規模を擁する能力別のグループ学習に多くの上級生のなかで成績の良い子ども（助教）を使い、たった一人の教員でもこの助教を訓練して十分に教授活動が行える方法が考案・実行されていた。「ベル・ランカスター助教法」（1803年）がそれである。

　その後も貧民などの子弟（年少労働者）に対する保護と教育の普及を目指した。「工場法」制定による児童労働の一部禁止や、こうした慈善学校にも国庫補助制度が導入され（1833年）、その額は年々増額されるなど、不十分ながらも国家の関与が芽生え近代公教育制度の原型が整っていった。

　そして、「すべての階級にわたる人民に対して健全で安価な基礎教育を施す」として、改正教育令（1862年）が公布されると、読み・書き・算の3教科の国定試験の成績に応じて国庫補助（教師の給与が増減される）制度が実施されることになった。

　また、宗派的な宗教教育を公立学校から排除することを定めた「1870年教育法」は、公選制の「学校委員会」によって設置管理される公共的基礎学校制度を設立し、その後1891年には「無償教育法」が制定され、近代公教育制度を確立する上で画期的なものとなった。

　このように欧州においては、独・仏など他の諸国においても時間的ずれはあるが、国家の基本的な教育政策が確立していった。

　そこには、産業革命のもたらした過酷な年少労働者の成長発達への障害を回避するため、"工場から学校へ"という方向で、人道主義者や慈善家による労働運動という大きなうねりとなって、「児童労働の制限（禁止）」「無償」「世俗化」を原則とする公的な義務教育制度へという共通した流れが見られたのである。

(2) 我が国における武家、民衆の教育史と明治以降の学校の進化

明治期前の学校

次に我が国に視野を転じてみよう。

貴族社会に占有されていた教養、文化や僧職を目指す者に対する教育は中世、鎌倉時代にも見られた。

その後、16世紀（室町時代以降）になると、武士や商人、地主の子弟などの平民の間でも、地方の小寺院などを借りて高級な一般教養、初歩的な読み書き「手習い」を中心とする教育の需要を満たそうとする動きが一般化した。

そして、学問自体が僧侶から還俗した俗人学者を担い手とする動きが見られたが、これと呼応するかのように、武将お抱えの職業的学者や職業的教師が、学問教授だけで食べていける勢力になっていった。

江戸期に入ると、商人や地主の寺子・筆子と呼ばれた子弟を相手に、武士と同じ教養である儒学や初歩の読み書き算を学習するための"手習師匠（僧侶の他、武士、庶民など）"と呼ばれた俗人教師が登場した。彼らが、我が国特有の私営の小さな学校"寺子屋"を誕生させた。こうした寺子屋では、手紙文を集めた「往来本」（「庭訓往来」「商売往来」などで明治維新後も小学校で用いられた）を教科書として用いた。

高遠藩（現在の長野県）の城内に開設された学問所「進徳館」（玉川大学教育博物館提供）

高遠藩（現在の長野県）の城内に開設された学問所「進徳館」（玉川大学教育博物館提供）

一方、武家は中世後期になるとその子弟を元服までの数年間寺院

に入れて手習い・学問をさせた。

また幕府は、こうした庶民の寺子屋とは別系統の直轄の学校を開設した。

当時江戸には「昌平坂学問所」（儒学・朱子学）、「蕃書調所」（洋学）、長崎には「医学伝習所」などが設置され、諸藩では直轄の藩校が誕生し、漢学を中心に習字、国学、洋学、医学を教え、中期以降これらは急速に普及した。

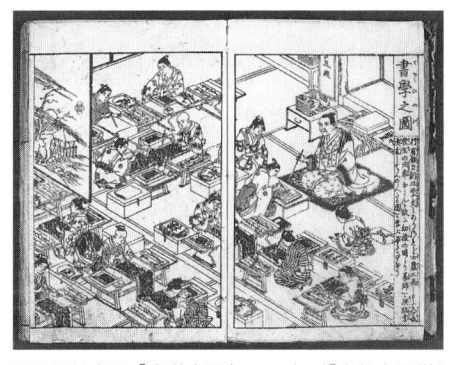

下河辺拾水画「書学之図」1781年（『孝経童子訓』上河正揚・編）玉川大学図書館 蔵

その他、儒者の他に洋学者・医学者などが特定の学問、技術を教授する私塾も登場し、そろばん塾・習字塾も発達した。私塾は、子弟の緊密な人間関係を基盤に特定の学派や流派の奥義の伝授を目的としたが、次第に武士も庶民もともに学ぶ公開された教育施設に変化し、寺子屋と区別のつかない性格を持つようになった。

これらは、ともに明治期の「学制」のもとでの小学校の母体となった。

我が国の近代化の時代と学校の進化

これまで欧米諸国の近代化と教育制度の変遷、そして大まかな近代化前の我が国の学校教育の歴史に立ち入ったことには、相応の理由がある。

それは、我が国の近代の学校教育の歴史的展開を考察すると、まず産業革命による産業構造の変革が近代の教育制度、学校の発達を必然化したという欧米諸国の歴史を、明治以降の我が国も共通して持っていたことによる。

しかし、同時にこうした近代化プロセスに入る前の近代公教育制度の発達の前提となる学校教育の歴史的背景、学校教育活動の文化的基盤には、欧米諸国とは質的に異なる面も有していたことに注目しなければならない。

明治以降の我が国の近代化は、日清（1894～95年）、日露（1904～05年）の戦役の勝利を経て第1次大戦（1914～18年）に至る過程で、第1次・第2次の産業革命を経験し、めざましい産業構造の急速な近代化を達成した。

産業資本のいわゆる原始的蓄積期に当たるこの時代は、心身ともに疲弊した年少者（特に女工）の状態は深刻なものであった（横山源之助『日本の下層社会』、岩波文庫）、また、欧米に類する年少工場労働者の心身の疲弊という大きな社会問題を惹起することとなった。

　しかし、欧米とは次のようにいくつかの点で事情は異なっていた。それは、①明治期に入る前の江戸期までの広範囲な民間の子弟教育施設の存在が母体となって近代の学校制度に移行できたこと、②学ぶことの意義は国民層に広く共通理解されていたこと、③「学制」にあるように身分を問わず国民皆学が国策の基本方針であったことが挙げられる。このため欧米諸国のような悲惨を極めた児童、年少者酷使の労働問題を経ずに、事態は比較的穏やかに推移したことは幸いと言える。

　かくして明治政府は「学制」により国民皆学を目標に、欧米諸国の学校制度を模しながら国民教育としてこれを整備し、天皇制国家主義体制のもとで教育の近代化を急いだ。明治以降の我が国の近代化過程での「国民教育機関」としての学校の役割・機能は、上記のように世界的にも特徴のある性格を保有して進化したが、戦前と戦後ではその内容を大きく異にしている。

　そこで、戦前・戦後（小区分をいくつか設ける）という大きな区切りではあるが、学校制度の歴史的な展開とその意義に重点を置きながら順次記述することとする。

戦前の学校制度から

　明治以降我が国の戦前の学校教育は、①「教育勅語・修身」を中心とする徳育を重視した教育により国民精神の統一を図り、同時に②学問奨励の従来の国民思想を継承して広く西洋の文物に関する学芸・知識の修得と実学的技能の鍛練を目指すこと、この2点を出発点とした。

　法制的には小学校令（明治23（1891）年）、小学校教則大綱（24年）による「教育勅語・修身教育の徹底」を図ることを重視する一方で、「実業補習学校規程」（26年）など「産業教育による富国政策の推進」が大きな学校の使命とされた。

　学校で学ぶことは、すなわち国民の国家（＝天皇）に対する義務であり、教

科書が教育課程の役割を果たし、教師は児童生徒の個々の発達や興味・関心、適性を考慮しないいわば"教える側の論理"をもって一方的・画一的な教育を行なった。

さらに明治中期以降昭和にかけて急速な産業構造の近代化と国民生産力の向上が達成されたが、このことが社会の構造を大きく変えていった。これを促進した教育の力の大きさは言うまでもない。

明治32（1900）年には中等学校教育として中学校・高等女学校・実業学校が並立するという複線型学校体系が導入された。同じく明治36年の師範学校の整備、改正小学校令による就学義務（明治33年）の4年から6年への延長（明治40年）など、度重なる教育制度の改革によって学校の果たす役割も大きく変貌していった。

やがて我が国は、第1次大戦以降経済の好・不況を繰り返しながら、領土拡大の気運も作用し、満州事変以降急速な軍国主義体制へ移行していった。

そして、国家総動員体制のもとで学校の機能は徐々に戦時体制へと吸収され、義務制の青年学校や国民学校が設置され単線型の教育体系へと進んでいくが、学童疎開など戦況の悪化とともにそうした制度も一部実現しない中途半端なものとなり、あるいは本来の学校としての機能を事実上停止したまま終戦を迎えることになった。

(3) 戦後の学校再建と学校運営の展開

戦後から1970年代にかけて

終戦直後の教育現場は食糧難、住宅難のあおりを真正面に受け、運動場はサツマイモなどのにわか作りの畑になった。学校校舎の損傷は著しく、学校は焼け出された住民の臨時の住み家に供され、あるいは不法に占拠される事態も都会地を中心に見出された。

教育環境は荒廃し、困窮を極めていた教員の相次ぐ退職や戦死者などによる人的不足が深刻化し校舎や教材教具の消失など学校教育の基礎的条件は破壊されたままであった。「僕の一番ほしいもの——教室でさす傘だ！」との新聞の

見出しは"青空教室""墨塗り教科書""すし詰め、二部授業"などの記事とともに当時の様子を象徴的に物語っている。

再建は、連合国最高司令官総司令部（GHQ）およびその特別部局民間情報教育局（CIE）を中心に、占領政策として戦前戦中の軍国主義的・超国家主義的教育の一掃を開始し、続いて

二部授業の様子

戦後改革の指針となる「米国教育使節団報告書（第1次）」が勧告された。

これを受けて日本側委員による「教育刷新委員会」は内閣総理大臣に教育の理念や学制、教育行政に関する事項など4項目の建議を行った。そして、新憲法の理念の具体化を掲げて教育基本法、学校教育法が公布され、9年の義務制、6・3・3制による単線型学校体系、男女共学など、これまでにない新たな学校教育の基本が次々に確定されていった（昭和22（1947）年）。

高度経済成長期（1960年代）以降の学校教育の考え方、動向

まず挙げなければならないのは、池田勇人内閣によるいわゆる"人づくり政策"（昭和37（1962）年）の一環としての「経済発展における人的能力開発の課題と対策」（経済審議会答申）と関連して、「高校における職業教育の多様化」（理科教育および産業教育審議会答申）（以上、昭和42年）が打ち出されたことである。

かくして我が国産業および経済発展の基軸となる教育政策の本格的展開期を迎えることになるが、その論拠となったのがいわゆる「教育投資論」（昭和30（1955）年～）である。

こうした産業界の動向とその後の就学率、特に高等学校、大学への急速な進学率の上昇による後期中等教育の多様化に対応するため、単線型学校教育体系の変型として学校教育法第1条に「高等専門学校」が新たに加えられた。これはその後の生徒の能力、適性、進路の多様化に対応し、専修学校、中等教育学

校という新たな複線型の学校体系に移行する嚆矢となった。
　一方、海外に目を転じると米国では、社会主義国ソ連による人工衛星打ち上げ成功によるいわゆる"スプートニックショック"（1957年）に象徴されるように資本主義国の科学的優位性が打ち砕かれる結果となった。これまでの"経験主義"の行き過ぎは学力低下を弊害としてもたらすとの反省が教育界に巻き起こり、「系統主義的教育論」にもとづく教育課程、教育方法が見直されることになった。
　我が国においてもその影響もあって学習指導要領の授業時数の配当、教科科目の指導内容は10年間を基本に循環的に見直しが行われることとなった。

学校運営をめぐり政治運動化した教員組織
　日教組を中心とする学校運営をめぐる教育行政との論争、衝突もこの時期の特徴である。
　戦後始まった米ソ対立、いわゆる"冷戦"という国際政治の枠組みのもとで学校を拠点とする教員組合による労働運動は、公務員法で制約された労働三権の回復、給与改善など経済的地位の向上の要求と絡み合いながら、いわゆる"教師の教育権の独立"を主張して国、地方の教育行政機関と激しくぶつかった。
　学校運営をめぐっては、「勤務評定」「学力テスト」「家永教科書検定」による国家による教育内容への介入が争点となり、これらは労働条件の改善を主たるスローガンとする教員組合の労働運動の段階を越えて政治問題化し、公的性格を持つ学校教育の正常な機能が阻害されるケースも生じるなど事態は深刻な問題となった。
　また、こうした動きは司法の場をも巻き込み、いわゆる"教育裁判"の様相を呈し、様々な論争が展開された。例えば「職員会議の法的性格」についても教師と行政との教育権の所在をめぐる証言のなかで争点化した。教師の教育権の独立を根拠に学校長は職員会議の議決に従う法的義務があるとの組合側からの主張がなされ、先鋭化した学校現場では学校長と組合分会が連日職場交渉を行うなど、我が国の戦後の学校教育の混乱を象徴するものとなった。
　しかし、こうした混乱も長く続いた戦前の学校教育の負の歴史を払拭し、学

校経営の民主主義的な改革を実行していく過程で通過しなくてはならない関門であったと考えるならば、一定の歴史的意義を持つものと言えるだろう。

第2節　現代学校論の展開

　学校論は、学校が本来の主役である児童生徒、教育を実際につかさどる教育専門家としての教師、学校の管理運営（人事、教育課程、施設の各行政を含む）の各観点からそれぞれに論じられるだけに、分析の視点は多岐に渡り複雑なものとならざるを得ない。
　第1節では、学校の歴史を中心に概観してきたが、本節では現代の学校が直面しているいわば存立の条件に関わる根本的な問題点を中心に取り上げ、問題解決に必要な「学校の革新」を可能とする諸条件について総合的に考察してみたい。

（1）学校論に関する思潮

　1960年代に入ると先進諸国に共通して、就学率とりわけ高等学校や大学への進学率が急上昇した（いわゆる"教育の爆発"）。同時に産業構造や共働きなど労働形態の変化により、あるいは核家族化の進展により親の子に対する私教育の役割が大きく後退し、公的機関による学校教育が主流を占める傾向を強めた。
　その結果、果たして学校はそれだけ十分な役割を果たしているのかという疑問の他、学校の存在自体に対する疑問・反省が生まれ、米国を中心としたオープンスクールやフリースクールの運動がわき起こってきた。

新学校運動（New School Movement）

　学校教育の役割は、社会の存続に必要な知識・技能・価値・態度の学習を通じた文化遺産の伝達という従来の立場から、むしろ個人の欲求や価値に意義を持たせ、自由で幸福な人間の形成のための子どもたちの自己実現の育成にあるとの考え方に転じようという「新学校運動」が生まれた。

　こうした主張を行う者は、学習を強制されるよりも外からの圧力から解放された場合にこそ、より効果的に学習する内からの力を発揮することができるとの考えを共有している（J.ホルト『教室の戦略』）。

　学校改革論は、"社会の学校化がもたらす弊害からの脱却"や"脱学校論"を唱えたI.イリイチやP.グッドマンらの考え方にも深い共感を覚えるようになっていった。

学校改革か脱学校か

　学校を自己実現の場として、各人の多様な能力、興味・関心、適性を最大限に尊重して教育するためには、可能な限り教育内容・方法は多様化されなければならない。

　したがって、学校教育を受ける側からすると多様な学校が用意され、その選択（学校へ行かないことも含む）の自由が保障されなければならないことになる。

①学校選択の自由（Educational Vouchers）

　1976年のノーベル経済学賞受賞者、M.フリードマンは著書『資本主義と自由』で教育における政府の関与を厳しく批判し、学校教育の財政支援や必要最低限度の学校基準の定め以上にこれを管理することに反対した。これが教育ヴァウチャー（証票）の始まりである。

　その後「Educational Vouchers: Report on Financing Education by Payments to Parents」（マサチューセッツ州の報告書、1970年）にもとづき、実際に公立学校を対象にカリフォルニア州の初等学校区で制度の具体化が試みられた。

　しかし、このためには同じ地域に自由に選択できる多様な学校（ミニスクール）が相当数存在しなければならず（財政負担）、学校教育に市場原理を持ち

込むことによる不安定な学校設置・経営（行政負担）となることと合わせ、課題を残した。

②学校改革（Public Alternative School）

Alternative Schoolは、従来学校教育の枠外で公的基準の対象外にあった普通の学校とは違う教育施設との位置づけがなされてきた。いわゆる"おちこぼれ犠牲者"を収容し、各個人にふさわしい教育の場を提供することにより教育社会全体からみた場合のセーフティーネットとしての役割が期待された。

これを教育義務の観点から公的な学校制度の枠を広げ、ニュージーランドにおけるフリースクールなどの例のように「統合学校」として公費助成の対象となったものもあり、公教育の枠内に組み入れて実施しようとするものである。

C.E.シルバーマンが紹介したオープンスクール、フリースクールと類似する事例では、例えば米国ペンシルバニア州で"壁のない学校"が開発されている。このプログラムでは庁舎、テレビ局、保険会社などにおいて教員と実習生とがペアになり、地元の学校に行けない子どもたちに自分たちが計画した教科の学習の他、基礎技能の修得を支援し、卒業に必要な単位を修得できることになっている。

その特徴としては、「公教育への批判的な視座、成員の親和性、関心とケアの文化、子どもやスタッフの高い参画意識」（Kellmayer、米国ニュージャージー、1955年）をあげている。そして家族的雰囲気のなかで生徒同士の競争よりも協力が重視され、生徒の自治を通じて自分たちの学習と生活を自ら組み立てているという学校像を指摘するものもある。

なお、Alternative Schoolについては、我が国のフリースクールなどと関連させながら、公教育制度のもとでの教育上の意義、将来の展開の可能性について後述する（第3節）。

③脱学校論

これまでの「普通の学校」とは異なる学校を期待する学校改革論に対して、学校という仕組みそのものの廃止を主張し、学校以外に教育の場を求めるのが脱学校論の立場である。

現代社会に見られる制度信仰そのものに批判の目を向ける態度は、学校化された社会では学ぶことは教えてもらうことと同じになり、能力があるというこ

とは卒業証書を持っていることと同義であると喝破した。

　また、人は何を学ばなくてはならないかではなく、学習するためにどういう事物・人間と接触することを望むかが肝心であり、新たな教育制度はここから出発しなくてはならないと説く（イリッチ）。

　読・書・算の知識技能の領域を越えて理想的人間の形成という機能をも崇高な使命として遂行することとした従来の学校観には激しい批判を行い、その特権的地位を排斥した（ベライター）。

　いずれも「学校のない教育」もしくは「教育のない学校」を主張し、国、地方公共団体およびそれらの機関によって管理されるとする公教育観に挑戦状を突きつけた。これら新しい動きに対しては、単にラジカル性を強調するだけではなく、むしろ19世紀以来の公教育の公共性への回帰（コンドルセの知育限定・世俗性の原則）をもって思想的に再評価すべしとの評価もある（吉本二郎『現代公教育と学校経営』、ぎょうせい）。

　なお、我が国でも不登校や学習障害等の課題を持った児童生徒に対するきめ細かな指導施設のあり方をめぐり、今日的な問題の解決に向けた様々な取り組みが試みられている。

　以上の諸外国の動向は、そうした課題解決の将来の方策、方向性についての示唆を与えるものがある。追って第3節（発展学習）で再度取り上げることとしたい。

(2) 現代における学校観——"学校は死んだ"からの再生を目指して

　前節で記述したように、我が国においても戦後の教育改革が進展するなか、高等学校への進学率が90％を越え、大学など高等教育機関への進学志向が急速に高まった。このことにより生徒の能力、適性、興味関心、進路が多様化し公教育＝近代学校の組織・運営のあり方が大きく見直された（中教審答申、昭和46年）。

　そこでは、学校の人間化、最適化を標榜し非人間的教育環境（現代社会）へ

の鋭い挑戦をするため、一人ひとりの人間に奉仕する人間教育の場、学校をより人間的な場、情熱や感情や人間的欲求を考慮する場として学校観を大きく見直し、理念を再構築することが目指された。(河野重男『教育学大全集　現代学校論』、第一法規)

河野は教育課程審議会答申(昭和51年)の考え方(いわゆる"ゆとりあるしかも充実した学校生活の実現"の趣旨)をふまえ、前掲の著書で次のように論点を要約し提言としてとりまとめている。その内容は、学校の再生の諸条件を考察する上で示唆に富んだものであり、適宜引用しながら論述を進めてみたい。

①自己実現の場としての学校

学校は、宗教的情操、道徳律、美的鑑賞、連帯感、パーソナリティの発達という人間的欲求の充足の過程に力点を置き、自己実現という目標を実現する場と位置づけ直すことを強調した。

そして、生徒たちが集団としてのまとまりを実感しつつ授業の過程で楽しさをどこまで満喫したか、充実感を得たかが重要だとした。

この考え方は、次に記す③とも関連するが、知的能力の発達だけではなく、多面的な能力の開発・開花を図る、いわば個性的能力の伸張に着眼し、評価の物差しの多様化、多元化にも通じている。

②生涯学習につながる場としての学校

伝統的学校は、卒業の関門通過のための記憶力を重視する傾向にあった。しかし、こうした有用な知識、技術の修得もこれ自体が急速に陳腐化し、絶えず更新しなくてはならない時代を迎えていることに着眼し、将来を通じてこれらを修得するために、「学習の仕方を学習する場」として学校を捉える新たな考え方が生まれた(ラングラン、ユネスコ成人教育国際委員会、1965年)。

この考え方は、生涯教育の観点から学校教育(学校)の役割を見直すことにもつながるものであり、幼児期、児童期、青年期の発達段階に応じて学校教育・家庭教育・社会教育という教育機能の全体的な関連構造のなかで、学校がなすべきこと、学校でしかできないことを明確化することが必要としている。

それは、学校教育において生涯教育の基礎を培うため、生涯にわたって学習を続ける意欲・能力を養成し、学ぶことの楽しさを理解させ、将来の生き方や職業観を育成することでもある。

③積極的な生徒指導論の展開の場としての学校

学校教育の根本は、教師がどこまで子どもと共感的にふれあい子どもと一体となって課題に取り組むことができるか、信頼と期待、時には忍耐を持ってその成長をじっと見守ることのできる教育的叡智をどれ程に保有しているかが試されるところにある。

近年の生徒たちの問題行動の増加、多様化のなかで生徒指導はとかく対症療法的対応に追われる現実はあるものの、「積極的にすべての生徒のそれぞれの人格のよりよき発達を目ざすとともに、学校生活が生徒の一人ひとりにとっても、また学級や学年、さらに学校全体といったさまざまな集団にとっても、有意義に意味深く、そして充実したものになるようにすることを目ざすところにある」（文部省「生徒指導の手びき第1集」、昭和40年）として、積極的な生徒指導の理念を提唱している。

「ゆとりあるしかも充実した学校生活」の実現という目標を実現するためには、積極的な能力観、多面的な能力の開発に重点をおいた学校組織・運営の在り方、教育課程の構造改革が必要としたのである。

④地域社会づくりの拠点としての学校

昭和40年代以降の我が国の都市化・工業化の進展により、上級学校進学のための受験学力志向が一般的となり教育内容の画一化・標準化の傾向を強めた。そのため、学校と地域社会との有機的関連・連携に配慮した特色ある学校づくりという新教育課程の開発、実施には強い抵抗が見られた。

したがって、地域性・共同性、連帯意識の喪失傾向を強める社会環境のもとで、学校教育・社会教育・家庭教育のそれぞれの教育機能の有機的連携協力、役割分担を構想しながら、生涯学習の観点から地域社会における人々の生活や文化の向上に寄与する新たな役割を強調する必要があった。

ただしその場合にあっても、発達課題として児童期に期待される"読み・書き・算の基礎的能力の伸長"、"成長する生活体としての自己に対する健全な態度の育成"、"良心・道徳性・価値判断の尺度の発達"（R.J.ハヴィガースト）を実現するため、子どもの教育を全体的・構造的に捉え、学校でしかできないことを常に明確にしながらその役割を遂行すべきであろう。

(3) 学校観の革新を支える学校経営

　学校経営は、大きく分けて教育課程の編成・実施、教職員の編成・管理、施設設備の管理・運営、事務管理から構成されることは明らかである。中でも教育課程の編成・実施がその中核であり、学校教育の革新の要である創意と工夫に満ちた特色ある学校づくりこそが、学校経営の核心とならねばならい。
　学校経営の近代化の第一歩は、教育課程を中心とした学校経営の実践に尽きる（細谷俊夫）。

学校長の指導力と教師集団
　教育目標の設定や具体的な教育課程の編成にあたっては、学校長が広い視野に立って教育専門職としての強力な指導力を発揮することが求められる。同時にこれを効果的に実現できるよう組織の改革や、教職員の配置、生徒の組織編成、施設設備の整備・運営管理、諸手続の整備を行う行政官的な見識や実行力が必要である。
　前出の河野重男はその場合に、
　①個々の学校における教師集団としての学校観や教育目標との関連において検討すること、
　②教師集団全体の共通理解をもとにすること、
　③教育革新の結果よりもそれに取り組んでいく過程を重視することが重要である、
としている。
　そして教師集団のモラルの高揚が同時に不可欠であるとし、教師集団を開放し（何でも言える雰囲気）、一人ひとりの教師の教育観や指導技術について先輩教師としての専門職性に裏づけられた「内実を有する統合力」が取り分け求められている点を強調している。
　職員会議も、こうした校長の指導力を前提として積極的に教員から自由活発に意見が出され、学校全体の教育目標に向けて、創造的な教育活動が展開できる教師集団の教育意思の統合機能を持つよう運営されることが大切であるとし

ている。

教師集団のモラルと学校経営

　一方、教師集団にあっては、そのモラル（民間企業とは性格は異にするが"経営参加"と呼んで分析検討される場合がある）が校長のタイプとの関連でどのようになるかを調査研究した過去のデータがある。（国立教育研究所、昭和36年）

　これによると、信頼され、職への士気を向上させる校長の要件として、
①教員の職能的成長に強い関心を示して教授＝学習活動の改善・向上を常に支援してくれること、
②当面する問題解決に積極的な示唆を与えてくれること、
③教員の個人差・特性をふまえた適正配置を考慮してくれること、
といった要素が大きく影響するものと考えられている。

　そして、校長の職務遂行は、「担任教師とともに一人ひとりの子どもの指導に当たる校長」、「協働型」を心掛け、主体的リーダーシップの確立を志向して経営実践を積み上げていくことを目標に、現実との落差を埋める努力が必要であろうとしている。

◎コラム　**教育委員会との関係――特別権力関係論**

　教育委員会の学校管理権の法的裏づけとして特別権力関係論（営造物理論）が一世を風びしで唱えられたことがある。

　これは、国公立学校の教職員の公法上の勤務関係（学校の営造物管理権にもとづく学校管理規則、職務命令に関するものを含む）が典型的なものである。その他に、学生・生徒・児童の公法上の営造物利用（在学）関係を特別権力関係と解し、法律の留保の原則を排する行政内部の統治の効果としてその包括的な命令に服さなければ

ならないとした。これと関連して、学校管理機関としての教育委員会（地方教育行政法33、34条）は、職務上の上司（同法43条）として教員に包括的な命令が下せるかどうかについても法解釈上対立があった。

　この問題については、特別権力関係（営造物理論）をわざわざ持ち出すことに否定的立場をとる有力説もある（室井力）。すなわち、普通地方公共団体は、「法律又はこれに基づく政令に特別の定めがあるものを除くほか、公の施設の設置およびその管理に関する事項は、条例でこれを定めなければならない」（地方自治法244条の2）や地方教育行政法33条の規定により具体的な法令上の根拠を持って実施されるべきことを考慮すれば、そうした命令の法的拘束力の有無も法的根拠の有無によって判断できるとする考え方である。

　一方、旭川学力テスト最高裁判決（昭和51年）では、「市町村教委は、市町村立の学校を所管する行政機関として、その管理権にもとづき、学校の教育課程の編成について基準を設定し、一般的な指示を与え、指導、助言を行うとともに、特に必要な場合には具体的な命令を発することもできると解するのが相当である」と判示した。

　こうした司法判断をふまえ教育委員会は学校を管理する包括的支配権を有しているとする行政解釈が、今日では定着している。

　しかし、ここでいう"包括的支配権"なるものが教育委員会に留保されているとすれば次節で取り上げるように学校裁量権の範囲の拡大により、学校の自主性、自立性を高め、教育効果をより充実させようとする今日の政策上の方向性と齟齬を来すことはないのかとの懸念が払しょくできない。

　教育行政機関がこうした"伝家の宝刀"をちらつかせ

> ながら学校裁量権限の広狭を最終的に決めてくるとすれば、制度が内包する"もろ刃の剣"が見え隠れし、学校裁量による自律的教育活動の拡充、学校の主体的判断による保護者、地域との連携活動に水を差す結果となりはしないだろうか。

第3節　発展的学習のための演習テーマと留意点

　学校とは何かとの素朴な疑問に始まり、諸外国を含めた学校教育の意義・役割と学校制度の変遷をみてきたが、将来に向かって学校の役割は大きく問い直されるべき状況にあることが理解されたと思う。
　そこで近年の学校の管理運営に関する動向と今後の課題解決の方向性を探るために、これまで述べてきた「学校論」にかかる内容をもとに以下のような諸テーマを設けた。学習者自身で発展的な考察を行い、学校再生への道筋を明らかにしてもらいたい。なお、各テーマについて筆者自身の見解を交え学習の方向性と留意点を合わせて述べることとしたい。

演習テーマ（1）学校教育組織の現代化と将来の改革のあり方

　今日の学校教育の多元性は改めて説く必要はない。特に高度化する教科学習の内容（水準）や複雑化する生徒指導に要する高度な理論と体制の構築は喫緊の課題であり、校長をリーダーとする教職員の指導体制を現代化する必要性は日増しに強まっている。

そうした動向は将来に向け、学校経営理論の科学的発展に期待するところが大きく、学校教育組織の改革の問題は、中教審など国レベルでの改革論議のなかでも幾度となく取り上げられてきた。

教職の分化と組織の重層化
　①幼稚園、小中学校等への副校長・主幹教諭・指導教諭の配置
　（学校教育法37条）
　教育行政関係者は学校が教務、生徒指導など様々な多くの教育課題を抱える現実において、こうした法制上の改革措置により日常的な意思決定を効率的に行い、また責任の分担や所在を明確にする経営管理上の機能が強化されることをそのメリットとして上げている。

　制度的に従来の主任（学校教育法施行規則44条）とは別に法的身分を明確にした主幹教諭、指導教諭はともに「教諭」をもって充てることとされた（教育職員免許法第3条）。

　主幹は児童生徒の教育にあたりながら校長、副校長・教頭の命のもとで校務の一部を分掌して、指導する生徒に近いところで学校の意思決定に関与し、指導教諭はベテラン教師として内実のある教育指導力を有した先輩教師として他の教諭、職員の指導助言にあたることとされた。このことで単層構造の学校組織に教育指導力の強化をもたらす効果は十分に期待できる。

　しかし、同時にそうした効率的とされる意思決定の過程や、責任論に問題の解決をすり替えないよう留意するべきであろう。

　また教員組織に階層化が進むことで上意下達の事なかれ主義的な雰囲気が醸成されたり、いわゆる"ひらめ教師"が増えることのないよう制度の運用を図ることが求められる。その重要性について共通に認識、理解することが必要であろう。

　学校教育組織の中長期的対応において、(a) フラット型教育への挑戦、(b) 指導助言の機能をもった新たな職制と学校経営の民主化、(c) 経営参加と専門的職業集団の力を活用し、教育目標への統合を可能とする組織力の発揮といった課題が相互に整合性を保持しながら達成されることが重要である。

　すなわち、学校教育活動の特性から見た場合に説得力のある「教師集団論」

学校組織の新旧比較

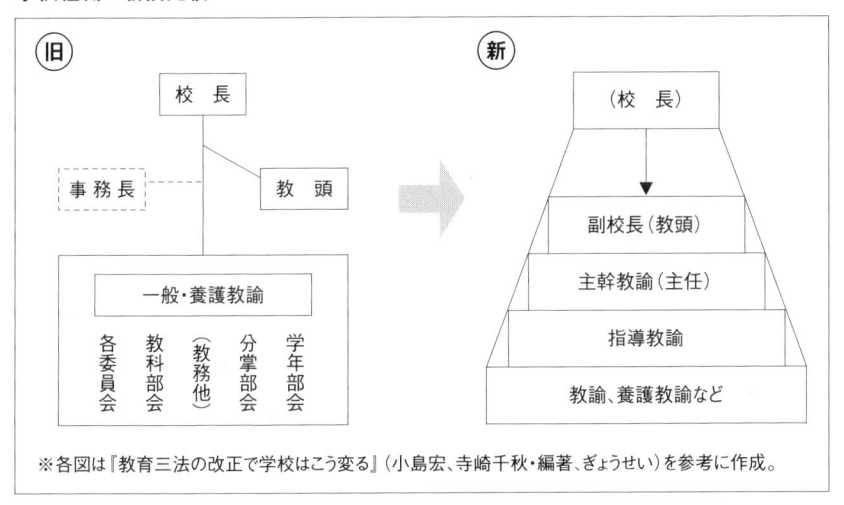

旧		新
校長 ─ 教頭 事務長┄┘ 一般・養護教諭 （各委員会／教科部会／分掌部会（教務他）／学年部会）	→	（校長） 副校長（教頭） 主幹教諭（主任） 指導教諭 教諭、養護教諭など

※各図は『教育三法の改正で学校はこう変る』（小島宏、寺崎千秋・編著、ぎょうせい）を参考に作成。

（河野）を基軸とする学校経営の考え方と、企業論理による経営の効率化を主眼とする「学校経営組織の重層構造論（教員組織の階層化）」の深化とが現実的な整合性を維持できるのかどうか、新たな職制が実際にどのように機能するのかについての実証的な分析が必要である。

②職員会議（施行規則48条）

職員会議は、「今後の地方教育行政の在り方について」（中央教育審議会答申、平成10年、以下「10年答申」）を受けて、校長が主宰する補助機関であるとの位置づけが施行規則（旧23条の2、現行47条、平成12年改正）により明示された。

しかし、以前は法的性格、制度的位置づけが不明確で教育現場では学校運営・管理上の混乱が見られた。

そこでは、(a) 教師の教育権の独立にもとづく学校の最高意思決定機関であり、校長をも含む全教職員を拘束する、(b) 校長の諮問機関であり、連絡調整、伝達周知の機能を果たしその決定は校長を拘束しない、(c) 独自の権限はなく校務管理権を持つ校長の校務遂行を補助するなどの見解が対立していた。

一方、校長の決定と職員会議について下級審ではあるが、「全校的教育事項

についての決定は、教師の教育活動と密接に関連することや教育的専門知識・経験にもとづき多面的に検討されるべきものであり、最終の決定権が校長にあるとはいえ、また違法とは言えないまでも、職員会議において十分検討されることが適当」との判断がなされた例がある（宮崎地判、昭和63年）。

なおこの点で上記規則の改正により校長主宰による職務遂行上必要とされる職員会議が新たに教育委員会による学校管理規則で設置できることとされた。この措置は従来の慣例上の上記合議制職員会議とは別に法認されたことを意味するとの解釈もあるが、疑義のあるところである。

③学校事務体制の強化

知育のみならず全人格的な人間形成を図るための教育需要が拡大している。これに伴い間接的、支援業務の増加が学校事務体制の強化として課題視されている。

例えば「特別活動」の重視、諸調査、視聴覚教材・教具・機器、ICTの導入、教育委員会への報告・指定統計事務、地域社会との連携重視に伴う社会教育に関する事務、寄付金等集金事務など枚挙にいとまがない。

近年になって「個人情報保護」に関する法令の規制が加えられた。児童生徒の学業成績、指導要録その他の個人情報については、学校教育自体から生じる法益とは別の社会的要請を理由に、従来に比して格段の注意力を傾け適正な処理を行う必要性が高まっている。

校務を分掌する教員の役割を十分に達成する上では、「勤務実態調査」（文部科学省調査、平成18年、第3章参照）においても示されたようにこれを補佐もしくは主管する事務職員の役割は一段と大きくなっており、適正な配置が急務である。

また、校長や教頭に加えて副校長や主幹教諭が新たに配置することとなったことで、事務主任等との連携による事務処理体制の強化は言うまでもない。同時に学校の教育活動の多様化、高度化に対応できるICTの専門技術や一定の教育活動の専門的知識や関心を持った職員が不可欠となっている。

「10年答申」において、①調査統計等各種の業務調査の精選、廃止、整理を進めたり、②研究指定校における研究授業等の方法の抜本的な簡素化・合理化努力など学校事務・業務等の負担軽減、③学校事務を効率的に執行するため、

複数の事務職員を特定校に集中配置して複数校を兼務させることや、学校事務の共同処理のための拠点システムの導入等の方策について検討を促している。

■**関連演習テーマ**
(1) 教師と児童生徒との人間的・人格的な関わりを本質とする教育活動の特性は、ピラミッド型学校教育組織と整合性を保つことができるか。
(2) 教師は学校事務を雑務と考える傾向にあり、その効率的処理について関心が希薄であるといわれる。学校教育活動に対する事務職員の理解と教師との適切な事務の分掌を行うために配慮すべきことは何か。

演習テーマ（2）中等教育学校等「ゆとり教育」の実現のためのニュータイプの学校の設置と将来のあり方

中高一貫教育の意義と選択的導入

　様々な試行錯誤や体験の積み重ねにより子どもたちは豊かな学習をし、個性や創造性を伸長し、じっくりと学ぶことができる中高一貫教育の意義は大きい。中教審はこのように指摘して受験準備教育に偏した教育の恐れや受験戦争の低年齢化の危惧等否定的、慎重であった従来の考えを転換した。（中教審答申「21世紀を展望した我が国の教育の在り方について」、平成9年）

　これを受けて、平成10年に学校教育法が一部改正されいくつかの教育活動のタイプを示して、学校設置者が選択的に導入することができることとした。子どもたちのゆとりある安定的な学校生活の実現と、地域理解や振興に資する人材の育成など個性ある学校づくりを目指して、新たな中等教育制度を具体化することになった（平成11年）。

　その結果、実際の形態としては、
①修業年限6年の学校として一体的に一貫教育を行う「中等教育学校」、
②高校入試を行わず同一の設置者による中高接続の「中学校・高等学校の併設型」、
③既存の市町村立中学校と都道府県立高等学校が教育課程の編成や教員・生

徒間の交流を促進する「連携型の中学校・高等学校」の三つが具体化している（※1）。

公立中高一貫校における今日の問題

　制度導入から10年が経過した今日、全国には158校の公立の中高一貫校が設置されている（文部科学省調査、平成20年）。

　ところが、保護者には私学のように学費をかけないで有名大学に進学が可能になるとの期待が高まるなど、大学進学実績が高い高校の併設中学校等で競争率が急上昇し、有名私立中学校並みに入試が難関化しており、公教育として問題があるとの批判が高まっている。

　この点で制度設計としては「入学者を定める方法については受験競争の低年齢化を回避するよう配慮し、特に公立では学力試験を実施せず学校の個性や特色に応じて抽選・面接・推薦等の組み合わせにより行うこと」（同答申）を求めていた。

　しかし、有名大学への進学者をめぐる公私間の競争が現実に存在し、保護者にとって有利な学校への子どもたちの進学志向が強まる傾向に歯止めがかからないとすれば、当初の意図と現実とのかい離が今後さらに大きくなる可能性がある。

　中高一貫校を設置している自治体においては制度発足時の教育目的、教育活動の原点に立ち返り、ゆとりある充実した学校生活の具体的な成果を次々に上げていくことが何よりも大切と言えるだろう。

■関連演習テーマ

　中高一貫教育の制度設計と現実との乖離（かいり）を克服するためには、どのような具体的な方策が考えられるか。

演習テーマ（3）学校運営の弾力化、学校裁量の権限の拡充と今後の制度改革・運用の展開

「地方分権一括法」(平成7年5月)の制定や国の地方分権推進委員会の勧告、さらには「10年答申」など一連の動向は、教育行政の地方分権化を推進する観点から学校運営のあり方にもおよんだ。

学校裁量権の拡大

①学校管理規則の都道府県教育委員会による市町村立学校の管理運営の基準設定(地方教育行政法第49条)は廃止され、市町村教育委員会が地域の自主性や多様性にもとづき個性豊かな地域社会の実現を図るため学校管理規則を自主的に定めることができるようになった。

この点で過去の調査(国教研、平成9年対市町村教育長、平成11年対学校長)によると、教育長は「教育課程の編成」(48.9%)、「教職員の服務・研修」(38.8%)、「組織編成(校務分掌等)」(30.1%)について学校の自己責任が強化されなければならないと考えている。

これに対して、学校長は「学校予算の編成と執行」(59.3%)、「教職員の人事」(51.7%)、「教育課程の編成」(32.5%)を上げており、教育長よりも予算および人事面での裁量範囲の拡大を求めていることがわかる。

また、文部科学省が平成16年に学校管理規則の見直し状況について平成10年度と比較して行った調査によると、市町村立学校が行う例えば①教育課程の編成(47.5%→67.2%)、②副教材の使用(42.2%→64.9%)に関しては、それぞれ矢印にある通り教育委員会の許可・承認によらないとする傾向が強まっている。

※1 中高一貫教育導入の具体的なあり方のパターン(例示)
具体的な導入のあり方としては、①ボランティア体験など体験学習重視、②地域人材の活用など地域に関する学習重視、③国際理解教育など国際化対応の教育重視、④学校インターネットなどの活用など情報化対応の教育重視、⑤自然体験活動の充実など環境学習重視、⑥伝統工芸の技術の伝承など伝統文化等の継承の教育重視、⑦基礎基本の確実な習得などじっくりと学びたい子どもたちの希望重視などのパターンが例示されている。

しかし、都道府県の場合と比較して市町村では低い割合となっている他、学校長の関心の高い予算編成、人事、組織編成については、学校提案の予算の尊重や学校長が使途を決定できる経費を措置するケースなど、予算関連見直しの増加が見られる他は大きな変動は見られない。
　市町村において児童生徒や地域の実情に応じた個性豊かな学校教育を実施していくには、校長を中心とした各学校の自主的、自律的な学校運営を行うことがむしろ重要であることを考慮すれば、疑問とされる。
　許可・承認・届け出・報告など学校の自主性を制約している教育委員会の関与をできるだけ制約していくことが適当であると同時に、学校の自主的裁量権限の拡大に伴い、教育委員会の役割として学校事故、暴力事件等の緊急の事態に対応する危機管理や安全確保、訴訟への対応など専門性にもとづく学校支援機能の充実に移行していく必要があるとの指摘もある（磯田文雄・編著『新しい教育行政・自立と共生の社会をめざして』、ぎょうせい）。
　教育行政機関が留保する"包括的支配権"の法理のもとで、教育委員会と学校との合理的な役割分担の今後のあり方の一つの方向性を示唆したものとして注目される。
　②学校評議員・学校運営協議会
　前記したように学校の自主的、自立的学校運営の考え方にもとづく学校裁量の拡大に連れて、様々な教育課題の解決には家庭や地域との連携・協力が必要になっており、そのための相互の信頼関係の構築が重要となっている。
　その場合に、教育目標や教育計画等を年度当初に保護者や地域住民に説明するとともに、その達成状況などに関する自己評価を実施し、保護者や地域住民に説明するように努めることとが重要とされた。そのため、積極的に地域住民の学校運営への参画と学校の説明責任を担保できる制度の導入が提言された（10年答申）。
　学校評議員制度は、こうした提言を具体化するものとして平成12年に誕生した（施行規則49条）。評議員は学校内外の有識者、関係機関・青少年団体等の代表者・保護者等の中から学校長の推薦にもとづき教育委員会が委嘱し、学校長の求めに応じて学校運営に関して意見や助言を行うこととしている。

評議員設置のイメージ

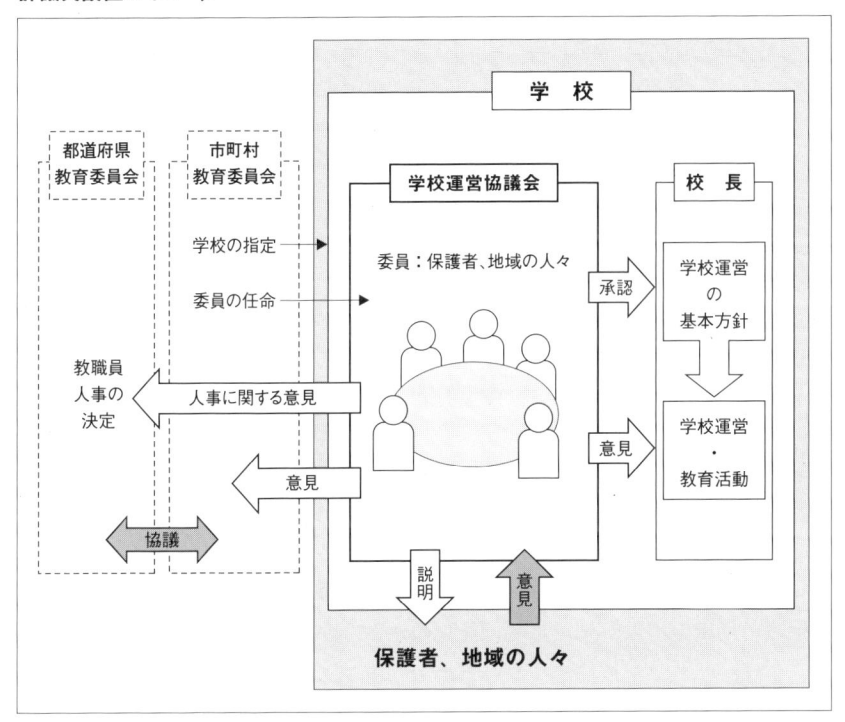

さらに平成16年度からは保護者や地域の学校運営・経営への参画と一定の行政上の権限を行使できる「学校運営協議会」を市町村教育委員会が定める「指定学校」に設置できることとなり、保護者や地域の学校運営（教職員人事を含む）への関与が法的に一部強化された（地方教育行政法47条の5）。

平成20年4月現在で学校運営協議会が設置されている全国的な状況を見ると、346校（平成19年197校）で設置されており、設置の多い自治体としては、京都市110校、島根県出雲市49校、岡山市35校、東京都世田谷区22校、同三鷹市19校など、一部で普及が進んでいるが、設置自治体も29の都府県に止まり、地域差が大きいのが特徴である。

219

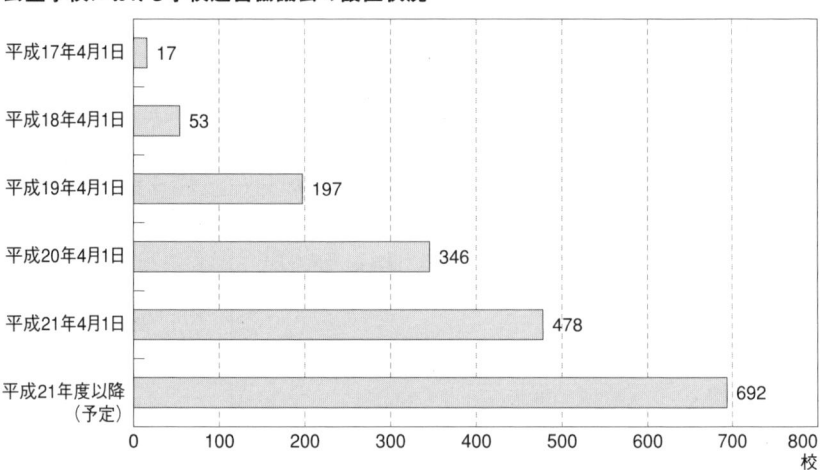

公立学校における学校運営協議会の設置状況

年月日	設置数
平成17年4月1日	17
平成18年4月1日	53
平成19年4月1日	197
平成20年4月1日	346
平成21年4月1日	478
平成21年度以降（予定）	692

※データは文部科学省の調査による。平成21年度以降の設置（予定）状況は、平成21年度4月1日現在。

　しかしながら、こうした学校外関係者の教育専門性、教育活動の特性に対する見識や良識の担保が果たして可能なのかどうか懸念材料は残る。
　例えば、いわゆる地域ボスやいわゆる"モンスターペアレント"の現実的問題を回避する形で実現できるかどうかについては、かつての教育委員公選制の弊害の経験に鑑み、その実効性と合わせて今後注意深く見ていく必要があるだろう。

学校選択の弾力化、自由化

　本来教育は私事性としての性格を有し、親の子どもに対する監護教育の義務の履行としてどのような教育の機会を選択するかは、元来保護者の自然権に属することであるとの考え方が成り立ち、公教育との間での確執が続いてきた。
　1980年代以降本格化した米国における教育改革において、学校選択の自由は大きな問題となった。これに先立ち、1960年代から米国では子どもの能力や適性、興味関心に即した多様なカリキュラムや、学習意欲のある子どもたちを引きつけ、人種統合を目的の一つとする「マグネットスクール」や無学年制、個別教授方式を採用するなど新しいタイプの学校が登場していた。

また、1990年代以降保護者や市民グループ、民間企業等が独自の教育理念や目標を掲げ教育委員会等公的機関との間で学区契約を結び、認可を受けて公設・民営型の学校運営を行い、その後に審査を受けて契約通りの目標を達成していないと評価された場合は廃校となる「チャータースクール」が全米で普及しつつある。

　こうした米国での動きは、学校の管理運営、カリキュラム・教育方法、教員人事等で従来の公立学校に比して相当の自由度を持つものとして注目されている。

　我が国でもこうした動向に強い関心が寄せられ、内閣総理大臣の諮問機関である「教育改革国民会議」（平成12年）は、「コミュニティー・スクール」の設置を提言した。これは、教育委員会に合議制の「学校運営協議会」を設置する方式として具体化され、その後国の指定校方式で実践的研究が成され、前記したように京都市など一部の自治体で一定の普及が見られ、増加する傾向にある。

　また、2校以上の公立小学校・中学校の学区内での就学校を教育委員会が指定する際に、例えば、いじめ問題などに対処するための生徒指導上の措置として保護者の意向に配慮し、弾力的に対応することが可能となる「学校選択制」（文部省通知）の運用が注目された。

　それ以外にも学校間競争を促す市場原理を機能させ、学校運営・教育活動を活性化する目的で市区町村の一部で本制度を導入しようとする動きがある。

　しかし、OECDが行った過去の調査では、活性化効果については否定的評価がなされた（平成6年）。また、我が国では学校序列化や格差拡大などの弊害が懸念されること、学校を1校しか設置していない地方ではこうした意図が機能しないこと、また、通学区域が地域活動の基礎単位であることを考慮した場合にこうした措置は適当ではないといった判断を行っているところもある（小学校8.8％、中学校11.1％導入、文部科学省調査、平成16年）。

演習テーマ（4）「フリースクール」などのいわゆる「民間教育施設」の将来の展望

　不登校児童生徒等正規の学校外において学習する者の増加につれて、教育支援センター（いわゆる「適応指導教室」）や教育委員会との連携による不登校児童生徒のための学習施設の運営実態が様々に報告されるようになっている。
　しかし、これまでの国の施策の基本的考え方は、あくまで義務教育制度の枠組みを前提としている。学校教育法第1条に規定する学校法人が設置する場合や教育委員会が一定の条件のもとでこれに類似した教育施設として承認した場合で、いわば例外的措置として民間団体の一部について条件に合致するものに限り正規の学校に準じた教育運営を認めるとの扱いによるものである。実質的には制度的にはまったくの外部に置くとの性格を有していると考えてよいだろう。

諸外国の事例

　そこで、こうした問題について考察するにあたって、まずいわゆる「Alternative School」の諸外国の事例からその特徴を概観することが適切と考える。永田佳之（聖心女子大学）は、現代的な文脈で「Alternative School」を次のような六つの諸特性から捉え直している。それらは、

①市場および国家から相対的に自律し、メインストリームの規範や通念を捉え直す（公共性）、

②伝統的な教育（公教育・私教育を問わない）を批判的に、かつ再構築する視座で捉える（刷新性）、

③公教育との協働において独自の社会的役割を担う（相互補完性）、

④近代西欧という特定の時代的・地域的制約に捕らわれず、どの時代のどの地域にも見出すことができる（多様性）、

⑤二項対立的な思考様式に依拠しない、ホリスティックな視座を重視する（全体性）、

⑥少数派の声に代表される多様な価値や「特別のニーズ」が尊重される（多

元性）
とした。

同時に、多面的・多元的な特性を備えた相対的な概念であり、あえて「定義づけ」は控えるべきとも指摘している（永田佳之『オルタナティブ教育』、新評論）。

また、「Alternative School」のタイプを質の保証の観点から分類している。引用が長くなるが興味ある内容であるので、その概要を紹介しておこう。

■質保証のための法的措置

①教育を授ける主体は、国家のみならず宗派や市民でもよいと規定し、所轄庁による教育の成果など質の監査（監督権）や教師の適格性、道徳的誠実さを審査する権限が留保された形で「学校創設の自由」、「学校方針の自由」、「学校組織の自由」が保障されている。（オランダ）

②公立以外の教育機会、すなわち私立（独立）学校や、ホームスクールでもよいとされる。

すなわち、義務教育年齢にあるすべての児童は、国民学校（公立の初等教育学校）において無償で教育を受ける権利を有するが、親や保護者がこれと同じレベルでの教育を子どもが受けられるように配慮するならば、そこでの教育を受けさせる義務は負わない。

過去200年近く学校づくりの主体は国家ではなく、親、市民、地域社会とする伝統が息づいている。「就学義務」ではなく「教育義務」を親・保護者は負っているとの伝統的思想が今も生きているわけである。

ただし、これらの自由学校などでも国民学校（小中学校レベル）の基準にしたがって教育を行うとする公教育との学習の等価性（その基準はやや曖昧であり、余程の問題がない限りあえて問われることはない）が、法律で定められている。（デンマーク）

また、等価性と並んで教育目標や教育内容に関する国のガイドラインについては、主要な学習領域などにおける知識・技能・学習指針やアチーブメント基準などが法的拘束力のない形で明示されている。（ニュージーランド、オーストラリア）

③多様な教育機会を保障するもので、個人のニーズと可能性を考慮して「家庭教育、独学、検定受験」の組み合わせを認めるもの（ロシア）や、一時期学習者中心・教育の多元性重視・メインストリームとの互換性の想定などのガイドラインを設定して、教育の質を担保しようとしてた。（タイ）

④教育の研究・評価の強化により教育の質の向上を図るための「実験」の場として、刷新的な要素の導入を行う。（台湾）

⑤教育制度の改善と発展のために必要と認められ、大統領令により「特例」として、法制度上例外と位置づける。（韓国）

このような内容がそれぞれ法的に措置され、あるいは運用されている。

■質保証のための認証、監査

デンマークのように監査は原則的に親の会が選ぶ監査者による自己評価を行う国を除き、認証・監査は国が関与する別の専門機関により実施されているのが通例である。

監査項目は、教育の質・生徒の学習水準・学校経営の効率性など教育法の規定の充足度に関するもので、独立学校を除き公表されるもの（イギリス）、学習の成果（標準テストを含む）・教育的環境・学校運営に関する認証時に設定した目標の到達度（オランダ）、これらに加えて教授法における柔軟性に関するもの（米国オレゴン州）、校長のリーダーシップ・教師のパフォーマンス（オーストラリア）などとなっている。

■カリキュラム、教科書、全国統一テスト

基礎的な読・書・算を中心とした教育内容について最小限の基準を設定している国が多いが、ナショナル・カリキュラムの実施義務はないもののこれを奨励しているもの（イギリスの独立学校）など、学校が国家基準からは相当に自由度を保有し独自のカリキュラムを編成・実施している。

しかし、卒業資格試験や先述した監査を考慮して基礎科目の履修はきちんと行われているのが現実である。

米国の一部の州を除き、国などの認定（指定）教科書の使用義務はなく、独自の教科書を作成・使用している国もある。

学力水準の国全体での確保は大きな関心事であることは言うまでもなく、どの国でも統一テストは用意されているが、米国・カナダ・オーストラリアでは

受検が義務づけられているのに対して、義務ではないが大学進学に必要（イギリス）、中等教育修了資格・大学への入学資格（オランダ）、標準テストには一切参加していない（ニュージーランド）と区々である。

■教員免許

大まかに言って制約のない国（イギリス、デンマーク、オランダ、米国オレゴン州）と、全員または一部の教師に資格が求められるもの（オーストラリア、米国のチャータースクール、ドイツ、韓国、ニュージーランドなど）がある。

国際比較による我が国の「フリースクール」の位置づけと将来像

前項でフリースクールなど「Alternative School」について、国際的な視点から状況を紹介した。ここで我が国としても各国の事情や制度の運用の実際に強い関心をもって、フリースクールをどのように位置づけるのかなど、この問題に対する将来のあり方、方向性について論じる必要がある。

そこで本論に入る前に、国立教育政策研究所の研究グループが平成13年に行った調査結果から、受け入れた子どもの状況、学習活動・教材、施設（※2）の運営方針、スタッフの構成、卒業生の進路、成果、そして財政状況をまず紹介しておこう。

※2 不登校児童・生徒を対象とした生活または学習のためのオールタナティブな学び舎（代表的なタイプ）は大きく分類して①適応指導教室、②フリースクール、③フリースペース、④その他からなる。

学び舎の運営方針（タイプ別）

項　目	学び舎のタイプ	フリースクール	フリースペース	補習塾	進学塾	計	検定
A．一人ひとりの子どもの個性を尊重している		98.2	97.4	97.8	100.0	98.2	
		87.3	78.7	76.1	69.4	78.2	
B．どの子どもでも大人と同等に扱う		74.6	85.4	67.4	71.4	76.0	
		38.2	46.7	32.6	26.5	37.3	
C．子どもは原則として来たいときに学び舎に来ればよい		69.1	74.6	28.3	34.7	55.1	***
		52.7	65.3	17.4	14.3	41.3	
D．行事には原則として全員が参加しなければならない		25.4	4.0	4.3	20.4	12.9	***
		1.8	2.7	—	8.2	3.1	
E．義務教育段階の子どもはできれば従来型の学校で学んだ方がよい		23.6	13.3	28.3	26.5	21.8	*
		9.1	4.0	8.7	4.1	6.2	
F．社会にスムーズに適応できることを最優先している		47.2	28.0	47.8	61.2	44.0	**
		23.6	14.7	13.0	16.3	16.9	
G．多少異論のあるルールでもがまんして守る人間を育てている		25.5	14.6	26.1	32.7	23.5	
		5.5	1.3	6.5	6.1	4.4	
H．子どもの家庭の経済的な事情を考えて、会費や授業料を免除することがよくある		50.9	42.7	41.3	24.5	40.4	*
		27.3	20.0	8.7	14.3	18.2	
I．子ども同士のトラブルはできるだけ子どもたちだけで解決させる		72.7	72.0	58.7	49.0	64.4	**
		23.6	17.3	15.2	6.1	16.0	
J．スタッフを「○○先生」と呼ぶ子どもが多い		32.7	12.0	63.0	83.7	43.1	***
		12.7	2.7	23.9	59.2	21.8	
K．子どもたちにとって必要な場所でなくなればいつでも解散する		63.7	72.0	65.3	51.0	64.0	*
		45.5	50.7	37.0	22.4	40.4	
L．学び舎を始めたのは、主に目の前に困っている子どもがいたからである		76.4	69.3	65.2	83.7	73.3	
		47.3	41.3	34.8	40.8	41.3	
M．設立にかかわったスタッフの大半が今もかかわりつづけている		76.3	72.0	56.5	73.5	70.2	
		52.7	42.7	39.1	42.9	44.4	
N．はじめから「こんな子どもたちを受け入れよう」と決めていた		50.9	28.0	41.3	79.6	47.5	***
		29.1	16.0	15.2	40.8	24.4	
O．学び舎の方針よりも個々の子どもを優先させる		76.4	70.7	67.4	63.3	69.8	**
		30.9	42.7	28.3	10.2	29.8	
P．地元の学校と常に連絡を取り合っている		49.1	30.7	19.6	38.8	34.6	***
		23.6	6.7	8.7	16.3	13.3	

※数字は「とてもあてはまる」「かなりあてはまる」と回答した％。下段は「とてもあてはまる」のみ。

どのような学習活動を行っているか（％）

項　目 / 学び舎のタイプ	フリースクール (N=42)	フリースペース (N=24)	補習塾 (N=43)	進学塾 (N=49)	計 (N=158)	検定
時間割にしたがって活動	38.1	25.0	58.1	87.8	57.0	***
学習指導要領にもとづくカリキュラムを作成	7.1	0	14.0	14.3	10.1	
出席をとっている	35.7	8.3	25.6	75.5	41.1	***
通知票（成績簿）を作っている	2.4	0	0	32.7	10.8	***
知育重視のカリキュラムを組んでいる	9.5	4.2	30.2	18.4	17.1	*
体験学習を重視している	61.9	33.3	23.3	36.7	39.2	**
市販の教科書を使っている	23.8	12.5	46.5	44.9	34.8	**
始業や終業時にチャイムやベルを鳴らす	4.8	0	4.7	32.7	12.7	***
授業の始まりと終わりにみんなで先生にあいさつをする	11.9	12.5	14.0	22.4	15.8	
どの座席でも自由に使うことができる	81.0	79.2	79.1	75.5	78.5	
受験指導をしている	45.2	29.2	79.1	89.8	65.8	***
就職指導をしている	19.0	4.2	16.3	30.6	19.6	
学力の違いに応じた授業をしている	85.7	66.7	86.0	89.8	84.2	
異年齢の子どもたちが同じ教室で学ぶ	92.9	79.2	72.1	75.5	79.7	
パソコンを使っている	52.4	25.0	20.9	34.7	34.2	*

これまで関わってきた職種（現在のものも含む、％）

項　目 / 学び舎のタイプ	フリースクール (N=55)	フリースペース (N=74)	補習塾 (N=46)	進学塾 (N=47)	親の会 (N=44)	その他 (N=82)	計 (N=348)	検定
小中高職員	34.5	28.4	19.6	21.3	27.3	40.2	29.9	
大学教員	10.9	1.4	4.3	0	6.8	15.9	7.2	*
塾経営者・講師	40.0	31.1	89.1	68.1	15.9	30.5	43.1	***
カウンセラー	20.0	24.3	15.2	4.3	15.9	31.7	20.4	
医者	1.8	1.4	0	0	2.3	3.7	1.7	
会社員	29.1	36.5	39.1	48.9	34.1	23.2	33.9	
職人	10.9	6.7	0	0	6.4	4.6	5.0	
ジャーナリスト	7.3	4.0	6.7	4.1	4.3	5.7	5.3	
芸術家	10.9	8.0	0	0	6.4	6.9	5.8	
専業主婦	9.1	25.3	10.9	0	38.3	8.0	15.0	***
フリーター	12.7	14.7	8.7	4.1	10.6	8.0	10.0	
その他	40.0	28.0	13.0	26.5	36.2	29.9	29.2	

卒業生の進路

項目 \ 学び舎のタイプ	フリースクール (N=53)	フリースペース (N=57)	補習塾 (N=41)	進学塾 (N=46)	計 (N=197)	検定
在籍していた小・中・高に戻る	35.8	31.6	14.6	13.0	24.9	*
在籍したことのない小・中・高に通う	62.3	40.4	80.5	15.2	48.7	***
専門学校（職業訓練校を含む）に進む	28.3	29.8	22.0	73.9	38.1	***
国内の大学に進む	22.6	31.6	34.1	82.6	41.6	***
国外の大学に進む	5.7	3.5	4.9	34.8	11.7	***
予備校に通う	9.4	15.8	22.0	52.2	23.9	***
サポート校に通う	9.4	10.5	7.3	0	7.1	
大学入学検定試験の準備をする	3.8	19.3	9.8	8.7	10.7	
一般企業に勧める	22.6	19.3	7.3	43.5	23.4	***
公共団体に勧める	7.5	1.8	0	8.7	4.6	
芸術家になる	5.7	1.8	2.4	13.0	5.6	
フリーターになる	20.8	29.8	7.3	34.8	23.9	*
学び舎のスタッフになる	3.8	5.3	0	4.3	3.6	
その他	24.5	14.0	4.9	2.2	12.2	**

学び舎の成果

項目 \ 学び舎のタイプ	フリースクール	フリースペース	補習塾	進学塾	計	検定
A. 元気になった子どもが多い	98.2	90.7	93.5	97.9	94.7	*
	76.4	64.0	43.5	51.0	60.0	
B. 友だちが増えた子どもが多い	90.9	78.7	73.9	89.8	83.1	***
	63.6	34.7	19.6	34.7	38.7	
C. 学力が伸びた子どもが多い	76.4	38.7	95.7	93.9	71.5	***
	40.0	14.7	28.3	44.9	30.2	
D. 社会活動に積極的に参加するようになった子どもが多い	60.0	50.7	28.2	51.0	48.5	***
	29.1	22.7	4.3	10.2	17.8	
E. 生きがいをみつけた子どもが多い	83.7	58.7	54.4	79.5	68.4	*
	36.4	22.7	8.7	22.4	23.1	
F. 社会活動に積極的に参加するようになった大人（親やスタッフ）が多い	47.2	61.3	26.1	38.8	45.8	***
	23.6	20.0	—	10.2	14.7	
G. 生き方や価値観が変化した大人が多い	74.5	81.3	50.0	69.3	70.7	**
	30.9	36.0	10.9	22.4	26.7	
H. 人間関係が豊かになった大人が多い	70.9	80.0	52.2	65.3	68.9	***
	30.9	41.3	8.7	22.4	28.6	

※数字は「とてもあてはまる」「かなりあてはまる」と回答した％。下段は「とてもあてはまる」のみ。
※以上、データは「オルタナティブな学び舎の実態に関する報告書」（オルタナティブ教育研究会／菊地栄治・永田佳之、2001年）から

「Alternative School」出現の背景など日・欧米比較と論点

　欧米諸国では、親・保護者の特殊なニーズ（シュタイナー、モンテッソリー、英国サマーヒル・スクール教育などへの強い志向性）の充足を公的に支援することにあった。これに対して、東アジア（特に日本）では一般校に通えない「不登校」児童生徒の学習の受け皿づくり（NPO法人、民間私塾など）をバックとした点を抑えておく必要がある。

　前者においては公設民営型を基本とするのに対して、日本などは初期のフリースクールに代表されるように親たちの意思・寄付による自主的設置・自力による運営といった私設民営型（NPO法人等）を中心としている。

　そこで、論点の切り口を設定するとすれば、次の二つの点に要約できる。

①多様な設置形態をとる、伝統的学校文化から解放されたニュータイプ・刷新性を存在価値とする学校をも選択できる、完全な自由選択・市場原理の合理性

②教育主体が公的な機関（国家およびこれが所管する一定の条件を充足するもの）に限定されるべきとする根拠の妥当性

がそれである。

将来の可能性

　前出永田の引用する「先進国」での関係者の答えには、「Alternative School」は「市民の良識や良心を信じるべきである」という、「性善説」にその合理性が立脚しているとする点は、すべての見解ではないにせよ、興味深いものがある。

　あえて制度外での自由を享受しようとする学校が少なからず存在し、一挙にその数は増えてはいないものの、国民合意のもとでナショナル・ガイドラインを形成し、教育制度にこれら「Alternative School」を「統合学校」として私立の学校と同じようにメインストリームに組み込むことはできないだろうか。

　このことが可能となれば、公費による助成措置を行うことも制度上可能となる。こうした制度化が実現している海外の例も報告されている。これらは、我が国の将来のあり方として、実現性を持った将来の方向性を検討する場合に、貴重な示唆を与えるものと言えるだろう。

換言すれば、諸外国の先駆的とも位置づけられるケースを参考に我が国の「Alternative School」の公共性・刷新性・相補性・多元性（前述、永田が挙げた特性のなかから筆者が重視した要素）について、最終的にどこまで国民的支持を得られるかが、こうした教育施設の将来の制度的認知、公的支援の中身を左右することになろう。

国内の先駆的取り組み例と新たな発想

今日我が国で一部設置認可された学校法人には既存の制度枠外にあったものから枠内に移行したとも評価できるケースで、これに類する先駆的意義を有する事例（※3）も生み出されていることに注目したい。

永田によれば、我が国の学校教育活動全体のなかで"1割の輝く成果"は、"元気"を学校に与える可能性を秘めており、その価値こそが将来の希望の星となるものであり、社会全体で見守っていく十分な役割を担っていると信じているとの示唆は、傾聴に値するものである。

今日国内に12万人の不登校の児童生徒がいるとされ、さらに100万人を超える時代に入ったとされるひきこもり問題を抱える我が国において、こうした新たな発想による学校のあり方、将来の展望に課題解決の糸口を期待したいものである。

◎コラム　**先進国の知られざる"学校"と伝えようとして……**

"授業というのは教師だけではなく、クラスの皆で汗をかいて一生懸命創っていくものなんだな……、良く分かった。有難う！"（シリーズ「学校」第1作『夜間中学校』山田洋次監督・松竹）から。

この映画は4作シリーズの第1作目として制作されたもので、戦時中に国民学校を中退した老人、在日朝鮮人、中国残留孤児、不登校経験のある生徒、障害者など様々な過去を持つ生徒が中学校の学習を夜間受けている姿を、

教師たちとの人間的交流のなかで描いた作品である。

　当時、アフガニスタンの識字プロジェクトに参画していた筆者は、山田監督、松竹映画社、東京外国語大学の先生方などの理解・協力を得て現地語（ダリー語）字幕付きでこの作品をDVDに編集しなおして現地上映を行った。もっとも、字が読めない人たち向けなのに何故に字幕スーパーなのか？まさに画竜点睛を欠く結果となったことが、今もって悔やまれるが、作品の反響はそれなりのものがあったと信じている。

　先進国日本においても教育の機会に恵まれなかった人々に対し、きめ細かく配慮する学校のあり様、教師と生徒の心の交流を彼（女）たちなりの共感を持って受け取ってもらいたかった。作品が示唆する学校の意義と教師のひたむきさ、これが祖国再建の原動力となる学ぶ力、溢れる勇気につながるであろうことを確信してもらいたかったのだが……。

※3　具体例の一つとして、特定の教育理念に積極的な教育意義をもたせ、ユニークな活動を展開しているもので、「ルドルフ・シュタイナー」の教育理念にもとづきＮＰＯが設立した教育施設（「京田辺シュタイナー学校」がある。
　また、不登校・ひきこもりの子どもたちを対象に"いのちに寄り添う「居場所」"をフリースペースとして提供することを公的に保障した川崎市（川崎市子どもの権利に関する条例第27条）の委託を受けて、NPO「「フリースペースたまりば」が運営する公設民営型の「フリースペースえん」の例をも挙げておこう。

教育関連年表

		教育（教育法含む）	政治・社会
1868	明治元		明治と改元、一世一元の制を定める
1869	2	京都上京第27番組小学校創立	版籍奉還
1871	4	文部省設置	廃藩置県
1872	5	学制布告書(8・3学制頒布)	
1873	6		徴兵令発布
1875	8	学齢を満6年から14年までと定められる	
1876	9	クラーク、札幌学校に着任	
1877	10	東京大学設立	西南の役起こる
1879	12	教育令交付(学制廃止)	
1880	13	教育令を改正(改正教育令交付)	集会条例公布
1881	14	小学校教員心得制定	国会開設の期を明治23(1890)年とする詔勅発布
1884	17	中学校師範学校教員免許規程制定	
1885	18	森有礼、初代文部大臣に就任	伊藤博文内閣成立(内閣制度発足)
1886	19	師範学校令、小学校令、中学校令、諸学校通則が公布される	各省官制公布
1887	20	教科書用図書検定規則制定	保安条例公布
1888	21		市制・町村制公布
1889	22		大日本帝国憲法発布
1890	23	教育ニ関スル勅語渙発	第1回帝国議会開会式
1893	26	実業補習学校規程公布	
1894	27	高等学校令公布	日清戦争始まる(宣戦布告)
1895	28	高等女学校規程制定	日清講和条約調印
1896	29		台湾総督府条例公布
1897	30	地方視学設置	八幡製鉄所建設開始
1899	32	小学校教育費国庫補助法公布	
1902	35	教科書疑獄事件起こる	日英同盟協約調印
1903	36	国定教科書制度成立(小学校令改正)	幸徳秋水ら、兵民社を設立し『平民新聞』を創刊
1904	37	小学校国定教科書使用開始	日露戦争始まる
1907	40	義務教育年限を6年に延長(小学校令改正、翌年実施)	
1908	41	文部省、教科書用図書調査委員会設置	
1909	42	東京盲学校設置	伊藤博文、ハルビンで暗殺
1914	大正3		第1次世界大戦起こる
1917	6		ソビエト政権成立(ロシア10月革命)
1918	7	市町村義務教育費国庫負担法公布	政府、シベリア出兵宣言
1919	8	下中弥三郎ら、啓明会結成(初の教育組合)	対独講和条約(ベルサイユ平和条約)
1920	9		国際連盟発足
1922	11		日本共産党結成(非合法)
1923	12		国民精神作興に関する詔書発布
1924	13		第2次護憲運動起こる
1925	14		治安維持法公布
1928	昭和3	文部省、学生課を設置(思想問題で指導・監督等)	パリ不戦条約調印
1929	4	北方教育社が結成(東北地方のつづり方運動が始まる)	ニューヨーク株式市場大暴落(世界的大恐慌が始まる)
1931	6		満州事変起こる
1933	8	京大・滝川事件が起こる(滝川幸辰教授休職発令)	日本、国際連盟を脱退する
1934	9	文部省、思想局設置	ワシントン海軍軍縮条約を破棄(日本の国際的孤立化)

		教育（教育法含む）	政治・社会
1935	10	青年学校令公布（実業補習学校・青年訓練所廃止）	
1936	11	文部省、義務教育8年制実施計画要綱決定	日独防共協定調印
1937	12		日中戦争始まる
1938	13	集団的勤労作業運動実施通達（勤労動員始まる）	国家総動員法が公布
1939	14		第2次世界大戦勃発
1941	16	国民学校令公布	日本軍がハワイ真珠湾を攻撃太平洋戦争勃発
1943	18	師範学校、中等学校で国定教科書が使用される	
1944	19	国民学校令など戦時特例公布（義務教育8年制を停止）	閣議で決戦非常措置要綱決定
1945	20	文部省「新日本建設ノ教育方針」発表、「終戦ニ伴フ教科用図書取扱方ニ関スル件」通牒（墨ぬり教科書出現） 全日本教職員組合結成 GHQ、「日本教育制度ニ対スル管理政策ニ関スル件」、「国家神道、神社神道ニ対スル政府ノ保証、支援、保全、監督並ニ弘布ノ廃止ニ関スル件」、「修身、日本歴史及ビ地理停止ニ関スル件」指令	天皇、終戦詔勅放送 降伏文書調印 国際連合発足（51カ国） ユネスコ憲章採択 衆議院選挙法改正公布（婦人参政権）
1946	21	第1次アメリカ教育使節団が来日 教職員追放令公布 田中耕太郎が文相に就任 GHQ、地理授業再開許可 文部省、教育勅語奉読廃止を通達、教育基本法要綱案作成、「君が代」合唱・御真影奉拝に関する次第の規程を削除、男女共学を指示 教育刷新委員会が設置され、「教育の理念及び教育基本法に関すること」を採択 GHQ、日本史歴史授業再開許可	天皇、人間宣言 吉田茂内閣成立 日本国憲法公布
1947	22	教育基本法、学校教育法、労働基準法公布 日本教育制度改革に関する極東委員会指令 国家公務員法、児童福祉法公布 文部省が学習指導要領一般編（思案）を発行、6・3制が発足 日教組結成大会	GHQ、2・1ゼネストの中止命令
1948	23	衆議院「教育勅語等の排除に関する決議」、参議院「教育勅語等の執行確認に関する決議」 市町村立学校職員給与負担法、教科書の発行に関する臨時措置法、教育委員会法公布 文部省が教科書用図書検定規則公布 新制高等学校、定時制高等学校が発足 第1回教育委員選挙実施	ベルリン封鎖始まる 国連総会、「人権に関する世界宣言」採択
1949	24	教育公務員特例法、文部省設置法、教育職員免許法・同施行法、国立学校設置法、文部省著作教科書の出版権等に関する法律、私立学校法公布 文部省が「教科書用図書検定基準」告示 労働組合法公布 法務府が「生徒に対する体罰禁止関する教師の心得」を発表 人事院が「政治的行為」の規則施行 全国教育長会議「赤い教員追放」を決議	ドイツ連邦共和国（西独）成立 シャウプ使節団、税制改革勧告案発表 中華人民共和国成立を正式宣言 ドイツ民主共和国成立を正式宣言 ドイツ民主共和国（東独）成立 湯川秀樹、ノーベル賞受賞（日本人初）
1950	25	地方公務員法公布 第2次アメリカ教育使節団来日 文部省が国旗掲揚・君が代斉唱の勧告を通達 文相が全国教育長会議で修身科の復活・国民実践要領の必要を表明	朝鮮戦争始まる 警察予備隊発足
1951	26	昭和26年度に入学する児童に対する教科書の給与に関する法律公布 日教組が「教え子を再び戦場に送るな」のスローガンを決定、第20回中央委「教師の倫理綱領」を採択 文部省、学習指導要綱一般論（試案）を改訂発行	朝鮮休戦会談始まる 対日平和条約・日米安全保障条約調印
1952	27		東大でポポロ事件 対日平和条約・日米安全保障条約発効・国民政府（台湾）と平和条約調印 皇居前血のメーデー事件 破壊活動防止法公布

233

		教育（教育法含む）	政治・社会
1953	28	文部省が「教育の中立性の維持について」の次官通達 一般職職員給与法一部改正 高等学校の定時制教育及び通信教育振興法、公立学校施設災害復旧費国庫負担法、公立高等学校危険建物改築促進法公布	朝鮮休戦協定調印
1954	29	中教審による「教員の政治的中立性維持に関する答申 東京地裁が東大ポポロ事件無罪判決 義務教育諸学校における教育の政治的中立の確保に関する臨時措置法、教育公務員特例法一部改正法（教育二法）、教育職員免許法改正（校長、教育長、指導主事の免許状廃止）、学校給食法公布 全国長村議会議長会、地教委廃止を決議	米国、ビキニ水爆実験（第5福竜丸被災）
1955	30	女子教育職員の産前産後の休暇における学校教育の正常な実施の確保に関する法律公布 日本民主党「うれうべき教科書の問題」第1集発行	
1956	31	就学困難な児童のための教科用図書の給与に関する法律 地方教育行政の組織及び運営に関する法律公布 文部省が小中高生に対し初の学力調査実施、教科書調査官法制化 愛媛県教委の勤務評定による昇給昇格実施方針決定	
1957	32	文部省が教頭の職制化の省令公布 都道府県教育長協議会、勤務評定試案を了承、実施を発表	岸信介内閣成立
1958	33	文部省が小中学校で道徳教育の時間特設を行うよう通達 勤評が強い反対の中で1都38県で実施され、都組勤評反対10割休暇闘争 義務教育諸学校施設費国庫負担法、公立義務教育諸学校の学級編制及び教職員定数の標準に関する法律、市町村立学校職員給与負担法一部改正公布 文部省が小中学校学習指導要領公示 教科用図書検定基準全面改訂告示	
1960	35	文部省が高等学校学習指導要領を公示	池田勇人内閣成立 ケネディ、米大統領に当選
1961	36	国立工業教員養成所の設置等に関する臨時措置法、公立高等学校の設置、適正配置及び教職員定数の標準等に関する法律公布	ソ連のガガーリン、人類初の宇宙旅行 東独政府が東西ベルリンの境界に壁を構築
1962	37	義務教育諸学校の教科用図書の無償に関する法律公布 5年制高等専門学校設置（学校体系の複線化）	
1963	38	経済審議会が「経済発展における人的能力開発の課題と対策」答申 最高裁が東大ポポロ事件判決（無罪判決破棄差し戻し） 義務教育諸学校の教科用図書の無償措置に関する法律公布	ケネディ大統領が暗殺される
1964	39		佐藤栄作内閣成立
1965	40	家永三郎・第1次教科書裁判（国家賠償請求事件）提訴 東京地裁が東大ポポロ事件差し戻し審判決（学生有罪）	日韓条約協定の批准書交換
1966	41	ユネスコの特別政府間会議が「教員の地位に関する勧告」を採択 中教審「後期中等教育の拡充整備について」を最終答申 文部省が来年の全国学力調査は中止、3年ごとに1回実施をすると発表	中国で紅衛兵による大整風運動始まる
1967	42	家永三郎、第2次教科書裁判（検定処分取消請求事件）提訴 政府、外国人学校制度法案を見送る	
1969	44	小中学校全学年に教科書無償給与となる 文部省が中学校学習指導要領公示 同和対策事業特別措置法、大学の運営に関する臨時措置法公布 文部省初中局長「高等学校における政治的教養と政治的活動について」通達	
1971	46	文部省が小中学校学習指導要領の一部改正を公示 中教審が「今後における学校教育の総合的な拡充整備のための基本的施策について」答申	
1972	47	東京地裁が伊藤吉春校長事件勤評法判決 文部省が学習指導要領の弾力的運用について通達	沖縄復帰 南北朝鮮平和統一に関する共同声明発表 田中角栄内閣成立

		教育（教育法含む）	政治・社会
1974	49	人材確保特別措置法公布 日教組・日高教が春闘決戦ゼネストで全一日のストを実施 教頭職法制化法案、可決成立 東京地裁が第1次教科書裁判で国家教育権説の判決	ゼネストで空前のマヒ
1975	50		サイゴン陥落、ベトナム戦争終結
1976	51	専修学校制度発足 育児休業法実施 教育課程審議会「教育課程の基準の改善について」答申(授業時数・教科内容削減)	田中角栄前首相がロッキード事件為替法違反で逮捕 毛沢東中国共産党主席死去
1978	53	中教審「教員の資質能力の向上について」答申 教育職員養成審議会「教育実習の改善充実について」報告 教育課程審議機会「盲学校、ろう学校及び養護学校の小学部、中学部及び高等部の教育課程の基準の改善について」答申 東京・中野区議会「教育委員準公選条例」を可決	
1979	54	文部省が盲・ろう・養護学校小学・中学・高等部学習指導要領示	サッチャーが英初の女性首相に就任 国際人権規約参院本会議で承認 元号法公布・施行
1980	55	三重県尾鷲中学校校内暴力事件で警官51人出動し、12人を補導 川崎市の二浪の予備校生が金属バットで両親を災害	イラン・イラク全面戦争へ 原油輸出停止
1982	57	日教組定期大会が右翼の妨害で分散大会となる 国立または公立大学における外国人教員の任用等に関する特別措置法成立 教科用図書検定基準改正告示	中国、歴史教科書記述に抗議 国連総会、83年からの10年を「障害者の10年」と宣言
1983	58	教養審「教員の養成及び免許制度の改善について」答申	
1984	59	文部省が中野区に"準公選"中止勧告	中曽根首相が、現職首相では戦後初めて靖国神社に年頭参拝
1985	60	水戸市立中学2年生女子が同級生のいじめが原因で自殺 長野県教委が韓国籍女性の小学校常勤講師採用を決定	日航ジャンボ機、群馬県の山中に墜落し、520人が死亡
1986	61	教課審「教育課程の基準の改善に関する基本方向について」発表（小学校の生活科、日の丸・君が代の取り扱いの明確化など）	男女雇用機会均等法が施行
1987	62	臨教審「教育改革に関する第3次答申」提出 文部省が新任教員の洋上研修開始 教養審「教員の資質能力の向上方策等について」答申 教課審「幼稚園、小学校、中学校及び高等学校の教育課程の基準の改善について」答申（高校で社会科を廃止）	1ドルが未踏の130円圏に突入
1988	63	最高裁が佐賀県教組一斉休暇闘争事件判決 政府が「新テスト」実施法案を国会に提出 初任者研修の試行が全国57都道府県市で実施 京都府の元校長等が府教委の日の丸・君が代の押し付けに抗議声明 参議院で教育職員免許法改正法案を可決	
1989	平成元	文部省が幼稚園教育要領、小・中・高等学校の学習指導要領を示 東京地検特捜部、高石邦男前文部次官をリクルート事件収賄容疑で逮捕 全日本教職員組合協議会結成大会 参議院で教免法改正法案成立	昭和天皇逝去、異常報道が問題化 ベルリンの壁が崩壊 米ソ首脳会談で冷戦との決別を宣言 総評が解散し、新連合と全労連が誕生
1990	2	初の大学入試センター試験実施 中教審「生涯学習の基盤整備について」答申 生涯学習振興のための施策の推進体制等の整備に関する法律成立 国連・子どもの権利条約発効	イラクがクウェートに侵攻 統一ドイツが誕生

		教育（教育法含む）	政治・社会
1991	3	文部省が'89年度高校中退者12万3千人と発表 第1回日韓合同歴史教科書研究会開催 高等学校に初任者研修制度本格導入	米国などの多国籍軍がイラクの空爆を開始 雲仙普賢岳で大火砕流が発生
1992	4	文部省の学校不適応対策調査研究協力者会議が登校拒否（不登校）問題について報告 新しい小学校学習指導要領全面施行 国家公務員の完全週休二日制実施 埼玉県教委が公立中学校に業者テストの偏差値結果を私立学校に提供しないよう要請	環境と開発に関する国連会議 PKO法が公布 天皇皇后両陛下が史上初訪中
1993	5	高嶋伸欣、教科書検定は違憲・違法として損害賠償訴訟を提起 経団連「新しい人間尊重の時代における構造変革と教育の在り方について」提言（詰め込み・画一教育を批判）	細川護熙内閣成立 イスラエルとPLOがガザ・エリコ暫定自治協定に調印
1994	6	文部省が10年ぶりに小学校で学力テストを実施 参議院が児童（子ども）の権利条約批准承認案を全会一致で可決	村山富一連立内閣成立（47年ぶりの社会党党首） 社会党中執、自衛隊合憲、日米安保堅持、日の丸・君が代の国旗・国歌との認識、稼働中の原発容認などの基本政策転換を決定
1995	7	いじめ対策緊急会議「いじめ問題の解決のために当面すべき方策について」報告（出席停止措置など提言） 学校週5日制開始	阪神・淡路大震災発生で死者6400人 地下鉄サリン事件発生
1996	8	経団連「創造的な人材育成に向けて」発表 生涯学習審議会「地域における生涯学習機会の充実方策について」答申 文部省、中学校教科書検定結果を発表（従軍慰安婦問題が社会科に登場） 中教審「21世紀を展望した我が国の教育の在り方について」答申 経団連「規制の撤廃・談話等に関する要望」発表（学校選択の弾力等）	
1997	9	中教審「21世紀を展望した我が国の教育の在り方について」答申 教養審「新たな時代に向けた教員養成の改善方策について」答申（中学免許教育実習4週間へ倍増） 学校教育法施行規則改正公布（大学への飛び入学制度） 最高裁が第3次教科書訴訟判決（七三一部隊に対する検定は違法、32年に及ぶ家永教科書訴訟が終結。世界中のマスコミが報道） 文部省「教育課程実施状況調査」（新学力テスト）結果発表	欧州連合首脳会議が新EU条約を採択 英、香港を中国に返還 行政改革会議が最終報告を決定
1998	10	スポーツ振興投票の実施等に関する法律（サッカーくじ法）公布 国連子どもの権利委員会、日本政府に対し、極端に競争的な教育制度の改善など22項目の改善勧告 改正教免法公布（教職科目の大幅増加） 改正学校教育法公布（中等教育学校の創設） 生涯学習審、「社会に変化に対応した今後の社会教育行政の在り方について」答申 中教審「今後の地方教育行政の在り方について」答申 教育審「修士課程を積極的に活用した教育養成の在り方について―現職教員の再教育の推進―」第2次答申	中央省庁等改革基本法公布 和歌山毒物カレー事件発生
1999	11	広島県立世羅高等学校長、卒業式での日の丸・君が代問題に悩み自殺 生涯学習審、学習塾を学校教育の補充と位置づけるとともに、過度の塾通いに自粛を要請 生涯学習審議会「学習の成果を幅広く生かす―生涯学習の成果を生かすための方策について―」答申 文部省科学省設置法公布 参議院本会議、日の丸・君が代を国旗・国歌とする「国旗及び国歌に	欧州連合（EU）の単一通貨ユーロが11カ国に導入

		教育（教育法含む）	政治・社会
		関する法律案」可決、成立 教養審「養成と採用・研修との連携の円滑化について」 中教審「初等中等教育と高等教育との接続の改善について」答申	
2000	12	学校教育法施行規則改正（無免許民間人校長、職員会議、学校評議員等について規定） 教育改革国民会議（江崎玲於奈座長）、発足（小渕首相の私的諮問機関） 教育職員免許法等の一部を改正する法律公布（情報、福祉の免許状創設） 品川区、01年度から中学校にも学校選択制導入を決定（日野市・豊島区も01年度から公立小中学校の選択制導入を既決） 教育革命国民会議、「中間報告」を発表（奉仕活動の義務化、教育基本法見直しなど）	地方分権一括法施行
2001	13	文部科学省（文科省）、文部省と科学技術庁が統合してスタート 文部省、「21世紀教育新生プラン」発表（教育改革国民会議報告をそのまま政策化） 宇和島水産高校生ら35人乗船の実習船「えひめ丸」ハワイのオアフ島で米原潜に衝突され沈没。9人行方不明 大阪教育大学付属池田小で包丁男が乱入する殺傷事件発生 文科省、「大学（国立大学）の構造改革の方針」等を経済財政諮問会議に提出（国立大学、再編統合へ）	中央省庁改革で教育科学技術省がスタート 小泉純一郎内閣成立 韓国政府が検定合格の中学校歴史教科書8冊に対し35項目の修正要求を提出 中国政府も8項目提出 小泉首相が靖国神社を参拝 米、同時多発テロ発生
2002	14	文科省、「確かな学力の向上のための02アピール『学びのすすめ』」発表 中教審、「新しい時代における教養教育の在り方について」答申（第1回） 中教審「今後の教員免許制度の在り方について」答申 文部科学省が小学校設置基準、中学校設置基準制定 公立小・中・高等学校等で完全学校週5日制がスタート 教育職員免許法の一部を改正する法律公布（中・高の教諭が小・中で免許状相当教科等を教授可能） 文科省が都道府県教育長に小・中学生用道徳副教材「『心のノート』について（依頼）」を通知	北朝鮮の5人が瀋陽市の日本領事館に亡命を求めて駆け込むが、中国の警察官に拘束される 日本政府がテロ対策特別措置法にもとづき、イージス艦のインド洋派遣を決定 構造改革特別区域法
2003	15	民間から起用された慶徳和宏尾道市立高須小学校校長、校内で自殺 中教審「新しい時代にふさわしい教育基本法と教育振興基本計画の在り方について」答申 東京都教委「教師養成塾」構想を公表（小学校教員志望の大学4年生を対象とする優先的採用の計画） 国立大学法人法公布 文科省「学校における国旗及び国歌に関する指導について」通知	米スペースシャトル「コロンビア」号空中分解事故 米英軍がバグダッド制圧、フセイン体制が崩壊 個人情報保護に関する法律 閣議でイラクへの自衛隊派遣基本計画が決定 環境保全のための意欲増進及び環境教育の増進に関する法律公布
2004	16	中教審「今後の学校の管理運営の在り方について」答申（地域運営学校の創設、公設民営型に言及） 東京都教委、卒業式の君が代斉唱時に不起立などを理由に176人の教職員を処分 都立高の元教員9人、君が代斉唱時の不起立を理由に雇用を取り消したのは違憲として提訴 発達障害者支援法公布	インドネシア・スマトラ島沖巨大地震で大津波が発生

		教育（教育法含む）	政治・社会
2005	17	中教審、「我が国の高等教育の将来像」及び「子どもを取り巻く環境の変化を踏まえた今後の幼児教育の在り方について」答申 高等学校卒業程度認定試験規則公布 食育基本法公布（28番目の基本法） 中教審、「新しい時代の義務教育を創造する」答申 障害者自立支援法公布	気候変動に関する国際連合枠組条約の京都議定書公布 愛知万博が開幕
2006	18	文科省「義務教育諸学校における学校評価ガイドライン」策定 就学前の子どもに関する教育、保育等の総合的な提供の推進に関する法律公布 「骨太の方針2006」閣議決定（地方教育委員会の一部権限の首長への移譲する構造改革特区） 中教審「今後の教員養成・免許制度の在り方について」答申（教職大学院の創設、教員免許更新制度の導入） 「認定子ども園」制度発足 世界史など高校必修科目の未履修高校461校、7万2,516人（文部科学省報告）、高校長の責任自殺 政府による「教育再生会議」設置閣議決定 教育再生会議「いじめ問題緊急提言」 改正教育基本法公布・施行	インドネシア・ジャワ島中部でM6.3の地震、6千人を超える死者 オウム真理教元代表麻原彰晃（松本智津夫）の死刑確定（最高裁） 教育改革タウンミーティングで政府による"やらせ"を認める 2005年の出生率「1.26」で確定（人口動態調査、厚生労働省） 両親殺害の15歳（犯行時）の少年に殺人罪実刑判決（少年法改正後初の判決） 地方分権改革推進法成立 フセイン元大統領（イラク）死刑執行
2007	19	給食費滞納9万9,000人（22億円）の滞納（文部科学省公表） 文科省「問題行動を起こす児童生徒に対する指導について」通知（体罰に関する解釈の見直し） 政府規制改革会議「教育委員会制度の抜本的見直し見解発表」 中教審「教育基本法の改正を受けて緊急に必要とされる教育制度の改正について」答申 43年ぶりの全国学力テスト（小6年生・中3年生、233万人対象） 沖縄で「集団自決」教科書検定に11万人の抗議 小中高のいじめ12万件を超え前年度の6倍 学校教育法・地方教育行政法・教育職員免許法・教育公務員特例法の一部改正法公布 文科省「児童生徒の問題行動等生徒指導上の諸問題に関する調査」（いじめの調査方法等の見直し）	社会保険庁加入記録で該当者不明5,000万件発覚 改正少年法（14歳未満の触法少年でおおむね12歳以上の少年を少年送致可能）成立 「ネットカフェ難民」全国で5,400人（厚生労働省発表） 80歳以上700万人を超える（総務省）

【参考文献】

飯田芳郎『「児童・生徒の指導」の理論——生徒指導と生活指導と』明治図書、1976

磯田文雄 編著『新しい教育行政——自立と共生の社会をめざして』ぎょうせい、2006

岩下新太郎『教育学大全集 現代の教師』第一法規、1984

『岩波講座 子どもの発達と教育』全8巻、岩波書店、1979

梅根悟『世界教育史』新評論社、2003

オルタナティブ教育研究会／菊地栄治・永田佳之「オルタナティブな学び舎の実態に関する報告書」、2001

河野重男「教育学大全集 現代学校論」第一法規出版、1984

唐澤富太郎『教師の歴史』創文社、1980

木原孝博『教育学大全集 生徒指導の理論』第一法規、1982

住田正樹・南博文 編『子どもたちの「居場所」と対人的世界の現在』九州大学出版会、2003

永田佳之『オルタナティブ教育』新評論、2005

中村和彦『子どものからだが危ない！——今日からできるからだづくり』日本標準、2004

藤田英典『子ども・学校・社会——「豊かさ」のアイロニーのなかで』東京大学出版会、1991

Benesse教育研究開発センター「第1回子ども生活実態基本調査報告書」、2005

三善貞司「吉岡藤子先生の人となり」おおさか100年物語122・123号

文部省『学制80年史』、1954

文部科学省「平成20年度 全国体力・運動能力、運動習慣等調査報告書」、2009

油布佐和子 編『教師の現在・教職の未来——あすの教師像を模索する』教育出版、1999

吉本二郎 編著『現代公教育と学校経営』ぎょうせい、1978

【シリーズ・編集委員】

渡辺一雄（わたなべ・かずお）
玉川大学教育学部教授、教育博物館館長。1948年生まれ。京都大学教育学部卒業。文部科学省勤務などを経て、現職。

合田隆史（ごうだ・たかふみ）
文化庁次長。1954年生まれ。東京大学法学部卒業。北海道大学客員教授、埼玉大学・東京大学非常勤講師。

布村幸彦（ぬのむら・ゆきひこ）
文部科学省スポーツ・青少年局長。1955年生まれ。東京大学法学部卒業。東京大学教育学部非常勤講師。

村田直樹（むらた・なおき）
独立行政法人日本学術振興会理事。1956年生まれ。国際基督教大学教養学部卒業。文部科学省勤務を経て、現職。桜美林大学大学院非常勤講師。

【第1巻・執筆者】
渡辺一雄

教育政策入門 1

学校を考える

2010年3月25日　初版第1刷発行

編　者	渡辺一雄
発行者	小原芳明
発行所	玉川大学出版部

〒194-8610 東京都町田市玉川学園6-1-1
TEL 042-739-8935　FAX 042-739-8940
http://www.tamagawa.jp/introduction/press/
振替 00180-7-26665

編集協力	吉田桐子
装　幀	柳原デザイン室
印刷・製本	創栄図書印刷株式会社

乱丁・落丁本はお取り替えいたします。
©Kazuo WATANABE 2010　Printed in Japan
ISBN978-4-472-40402-3 C3037 / NDC373